AF648985

Programmierung komplexer Systeme 3

Herausgegeben von
Fevzi Belli und Hinrich E. G. Bonin

Günter Matthiessen

Logik für Software-Ingenieure

W DE G
Walter de Gruyter
Berlin · New York 1991

Dipl.-Math. Dr. *Günter Matthiessen*
Professor für Datenbanken und Informationssysteme am
Institut für Systemanalyse und Informatik der Hochschule Bremerhaven

Das Buch enthält 69 Abbildungen

∞ Gedruckt auf säurefreiem Papier,
das die US-ANSI-Norm über Haltbarkeit erfüllt.

Die Deutsche Bibliothek – CIP-Einheitsaufnahme

Matthiessen, Günter:
Logik für Software-Ingenieure / Günter Matthiessen. – Berlin ;
New York : de Gruyter, 1991
(Programmierung komplexer Systeme ; 3)
ISBN 3-11-012228-6
NE: GT

© Copyright 1991 by Walter de Gruyter & Co., D-1000 Berlin 30. –
Dieses Werk einschließlich aller seiner Teile ist urheberrechtlich geschützt. Jede Verwertung außerhalb der engen Grenzen des Urheberrechtsgesetzes ist ohne Zustimmung des Verlages unzulässig und strafbar. Das gilt insbesondere für Vervielfältigungen, Übersetzungen, Mikroverfilmungen und die Einspeicherung und Verarbeitung in elektronischen Systemen.
Erstellung der Druckvorlage: GZI, Bremerhaven. – Druck: WB-Druck GmbH, Rieden am Forggensee. – Bindung: Dieter Mikolai, Berlin. – Einbandentwurf: Johannes Rother, Berlin. – Textillustrationen: David Andersen, Berlin.

Vorwort der Herausgeber

Welchen Fundus an logischen Methoden brauchen Software-Ingenieure? Die wachsende Resonanz für PROLOG (PROgramming in LOGik) oder für Abfragesprachen zum relationalen Datenbankmodell (z.B. SQL) sind deutliche Signale für die Praxisrelevanz der formalen Logik. Üblicherweise wird sie wegen ihrer Exaktheit und Komplexität in den Bereich der formalen Mathematik eingeordnet.

Logik betrifft grundlegende mathematische Probleme. Fragestellungen sind z.B. die Widerspruchsfreiheit mathematischer Theorien und die Ableitbarkeit von neuen Theoremen aus als korrekt angenommenen Sachverhalten ("Axiomen"). Ihre Sprache (Symbolisierung) und ihre Regeln (Formalisierung) sind nützlich, aber schwer zugänglich. Einerseits sind komplizierte und verworrene Zusammenhänge in ihr präzise und transparent darstellbar, andererseits ist damit eine mühsam erlernbare Notation verbunden. Zusätzlich schrecken den "Macher" im Produktionsstreß die notwendigen, jedoch schwer nachvollziehbaren, mathematischen Beweise.

Es stellt sich somit für Software-Ingenieure nicht mehr die Frage: "Muß man formale Logik kennen?", sondern: "Wie lernt man sie kennen?". Daher fordern die "Macher" ein günstiges Aufwand-Nutzen-Verhältnis für das notwendige Erarbeiten fundierter Logik-Kenntnisse. Das vorliegende Buch erfüllt diese Forderung in gelungener Weise.

Das Buch vermittelt Logik Schritt für Schritt im Zusammenhang mit einprägsamen Beispielen aus dem Programmieralltag. Ein wesentlicher Verdienst dieses Buches ist sein tragfähiger und in vielen Lehrveranstaltungen erprobter Kompromiß zwischen theoretischer Tiefe in ausgewählten Bereichen und einem Überblick über das gesamte Fachgebiet.

Wir freuen uns, daß die Reihe "Programmierung komplexer Systeme" mit diesem Band eine Ergänzung erfährt, die zum Verständnis ihrer anderen Bände auf vielfältige Weise beiträgt.

Paderborn/Lüneburg, April 1991

Fevzi Belli
Hinrich E. G. Bonin

Vorwort

Eine Vorversion dieses Textes ist entstanden als Vorlesungsskript zur Vorlesung "Logik" im Studiengang Systemanalyse an der Hochschule Bremerhaven. Eine Überarbeitung der Vorlesungsmitschrift vom Sommersemester 1986 wurde zum großen Teil von Frau Böbel auf Diskette erfaßt.

Des weiteren ist dieses Skript für den Kurs "Logische und objektorientierte Programmierung" überarbeitet worden, der zusammen mit meinen Kollegen Prof. Dr. F. Belli und Prof. Dr. H. Bonin im Rahmen der GI Deutschen Informatik-Akademie durchgeführt wurde. Diesen Kollegen schulde ich Dank für die vielen Hinweise, die sich im Rahmen der Zusammenarbeit ergaben. Des weiteren schulde ich Dank Herrn Prof. Dr. Burgermeister (Fachhochschule Nordost-Niedersachsen), der eine vorläufige Version dieser Monographie kritisch kommentiert hat.

Die Druckvorlage wurde am GZI in Bremerhaven unter Word für Windows auf einem Laserdrucker HP Laserjet III erstellt. Die Abbildungen worden mit Corel Draw entwikkelt. Hier schulde ich Frau Fricke, Frau Iten und Herrn Witt Dank für die Übertragung meiner Textvorlage mit logischen Sonderzeichen und geometrischen Skizzen auf eine komplexe Druckvorlage.

An einigen Stellen beziehe ich mich auf die Marken-Bezeichnungen dBASE (Marken-Zeichen von Ashton Tate), Turbo-Pascal (Markenzeichen von Borland) und MS-DOS/PC-DOS sowie BS/2 (Markenzeichen von Microsoft und IBM).

Der Text wendet sich in erster Linie an Software-Ingenieure, die Erfahrungen in der Anwendung konventionellen Programmiersprachen haben und zumindest Grundkenntnisse in einer "Algol-ähnlichen" Programmiersprache wie z.B. Algol 60, Algol 68, PL/I, Pascal, Modula-2, C.

Bremerhaven, im Juni 1991 Günter Matthiessen

Inhaltsverzeichnis

"... Und die andere Sache ist eine Mausefalle. ..."
"Ich fragte mich, wofür die Mausefalle gut sein sollte." Sagte Alice. "Es ist nicht anzunehmen, daß Mäuse sich auf dem Pferderücken aufhalten."
"Vielleicht nicht anzunehmen," sagte der Ritter; "aber *wenn* sie kommen, ziehe ich es vor, sie nicht überall herumrennen zu lassen."
"Du siehst," fuhr er nach einer Pause fort, "es ist gut, auf *alles* vorbereitet zu sein. Daher hat das Pferd die Eisenspitzen um seine Füße."
"Aber wofür sind die denn" fragte Alice mit großer Neugierde.
"Als Schutz gegen Haie," erwiderte der Ritter, "es ist meine eigene Erfindung."

Lewis Caroll; Alice hinter den Spiegeln.

1. Einleitung

Logik als wissenschaftliche Methode befaßt sich mit Aussagen (über verschiedene mehr oder weniger formalisierte Wissensbereiche) und den Zusammenhängen zwischen mehreren Aussagen. Besonders wichtig ist dabei die Frage, ob sich aus vorgegebenen Aussagen (Fakten oder Regeln, die für ein bestimmtes Wissensgebiet als zutreffend angenommen werden können) weitere Aussagen ableiten lassen. Wegen der Abstraktion von den konkreten Inhalten der Aussagen kann die Logik so universell angewandt werden, daß sie von den Naturwissenschaften wie Physik und Chemie über juristische Systeme bis hin zur Informatik reicht. Hierbei sind die grundlegenden Schlüsse jeweils gleich - wenn auch die jeweiligen Sprachen und Problemkreise sehr unterschiedlich sind.

Wegen dieser universellen Bedeutung in allen Bereichen, spielt die Logik ein große Rolle in der Informatik: Zum einen, da in der Informatik selber sehr komplexe Systeme beschrieben und gesteuert werden müssen (z.B. Betriebssysteme, Compiler, Datenbanksysteme); zum andern benötigen wir logische Methoden, wenn es um die Abbildung und Steuerung von Dienstleistungs-, Verwaltungs- oder Produktionssystemen geht, deren Abläufe mit Methoden der Informatik unterstützt werden sollen.

Trotz ihrer Universalität ist die Logik jedoch nicht a priori und unveränderlich vorgegeben. Es gibt verschiedene Formalisierungen, die verschiedene Aspekte der Wirklichkeit unterschiedlich darstellen; z.B. zweiwertige Logik für Systeme mit abgegrenzten diskreten Zuständen; mehrwertige Logik für Systeme, wo Aussagen mehr oder weniger zutreffen können; Prädikatenlogik, wenn die Beziehungen zwischen wohlunterschiedenen Entitäten eine Rolle spielen; temporale Logik, wenn zeitliche Abläufe eine Rolle spielen.

Bei automatischen Ableitungsverfahren ist es notwendig, daß alle relevanten Fakten und Regeln vorgegeben werden. So ist zum Beispiel der Schluß

```
Er ist ein Schwede.
────────────────────────
Er spricht schwedisch.
```

formal falsch, da er implizit die zusätzliche Voraussetzung

```
Alle Schweden sprechen Schwedisch
```

verwendet hat. Der Schluß

```
Er ist ein Schwede.
Alle Schweden sprechen schwedisch.
──────────────────────────────────
Er spricht schwedisch.
```

ist dagegen korrekt. Bei diesem Schluß ergeben sich aber zwei weitere Probleme.

Das erste Problem ist ein formales und wird im wesentlichen den Inhalt dieses Buches ausmachen: Nach welchen Regeln erfolgen diese Schlußfolgerungen? Dazu ist es wichtig, daß wir statt der Umgangssprache eine formale Sprache betrachten, die nach vorzugebenden Regeln (z.B. von einem Computer) verarbeitet werden kann (aber nicht notwendigerweise von einem Computer in irgend einer Weise "verstanden" werden muß). Die obige Schlußweise setzt die Kenntnis einer vorgegebenen natürlichen Sprache voraus. So wird den folgenden Schluß

```
Hän on ruotsalainen.
Kaikki ruotsalaisia puhuvat ruotsia.
────────────────────────────────────
Hän puhuu ruotsia.
```

nur jemand nachvollziehen können, der zumindest grundlegende Kenntnisse der finnischen Sprache besitzt.

Das zweite Problem ist ein inhaltliches: Die Aussage

```
"Alle Schweden sprechen schwedisch."
```

ist nicht korrekt, da im Norden Schwedens Samen (Lappen) leben, die eine eigene Sprache sprechen, die nicht mit dem Schwedischen verwandt ist. Wir kommen hiermit auf das Problem der "Regeln mit Ausnahmen", oder der "Standard-Annahmen" ("default values"), die zu sog. "nichtmonotonem Schließen" (engl. "nonmonotonic reasoning") führen. Auf diese Problematik werden wir in einem weiteren Kapitel eingehen.

Bei der Formalisierung der Logik beginnen wir mit der Aussagenlogik. Hier werden in den Sätzen ("Aussagen") keine Beziehungen zwischen einzelnen Satzteilen wie Subjekt, Prädikat, Objekt, hergestellt und es werden keine "Quantoren" ("für alle", "es gibt einen") benutzt. Das obige Beispiel läßt sich in folgender Weise aussagenlogisch formalisieren:

```
ist_Schwede
ist_Schwede → spricht_schwedisch
________________________________
spricht_schwedisch
```

Der entsprechende Schluß

```
on_ruotsalainen
on_ruotsalainen → puhuu_ruotsia
________________________________
puhuu_ruotsia
```

kann genau so formal nachvollzogen werden ohne Kenntnisse der finnischen Sprache; allerdings gehören zu einer inhaltlichen Interpretation dieses Schlusses Kenntnisse der enthaltenen Begriffe und Erfahrungen mit diesen Begriffen.

Ähnlich ist auch die Benutzung von Rechnern in der Wissensverarbeitung zu sehen: Rechner können nach formalen Regeln aus vorgegebenen Zeichenketten und vorgegebenen Mengen von Regeln weitere Zeichenketten erzeugen. Sie haben aber kein "Verständnis" für die benutzten Fakten, Regeln und Ergebnisse.

Es gibt in der Aussagenlogik keine Formalisierung von Individuen, sondern nur globale Aussagen. Aussagen mit mehreren Objekten sind in der Aussagenlogik nicht weiter analysierbar wie z.B. die Aussage "Für je zwei Punkte gibt es eine Gerade, die diese beiden Punkte enthält". Man kann bestenfalls z.B. die obige Regel

```
ist_Schwede → spricht_schwedisch
```

interpretieren als "alle Schweden sprechen schwedisch"; d.h. die Aussage-Variablen sind implizit mit dem Quantor "für alle" versehen. Der Quantor "es gibt" ist allerdings in der Aussagenlogik nicht formulierbar.

Eine Formalisierung, die über die Aussagenlogik hinausgeht, ist der sog. "Klassenkalkül". Hier werden Element-Beziehungen zwischen Objekten und Objektklassen sowie Teilmengen und Überschneidungs-Beziehungen zwischen Objektklassen dargestellt wie z.B. in

```
Alle Pferde sind Huftiere.
Halla ist ein Pferd.
Alle Huftiere sind Wirbeltiere.
Einige Wirbeltiere sind Flugtiere.
Einige Wirbeltiere sind keine Flugtiere.
Kein Wirbeltier ist ein Insekt.
Alle Schmetterlinge sind Insekten.
```

Hieraus lassen z.B. ableiten

```
Alle Pferde sind Wirbeltiere.
Kein Pferd ist ein Insekt.
Kein Schmetterling ist ein Huftier.
```

Die Existenz eines Pegasus `(Pferd und Flugtier)` ist aus den vorgegebenen Fakten weder ableitbar noch widerlegbar.

Diese Logik spielte seit Aristoteles (unter der Bezeichnung "Syllogismus") eine Rolle in der Philosophie und war bis zur Entwicklung der formalen Logik im 19. Jahrhundert das einzige anerkannte logische System. Diese Form des logischen Schließens ist in der Aufklärung in Verruf geraten, da durch falsche Generalisierungen falsche Schlüsse hergeleitet wurden, die im Sinne einer Herrschaftslogik unangreifbar wurden.

Die Aussagen können jeweils eine der folgenden Formen haben:

`X a Y` : "X ist ein Y" oder "Alle X sind Y"
`X e Y` : "X ist kein Y" oder "Kein X ist ein Y"
`X i Y` : "Einige X sind Y"
`X o Y` : "Einige X sind nicht Y"

Unser obiges Beispiel wird hiermit zu folgendem Schluß:

```
Diese_Person a Schwede
Schwede a spricht_schwedisch
________________________________
Diese_Person a spricht_schwedisch
```

Dieses ist die Schluß-Form "`aaa`" oder "Barbara"

Der Klassenkalkül geht in den Ausdrucksmöglichkeiten über die Möglichkeiten der Aussagenlogik hinaus. So ist etwa die Aussage

```
Schwede o spricht_schwedisch
```

mit der Bedeutung "einige Schweden sprechen nicht schwedisch" in der Aussagenlogik nicht formulierbar.

Trotzdem hat der Klassenkalkül noch Defizite: Es werden jeweils nur Klassen von gleichartigen Objekten miteinander verglichen, aber keine Beziehungen zwischen mehreren Objekten (derselben Klasse oder von verschiedenen Klassen).

Für den Klassenkalkül gibt es einen Algorithmus, der entscheidet, ob ein Satz sich aus einer vorgegebenene Formelmenge ableiten läßt. Dieser Algorithmus beruht - wie ein entsprechender Algorithmus der Aussagenlogik - auf der Entscheidbarkeit der Booleschen Algebra.

Die wohl wichtigste Methode der logischen Modellbildung stellt die "Prädikatenlogik" dar; genauer die "Prädikatenlogik erster Stufe". In ihr sind Sprachmittel vorhanden, um Beziehungen zwischen mehreren Objekten herzustellen.

Mit Hilfe der Prädikatenlogik können wir Abfragen an relationale Datenbanken formulieren wie z.B.

> "Gib eine Liste aller Kunden, die in den letzten 90 Tagen ein Produkt der Firma Hatalles bestellt haben."

In dieser Abfrage treten mehrere Objektklassen auf (Kunden, Artikel, Lieferanten) sowie Beziehungen zwischen diesen Objektklassen wie

```
Bestellung(KundenNr, Datum, ArtikelNr, Menge, ...);
Sortiment (ArtikelNr, LieferantNr, ...)
```

In der relationalen Abfragesprache SQL können wir dieses z.B. wie folgt formulieren:

```
SELECT DISTINCT k.KundenNr, k.Name, k.Strasse, k.Ort
FROM   Kunden k, Bestellungen b, Lieferanten l
WHERE  k.KundenNr  = b.KundenNr
  AND  b.ArtikelNr = l.ArtikelNr
  AND  l.Name      = "Hatalles"
  AND  b.Datum >= (TODAY - 90)
```

oder

```
SELECT KundenNr, Name, Strasse, Ort
FROM   Kunden k
WHERE  EXISTS
  (SELECT *
   FROM   Bestellungen b, Lieferanten l
```

```
WHERE  k.KundenNr  = b.KundenNr
  AND  b.ArtikelNr = l.ArtikelNr
  AND  l.Name      = "Hatalles"
  AND  b.Datum >= (TODAY - 90) )
```

Der Begriff "relational vollständig" für Abfragesprachen von relationalen Datenbanksystemen sagt gerade aus, daß wir mithilfe der Abfragesprache alle Abfragen stellen können, die wir auch mit (einer eingeschränkten Klasse von) prädikatenlogischen Formeln formulieren können.

Zum Abschluß werden wir sehen, daß die Prädikatenlogik (auch bei endlichen Modellen) Grenzen hat. Zum einen gibt es einfach zu formulierende Probleme, die wir nicht in der Prädikatenlogik (und nicht in SQL) formulieren können. So ist in einer Verkehrsdatenbank die Frage "Gib alle Verbindungen von Bremerhaven nach Passau!" nicht formulierbar, wenn die Anzahl der Umsteigepunkte nicht von vornherein beschränkt ist. Selbst bei einer Beschränkung auf - sagen wir - 20 Umsteigepunkte ist die Abfrage sehr umständlich, da diesen 20 Umsteigepunkten explizit 20 verschiedene Variablen in der Abfrage entsprechen, die einzeln verknüpft werden müssen ('Bremerhaven' mit u1, u1 mit u2, u2 mit u3, ... , u19 mit u20, u20 mit 'Passau').

Ein weiteres Problem ist die Nicht-Entscheidbarkeit der Prädikatenlogik, d.h. es kann keinen Algorithmus geben, der entscheidet, ob aus einer gegebenen Menge von prädikatenlogischen Formeln eine vorgelegte Formel ableitbar ist.

Im Verlauf des Textes werden Symbole mit dem Gleichheitszeichen benutzt, deren Bedeutung ich schon hier grundsätzlich klären möchte:

= ist ein Vergleich zwischen zwei Ausdrücken und kann daher die Werte "wahr" oder "falsch" annehmen. "a = b" heißt also, daß a und b denselben Wert haben (als Folgerung oder als Annahme). Dieses Zeichen entspricht den Vergleichsoperatoren in den Programmiersprachen (z.B. .EQ. in Fortran, = in Modula-2, == in C).

:= ist eine Wertzuweisung, die eine beschränkte Gültigkeit hat. Wenn a im Ausdruck b nicht vorkommt, gilt "a = b" nach "a := b"; im weiteren Verlauf kann diese Aussage aber durch eine erneute Wertzuweisung falsch werden. Es können aber auch Anweisungen wie "n := n+1" auftreten, in denen ein Wert verändert wird in Abhängigkeit von einem alten Wert. Dieses Zeichen entspricht der Wertzuweisung in Programmiersprachen (z.B. := in Algol , Pascal, Modula-2; oder = in Fortran, PL/I, C). Funktionale Programmiersprachen zeichnen sich dadurch aus, daß := verboten ist.

::= stellt eine Definition des Begriffs auf der linken Seite dar und behält seine Gültigkeit in der entsprechenden aktuellen Umgebung. Dieses wird z.B. benutzt bei der Definition von Funktionen durch Ausdrücke, aber auch bei der formalen Syntax-

Definition - wo das Zeichen in der Definition der Sprache Algol 60 eingeführt wurde. In Programmiersprachen entspricht es der Definition von Konstanten, Typen und Prozeduren (z.B. CONST, TYPE in Pascal und Modula-2, wo diese Definition durch = ausgedrückt wird und in PROCEDURE-Definitionen)

An einigen Stellen sind für Sätze Beweise angegeben. Es ist für das Verständnis nicht unbedingt notwendig, diese Beweise jeweils durchzuarbeiten, sie können auch überschlagen werden. Das Ende eines Beweises ist daher jeweils durch Ω angezeigt. Manchmal kann allerdings das Verständnis eines Beweis sinnvoll sein, um den Inhalt eines Satzes zu verstehen.

Im Verlauf des Textes beziehe ich mich auf verschiedene Programmiersprachen, wofür Referenzen an dieser Stelle aufgeführt werden, damit im Text nicht an jeder Stelle eine Referenz notwendig ist. Es handelt sich bei diesen Sprachen (etwa nach Alter geordnet):

- Fortran II, Fortran IV, Fortran 77
- Lisp [Tour84], [Stoy86], [Boni91]
- Cobol [Sing88], [Kähl84]
- Algol 60 [Hers68], [Baum68]
- Algol 68 [Wijn77], [Lind77]
- PL/I [Kale76], [Mell74], [Schu76]
- Pascal [Jens75], [Däßl83]
- C [Kern83]
- Prolog [Cloc81], [Bell88a], [Bell88b]
- Modula-2 [Wirt85]
- Icon [Gris90]

Zur Illustration sind an vielen Stellen Beispiele und Analogien in der Programmiersprache Modula-2 angegeben worden. An einigen Stellen stehen Modula-2-Programme, um bestimmte algorithmische Aspekte in der Logik zu verdeutlichen. Ich habe in diesen Fällen Programme in einer strukturierten Sprache einer Formulierung in Pseudo-Code vorgezogen, da diese erstens konkret getestet werden können und ihnen zweitens die Unschärfe des Pseudo-Codes fehlt. Als Programmiersprache habe ich Modula-2 gewählt, da sie von den verbreiteten und mir verfügbaren Sprachen in ihrem Aufbau den Anforderungen an einen sauberen Software-Entwurf am nächsten kommt. Viele der Aussagen, die im Laufe des Textes über Modula-2 gemacht werden, gelten auch für Pascal und andere prozedurale Programmiersprachen.

Ich setze Konzepte der prozeduralen Programmierung als vertraut voraus. Applikative und symbolische Programmierung, wie sie z.B. durch Lisp unterstützt wird, ist dagegen für viele Software-Entwickler noch Neuland. Beispiele in diesem Bereich sind daher eher als Anregung formuliert, sich mit diesen Konzepten in Zukunft verstärkt zu beschäftigen.

Bei der Schreibung der Namen von Programmiersprachen und ähnlichen Systemen halte ich mich an den Vorschlag von Hill und Meek in [Hill80]: Namen, bei denen im Sprachgebrauch die Buchstaben einzeln ausgesprochen werden, werden mit Großbuchstaben geschrieben (z.B. PL/I, SQL); bei den übrigen Namen wird nur der erste Buchstabe groß geschrieben (z.B. Pascal, Modula-2, Prolog, Lisp).

2. Relationen, Funktionen und Listen

"...Nein, nein! Du bist eine Schlange; Leugnen ist zwecklos. Ich nehme an, du wirst mir demnächst erzählen, daß du nie Eier probiert hast!" sagte die Taube.
"Sicher habe ich Eier probiert, " sagte Alice, die sehr wahrheitsliebend war; "aber kleine Mädchen essen Eier genauso gern wie Schlangen, weißt du."
"Ich glaube es nicht," sagte die Taube; "aber wenn sie es tun, sind sie eine Art Schlange: das ist das, was ich dazu sagen kann."

(Lewis Carrol; Alice im Wunderland)

2.1 Mengen und Relationen

Beim Einsatz der Systemanalyse und der Informatik zur Lösung konkreter Probleme haben wir am Anfang jeweils diese Probleme in eine geeignete formale Sprache zu übersetzen. Kriterien dafür, ob eine formale Sprache oder ein formales System als Beschreibung geeignet ist, sind zum einen die Problemnähe und zum anderen die Exaktheit des Systems.

Die Mathematik hat im Laufe ihrer Entwicklung seit der Antike immer wieder neue Begriffssysteme zur Beschreibung von realen Phänomenen geschaffen: angefangen bei der Geometrie (="Landvermessung") über die Infinitesimalrechnung für die Mechanik seit Newton bis zur Wahrscheinlichkeitsrechnung und Statistik, um nur einige Beispiele zu nennen.

Als Klammer, um die verschiedenen mathematischen Systeme auf eine gemeinsame geeignete Nomenklatur zu bringen, dient die von Georg Cantor in den Jahren 1874 bis 1897 entwickelte Mengenlehre (ursprünglich benutzte Cantor noch andere Begriffe wie "Inbegriff" oder "Mannigfaltigkeit").

"Unter einer 'Mannichfaltigkeit' oder Menge verstehe ich nämlich allgemein jedes Viele, welches sich als Eines denken läßt, d.h. jeden Inbegriff bestimmter Elemente, welcher durch ein Gesetz zu einem Ganzen verbunden werden kann"

Cantor, 1883

"Unter einer 'Menge' verstehen wir jede Zusammenfassung von bestimmten wohlunterschiedenen Objekten m unserer Anschauung oder unseres Denkens (welche die 'Elemente' von M genannt werden) zu einem Ganzen."

Cantor, 1893

(Zitate aus [Fels78])

Wir werden im Verlauf dieser Einführung in die Logik die Mengenlehre im Cantorschen Sinne als Grundlage für weitere Begriffsbildungen verwenden.

Allerdings führt dieser allgemein gehaltene Mengenbegriff bekannterweise zu Widersprüchen. So ist zum Beispiel die Zusammenfassung, die alle Mengen enthält, im Sinne der Cantorschen Definition selber eine Menge. Die von Russel betrachtete Menge R, die alle Mengen, die sich nicht selber zum Element enthalten, enthält, führt schließlich auf einen Widerspruch, da sowohl R sich selber als Element enthält und sich damit aber nicht selber als Element enthält.

Eine widerspruchsfreie Lösung dieses Problems besteht darin, daß die Mengenlehre axiomatisch eingeführt wird und in diesen Axiomen die Existenz gewisser für die Mathematik relevanter Mengen sichergestellt wird. Zur Vertiefung sei hierzu auf [Halm68] oder neuere Monographien verwiesen. Wir geben hier diejenigen Eigenschaften von Mengen an, die für unsere Betrachtung der Methoden der Logik relevant sind. Die Formulierung lehnt sich an [Halm68] an.

Als Schreibweisen für die Mengenlehre verwenden wir unter anderem folgende Symbole:

2.1.1 Symbole der Mengenlehre

$x \in A$	x ist Element der Menge A
$A \subseteq B$	alle Elemente von A sind auch Elemente von B.
$\{x \mid S(x)\}$	Menge, die die Elemente enthält, die S erfüllen. S ist ein Prädikat mit x als freier Variable (vgl. Kap. 7).
$\emptyset$	die leere Menge, die kein Element enthält. Es ist $\emptyset = \{x \mid x \neq x\}$

2.1.2 Extensionalitätsaxiom

Zwei Mengen sind genau dann gleich, wenn sie dieselben Elemente haben.

Im folgenden geben wir einige zugelassene Mengenbildungen an. Wenn wir nur Mengen betrachten, die mit diesen zugelassenen Mengenbildungs-Operationen gebildet werden, können wir die bekannten Widersprüche der Cantorschen Mengenlehre vermeiden.

Die Schreibweise $\{ x \mid S(x)\}$ ist insofern nicht unproblematisch, da sie die Formulierung der oben angesprochenen Widersprüche zuläßt. So bezeichnet $\{x \mid \neg\, x \in x\}$ die oben angeprochene Russelsche Menge. Daher führen wir im folgenden Ausdrücke ein, die aus schon vorhandenen Mengen neue Mengen bilden.

2.1.3 Mengenbildungsaxiome

Wenn in den folgenden Formeln rechts von dem Definitionszeichen jeweils A und B Mengen sind und S eine beliebige Aussage über Mengen, dann bezeichnen diese Formeln auch jeweils Mengen, links vom Definitionszeichen steht die dafür konventionell benutzte Schreibweise.

(a) *Teilmenge:*
$\{x \in A \mid S(x)\}$ ::= $\{x \mid x \in A$ UND $S(x)\}$

(b) *Zweiermenge*:
$\{A,B\}$ ::= $\{x \mid x = A$ ODER $x = B\}$

(c) *Vereinigung eines Mengensystems:*
$\cup \{X \mid X \in A\}$ ::= $\{x \mid$ es gibt X mit $X \in A$ und $x \in X\}$

(d) *Potenzmenge:*
Pot(A) ::= $\{x \mid x \subseteq A\}$

(e) *unendliche Menge:*
Es gibt eine Menge A mit folgenden Eigenschaften
- $\emptyset \in A$
- wenn $x \in A$, dann auch $x \cup \{x\} \in A$

2.1.4 Weitere Mengenbildungen

Die folgenden Mengenbildungen lassen sich aus 2.1.3 ableiten

(f) *Einermenge:*
$\{A\}$ ::= $\{x \mid x = A\}$

(g) *Vereinigungsmenge:*
$A \cup B$ ::= $\{x \mid x \in A$ ODER $x \in B\}$

(h) *Durchschnittsmenge:*
$A \cap B$ ::= $\{x \mid x \in A$ UND $x \in B\}$

(i) *relatives Komplement:*

$A - B := \{x \in A \mid \text{NICHT } x \in B\}$

(j) *Durchschnitt eines Mengensystems:*

$\cap \{X \mid X \in A\} ::= \{x \mid \text{für alle } X \in A \text{ ist } x \in X\}$

(k) *natürliche Zahlen:*

Die Menge $\mathbb{N}$ der natürlichen Zahlen ist die kleinste Menge, die die Eigenschaft (e) erfüllt.*)

Die Menge $\mathbb{N}$ enthält also unter anderem die folgenden Elemente:

$0 ::= \emptyset$
$1 ::= 0 \cup \{0\}$
$2 ::= 1 \cup \{1\}$, also $2 = \{0, 1\}$,
$3 ::= 2 \cup \{2\}$, also $3 = \{0, 1, 2\}$
$4 ::= 3 \cup \{3\}$, also $4 = \{0, 1, 2, 3\}$

Wir können also eine natürliche Zahl n auffassen als eine Menge von n Elementen {0, 1, ..., n-1}; diese Schreibweise ist manchmal ganz sinnvoll, da die natürlichen Zahlen entstanden sind als Abstraktion von "Anzahlen" von Elementen einer Menge - somit stellt die Zahl n gleichzeitig einen Prototypen einer Menge mit n Elementen dar (vgl. hierzu 2.1.13).

Während z.B. die Identität $4 = \{0, 1, 2, 3\}$ von praktischem Wert ist, ist die expandierte Darstellung

$4 = \{\emptyset, \{\emptyset\}, \{\emptyset, \{\emptyset\}\}, \{\emptyset, \{\emptyset\}, \{\emptyset, \{\emptyset\}\}\}\}$

von untergeordnetem Interesse.

Für die weiteren Betrachtungen benötigen wir die Menge der Wahrheitswerte, die wir formal einführen durch

FALSE ::= 0
TRUE ::= 1
BOOLEAN ::= 2

Also BOOLEAN = {FALSE, TRUE}. Als Kurzschreibweise verwenden wir hier auch $\mathbb{B}$ für BOOLEAN. Es ist also $\mathbb{B} \subseteq \mathbb{N} \subseteq \mathbb{Z} \subseteq \mathbb{Q} \subseteq \mathbb{R}$, wobei $\mathbb{N}$, $\mathbb{Z}$, $\mathbb{Q}$ und $\mathbb{R}$ die Mengen der natürlichen, ganzen, rationalen und reellen Zahlen bezeichnen.

---

*) Man erhält die Menge $\mathbb{N}$ durch $\mathbb{N} ::= \cap \{X \in Pot(A) \mid X \text{ erfüllt (e)}\}$, wobei A irgendeine Menge ist, die (e) erfüllt. Man kann dann zeigen, daß für A und B, die (e) erfüllen,

$\cap \{X \in Pot(A) \mid X \text{ erfüllt (e)}\} = \cap \{X \in Pot(B) \mid X \text{ erfüllt (e)}\}$

Die Gleichsetzung von FALSE und TRUE mit den Zahlen 0 und 1 geschieht de facto auch z.B. in den Programmiersprachen Pascal und Modula-2, wo allerdings formal die Funktion ORD benutzt werden muß: Es gilt ORD(FALSE) = 0 und ORD(TRUE) = 1. In C dagegen gibt es keinen eigenen Datentyp für Wahrheitswerte und es sind die numerischen Werte 0 und 1 zu verwenden.

Datentypen in Programmiersprachen können als Mengen aufgefaßt werden, und zwar als Mengen der Werte, die eine Größe (Variable, Konstante, Ausdruck, Funktionsergebnis) dieses Datentyps annehmen kann.

So gibt es in Modula-2 folgende elementare Datentypen:

`CARDINAL` $\subseteq \mathbb{N}$,
`INTEGER` $\subseteq \mathbb{Z}$,
`REAL` $\subseteq \mathbb{R}$,
`BOOLEAN` $= \mathbb{B}$,
`CHAR`, = maschinenabhängige endliche Menge,

Um die Mengenlehre sinnvoll auf komplexere Zusammenhänge anzuwenden, benötigen wir im folgenden die Möglichkeiten, Mengen zu bilden, deren Elemente aus Elementen anderer Mengen zusammengesetzt sind. Hieraus lassen sich dann Relationen und Funktionen definieren.

Wir führen hier die sogenannten "geordneten Paare" als eigenständige Konstruktionen der Mengenlehre ein. Es ist zwar möglich, die geordneten Paare durch spezielle Mengenkonstruktionen zu definieren (vgl. z.B. [Halm68]). Aber wir halten uns hier an die mathematische Praxis und betrachten geordnete Paare als eigenständige Objekte.

2.1.5 Definition (geordnetes Paar, Produktmenge)

Seien A und B zwei beliebige Mengen; seien $a \in A$, $b \in B$ jeweils Elemente dieser Mengen. Das "*geordnete Paar*" [a,b] ist ein *neues Element* mit den beiden "*Komponenten*" a und b.

Wenn $a \neq b$, dann ist $[a,b] \neq [b,a]$.

Die "*Produktmenge*" $A \times B$ ist die Menge, die alle geordneten Paare [a,b] mit $a \in A$ und $b \in B$ enthält.

Durch geordnete Paare können wir geordnete Tripel, Quadrupel, Quintupel - allgemein als n-tupel bezeichnet - etc. definieren. Wir betrachten z.B. das Tripel [a,b,c] als Kurzschreibweise für das Paar [a,[b,c]], das Quintupel [a,b,c,d,e] als Kurzschreibweise für [a,[b,[c,[d,e]]]]. Allgemein werden solche Folgen als "n-Tupel" oder "Tupel" bezeichnet. Entsprechend fassen wir die Menge $A \times B \times C$ als Kurzschreibweise für $A \times (B \times C)$ auf. Die Rechtsklammerung erfolgt hierbei in Anlehnung an die Listen-Konstruktion in Lisp, Prolog oder Icon.

Wenn man Mengen mit Datentypen gleichsetzt, entspricht die Produktmenge in Modula-2 das direkte Produkt dem Verbund (RECORD).

2.1.6 Beispiel (Verbund in Modula-2)

```
TYPE Tage    = [1..31];
     Monate  = [1..12];
     Jahre   = CARDINAL;
     Tagesdaten = RECORD
                     tag :   Tage;
                     monat : Monate;
                     jahr :  Jahre
                  END;
```

Tagesdaten ist also hier das direkte Produkt von Tage, Monate und Jahre und enthält somit die geordneten Paare [t,m,j] mit $t \in$ Tage, $m \in$ Monate, $j \in$ Jahre. Tagesdaten enthält neben den "gültigen" Angaben auch etwa die Paare [31,4,1989], oder [29,2,1990]).

Mit Hilfe der geordneten Paare können wir eine weitere Konstruktion einführen, die auch in einigen Programmiersprachen eine große Rolle spielt: die "*disjunkte Vereinigung*".

Die disjunkte Vereinigung A+B zweier Mengen soll die Elemente von A und B in der Weise enthalten, daß jedes Element von A+B entweder ein Element von A ist oder ein Element von B - aber nicht von beiden Mengen. Gemäß dieser Forderung können wir A+B nur bilden, wenn $A \cap B = \emptyset$ ist, A und B also keine gemeinsamen Elemente besitzen. Das ist aber nicht immer der Fall.

Als Abschwächung lassen wir zu, daß A+B eine Vereinigung von zwei Kopien A' und B' von A und B ist, so daß $A' \cap B' = \emptyset$ ist. Als Kopien nehmen wir $\{0\} \times A$ und $\{1\} \times B$. Da $\{0\} \times A = \{[0,a] \mid a \in A\}$ und $\{1\} \times B = \{[1,b] \mid b \in B\}$, haben die Mengen keine gemeinsamen Elemente und wir erhalten die folgende Definition. Bei dieser Definition läßt sich für jedes Element sofort sehen, zu welcher Grundmenge es gehört.

2.1.7 Definition (disjunkte Vereinigung)

Die disjunkte Vereinigung zweier Mengen A und B ist definiert als

$$A + B ::= \{0\} \times A \cup \{1\} \times B$$

Diese Konstruktion läßt sich auf n Summanden verallgemeinern:

$$A_0 + A_1 + A_2 ::= \{0\} \times A_0 \cup \{1\} \times A_1 \cup \{2\} \times A_2$$

Die disjunkte Vereinigung läßt sich in Modula-2 durch Records mit Varianten realisieren, wie im folgenden Beispiel dargestellt ist:

2.1.8 Beispiel (disjunkte Vereinigung in Modula-2)

```
MODULE Typen;

FROM InOut      IMPORT WriteString, WriteLn, WriteInt;
FROM RealInOut IMPORT WriteReal;

TYPE Varianten = [0..1];
     Zahlen    = RECORD
                    CASE TypDeskriptor : Varianten OF
                       0 : int   : INTEGER |
                       1 : real : REAL
                       END
                    END;

VAR z1, z2, z3 : Zahlen;
```

```
PROCEDURE Addiere (x,y : Zahlen; VAR ergebnis : Zahlen);
   BEGIN
   CASE 2 * x.TypDeskriptor + y.TypDeskriptor OF
      0 : (* INTEGER x INTEGER ---> INTEGER *)
          ergebnis.TypDeskriptor := 0;
          ergebnis.int := x.int + y.int                    |
      1 : (* INTEGER x REAL ---> REAL *)
          ergebnis.TypDeskriptor := 1;
          ergebnis.real := FLOAT(x.int) + y.real          |
      2 : (* REAL x INTEGER ---> REAL *)
          ergebnis.TypDeskriptor := 1;
          ergebnis.real := x.real + FLOAT(y.int)          |
      3 : (* REAL x REAL ---> REAL *)
          ergebnis.TypDeskriptor := 1;
          ergebnis.real := x.real + y.real
      END
   END Addiere;

PROCEDURE WriteZahl (x : Zahlen);
   BEGIN
   CASE x.TypDeskriptor OF
      0 : (* INTEGER *)
          WriteInt(x.int, 1)      |
      1 : (* REAL *)
          WriteReal(x.real,8)
      END
   END WriteZahl;

BEGIN
z1.TypDeskriptor := 0; z1.int  := 1;
z2.TypDeskriptor := 1; z2.real := 1.3;

Addiere (z1, z1, z3);
   WriteString("z1 + z1 = "); WriteZahl(z3); WriteLn;
Addiere (z1, z2, z3);
   WriteString("z1 + z2 = "); WriteZahl(z3); WriteLn;
Addiere (z2, z1, z3);
   WriteString("z2 + z1 = "); WriteZahl(z3); WriteLn;
Addiere (z2, z2, z3);
   WriteString("z2 + z2 = "); WriteZahl(z3); WriteLn;
END Typen.
```

Es kommt folgendes Ergebnis heraus:

```
z1 + z1 = 2
z1 + z2 = 2.30E+00
z2 + z1 = 2.30E+00
z2 + z2 = 2.60E+00
```

In einigen deklarationsfreien Programmiersprachen (z.B. Lisp, Icon, dBASE) werden Variable vor ihrer Benutzung nicht deklariert und der Datentyp einer Variablen kann sich zur Laufzeit ändern, vgl. folgendes Beispiel:

2.1.9 Beispiel (dynamische Typen in dBASE III plus)

```
SET TALK OFF

Int  = 2
Real = 2.1
Summe = Int + Real
LIST MEMORY

Int   = "2"
Real  = "2.1"
Summe = Int + Real
LIST MEMORY
```

liefert folgende Ausgabe:

```
INT          pub   N          2  (         2.00000000)
REAL         pub   N          2.1  (          2.10000000)
SUMME        pub   N          4.1  (          4.10000000)
    3 Variable definiert,      27 Bytes benutzt
  253 Variable frei,         5973 Bytes frei

INT          pub   C  "2"
REAL         pub   C  "2.1"
SUMME        pub   C  "22.1"
    3 Variable definiert,      14 Bytes benutzt
  253 Variable frei,         5986 Bytes frei
```

Hier bedeutet `Summe = Int + Real` im zweiten Teil des Programms, die Verkettung von Zeichenketten und nicht die Addition von Zahlen.

In diesen Sprachen gibt es also einen allgemeinen Datentyp, der eine disjunkte Vereinigung der elementaren Datentypen ist. Jede Variable führt einen Typdeskriptor mit, der (wie im obigen Modula-2-Programm explizit gezeigt wurde), vor jeder Operation auf den Daten ausgewertet werden muß. Bei komplexen symbolischen Daten ist der Mehraufwand zu vernachlässigen gegenüber der Flexibilität; bei der Verarbeitung großer Mengen gleichartiger Daten (z.B. im Bereich der Simulation, Statistik, Auswertung von Meßreihen) wäre dieser Mehraufwand dagegen nicht vertretbar.

2.1.10 Definition (zweistellige Relation)

Eine zweistellige Relation R zwischen D und E ist eine Teilmenge $R \subseteq D \times E$.

Für die Paare $[a,b] \in R$ sagen wir, daß "die Relation R für a und b gilt".

Statt $[a,b] \in R$ schreiben wir auch a R b

Dieses bezeichnen wir auch durch

R : D——————E

2.1.11 Beispiele (zweistellige Relationen)

- Die Ordnungsrelationen $<, \leq, >, \geq$ auf den natürlichen, ganzen oder reellen Zahlen

- Die lexikographische Anordnung auf der Menge der Zeichenketten. Hier gibt es übrigens mehrere Varianten, z.B. was die Einordnung der Umlaute angeht - ä wie ae (Telefonbuch), ä wie a (Lexikon), ä nach z (skandinavisch) - oder Ignorieren führender Artikel bei Buchtiteln.

- Die Relation "eine Stadt a ist mit einer Stadt b durch eine direkte Eisenbahnstrecke verbunden".

- Die Relation
  besitzt $\subseteq$ Personen $\times$ Kraftfahrzeuge

- Die Relation
  Kfz-Kennzeichen $\subseteq$ Kraftfahrzeuge $\times$ Zeichenketten

Mithilfe von Relationen sind wir nun auch in der Lage, zu definieren, daß zwei Mengen gleich viele Elemente enthalten.

2.1.12 Definition (Gleichmächtigkeit von Mengen)

Zwei Mengen A und B sind "gleichmächtig", wenn es eine Relation $f \subseteq A \times B$ gibt mit folgenden Eigenschaften:

- für alle $x \in A$ gibt es genau ein $y \in B$ mit xfy.
- für alle $y \in B$ gibt es genau ein $x \in A$ mit xfy.

Für Anwendungen in der Informatik und Systemanalyse sind natürlich die endlichen Mengen am wichtigsten

2.1.13 Definition (endliche Mengen)

Eine Menge A heißt "endlich", wenn A gleichmächtig zu einer natürlichen Zahl n ist. Hierfür schreiben wir auch

$$\mathrm{Card}(A) = n.$$

Card(A) nennen wir die "Kardinalität von A".

Endliche Mengen können durch das Euklidische Prinzip charakterisiert werden: "Das Ganze ist mehr als sein Teil". Eine Menge A ist endlich genau dann, wenn es keine Teilmenge $B \subseteq A$, $B \neq A$ gibt, die gleichmächtig zu A ist.

Für endliche Mengen A und B mit den Kardinalitäten m und n respektive gilt

$$\mathrm{Card}(A \times B) = m * n$$
$$\mathrm{Card}(A + B) = m + n$$
$$\mathrm{Card}(A \cup B) \leq m + n$$

2.2 Relationen und Funktionen

2.2.1 funktionale Zusammenhänge in Relationen

Für eine Relation $R \subseteq D \times E$ wird häufig angegeben, welche Werte $\mathrm{Card}(\{y \in E \mid xRy\})$ für $x \in D$ annehmen kann. Besonders wichtig sind hier

0..1 : höchstens ein Element
1..∞: mindestens ein Element
1 : genau ein Element.

Dieses wird ausgedrückt durch

$$R : D \overset{0..1}{\text{―――――――}} E$$

$$R : D \overset{0..\infty}{\text{―――――――}} E$$

$$R : D \overset{1}{\text{―――――――}} E$$

Entsprechend werden für Card $\{x \in D \mid xRy\}$ die möglichen Kardinalitäten an die linke Seite angeschrieben, wie in

$$R : D \overset{1..\infty \qquad\qquad\qquad}{\rule{6cm}{0.4pt}} E$$

Es sind hier auch Kombinationen möglich wie z.B

$$R : D \overset{1..\infty \qquad\qquad\qquad 0..1}{\rule{6cm}{0.4pt}} E$$

Die Schreibweise $1..\infty$ bedeutet *nicht*, daß es eine (größte) natürliche Zahl ∞ (unendlich) gibt, sondern ist nur als Schreibweise zu verstehen, daß für die entsprechenden Kardinalitäten keine Beschränkung nach oben gemacht werden.

In der Systemanalyse gibt es hierzu allgemein eingeführte Sprechweisen in Bezug auf zweistellige Relationen:

2.2.2 Systemanalytische Begriffe für zweistellige Relationen

$$R : D \rule{6cm}{0.4pt} E \quad \text{m:n-Beziehung}$$

$$R : D \overset{\qquad\qquad\qquad 0..1}{\rule{6cm}{0.4pt}} E \quad \text{m:1-Beziehung}$$

$$R : D \overset{0..1 \qquad\qquad\qquad}{\rule{6cm}{0.4pt}} E \quad \text{1:n-Beziehung}$$

$$R : D \overset{0..1 \qquad\qquad\qquad 0..1}{\rule{6cm}{0.4pt}} E \quad \text{1:1-Beziehung}$$

Neben Relationen, in denen zwei Elemente in Beziehung gesetzt werden, betrachten wird auch häufiger Relationen, in denen jeweils mehr als zwei Elemente in Beziehung zueinander stehen - im folgenden durch die natürliche Zahl n dargestellt.

2.2.3 Definition (n-stellige Relation)

Eine n-stellige Relation ist eine Teilmenge

$$R \subseteq A_0 \times \ldots \times A_{n-1}$$

Häufig ordnen wird den Positionen (d.h. Zahlen von 0 bis n-1) formale Bezeichner zu, die wir "Rollen" nennen.

Kleinere Relationen ("klein" ist in Beziehung zu setzen zum Papierformat und zur Schriftgröße) können als Tabellen geschrieben werden, dabei werden ggf. die Rollen als Spaltenüberschriften über die Tabellen gesetzt. Die Zeilen entsprechen dabei den einzelnen Tupeln. Die Rollen werden z.B. im relationalen Datenbank-Modell benutzt, wo sie "Attribute" heißen.

2.2.4 Beispiele (n-stellige Relationen)

Die Relation Prod $\subseteq \mathbb{N} \times \mathbb{N} \times \mathbb{N}$, mit

Prod ::= $\{[x,y,z] \mid x * y = z\}$

enthält u.a. die Tupel [1,7,7], [2,3,6], [27,37,999]
[7, 142857,999999].

Die Relation Zwischen $\subseteq \mathbb{R} \times \mathbb{R} \times \mathbb{R}$ mit

Zwischen ::= $\{[x,y,z] \mid x < y \text{ und } y < z\}$

enthält u.a. die Tupel [2,3,5], [3.14, π, 3.15].

Die Relation

`Eltern ⊆ Personen × Personen × Personen`

mit den Rollen `Kind, Vater, Mutter,`

Eltern ::= `{[x,y,z] | y ist Vater von x und z ist Mutter von x}`

könnte durch die Tabelle in Abb. 2-1 dargestellt werden.

Die Relation

`Bestellung ⊆ Kunden × Waren × ℕ × Tagesdaten`

mit der Bedeutung:

`[kunde, artikel, anzahl, datum] ∈ Bestellung`

wenn der Kunde den Artikel am angegebenen Datum mit der angegebenen Anzahl bestellt hat.

Kind	Vater	Mutter
Anke	Egon	Pauline
Axel	Egon	Pauline
Bärbel	Egon	Vera
Christa	Wilhelm	Rosa
Dankwart	Peter	Paula
Dieter	Peter	Paula
Doris	Peter	Paula
Egon	Kurt	Helga
Emil	Otto	Anna
Heinrich	Otto	Anna
Joachim	Gustav	Pauline
Paula	Wilhelm	Rosa
Pauline	Heinrich	Clara
Peter	Heinrich	Clara

Abb. 2-1: Tabellarische Darstellung einer Relation

Formal können wir auch 1-stellige Relationen und 0-stellige Relationen betrachten. 1-stellige Relationen entsprechen Teilmengen. Ein 0-tupel kann nur den Wert [] haben; somit gibt es nur zwei mögliche 0-stellige Relationen: $\emptyset$ und $\{[]\}$, die wir ggf. mit den Wahrheitswerten FALSE und TRUE identifizieren.

Als weiteren wichtigen Begriff benötigen wir die "Funktionen". Funktionen werden eingeführt als spezielle Relationen. Während Relationen im wesentlichen angeben, *daß* gewisse Beziehungen zwischen Objekten (mathematische Objekte oder Objekte der realen Welt) existieren, werden durch Funktionen Objekten bestimmte *Werte* zugeordnet.

2.2.5 Definition (Funktion, partielle Funktion)

Eine *partielle Funktion* f : A ---> B ist eine Relation

$$f : A \overset{0..1}{\text{------------------}} B$$

Eine *Funktion* f : A ---> B ist eine Relation

$$f : A \overset{1}{\text{------------------}} B$$

Für eine Funktion f : A ---> B bezeichnen wir A als "*Definitionsbereich*" von f; B bezeichnen wir als "*Wertebereich*" von f.

Für ein Element $x \in A$ bezeichnen wir das eindeutig bestimmte Element $y \in B$ mit xfy durch f(x). Für eine *Funktion* f bezeichnet also f(x) immer eindeutig ein Element - bei *partiellen Funktionen* kann f(x) auch "undefiniert" sein. Somit ist einer partiellen Funktion f: A ---> B immer eine Relation $Def_f \subseteq A$ zugeordnet mit

$$Def_f ::= \{x \in A \mid \text{es gibt } y \in B \text{ mit } xfy\}$$

Die partiellen Funktionen sind also genau die n:1-Relationen.

Der Definitionsbereich einer Funktion kann eine Produktmenge sein - in diesen Fällen schreiben wir

$$f(x_1,x_2,...,x_n) \quad \text{statt} \quad f([x_1,x_2,...,x_n])$$

Die funktionale Schreibweise wird auch für Mengen-Konstruktoren verwendet, wo wir folgende Abkürzungen für eine Funktion f : A ---> B einführen:
$\{f(x) \mid S(x)\} ::= \{z \mid \text{es gibt } x \text{ mit } S(x) \text{ und } z = f(x)\}$

So ist

Quad ::= $\{x^2 \mid x \subseteq \mathbb{N}\}$
die Menge der Quadratzahlen;

Komp ::= $\{x*y \mid x \in \mathbb{N}, y \in \mathbb{N}, x \geq 2, y \geq 2\}$
die Menge der natürlichen Zahlen, die sich
als Produkt zweier natürlicher Zahlen ≥ 2 darstellen lassen.

Prim ::= $\mathbb{N}$ - Komp - $\{0,1\}$
die Menge der Primzahlen.

Zu einer Definition einer Funktion gehören also folgende drei Komponenten:
- Definitionsbereich
- Wertebereich
- Zuordnungsvorschrift

2.2.6 Definition (Funktionsdefinition)

Häufig ist es häufig möglich, eine Funktion mithilfe schon definierter Funktionen zu definieren. Dafür gibt es zwei Schreibweisen, eine ausführliche übersichtliche und eine kürzere, die sich aber dafür für komplexere Anwendungen verallgemeinern läßt:

$$f: \begin{cases} D_1 \times ... \times D_n \text{ ---> } E \\ \\ [x_1, ..., x_n] \text{ ---> } F(x_1, ..., x_n) \end{cases}$$

Hierbei ist F ein Ausdruck, der ggf. die Variablen $x_1, ..., x_n$ verwendet.

Die Kurzschreibweise hierfür ist

$\lambda\, x_1{:}D_1 \ldots x_n{:}D_n \,.\, (F(x_1, \ldots, x_n))$

oder, falls die Definitionsbereiche aus dem Zusammenhang bekannt sind:

$\lambda\, x_1 \ldots x_n \,.\, (F(x_1, \ldots, x_n))$

Die Wertebereiche ergeben sich hierbei jeweils implizit aus dem Ausdruck F

Eine weitere Betrachtung der Lambda-Notation erfolgt in Abschnitt (6.1).

Als Beispiel hierfür wird die pythagoräische Funktion, die die Hypotenuse eines rechtwinkligen Dreiecks bei vorgegebenen Katheten angibt, in den drei Schreibweisen definiert:

$$p: \begin{cases} \mathbb{R} \times \mathbb{R} \text{ ---> } \mathbb{R} \\ [a, b] \text{ ---> } \sqrt{a^2 + b^2} \end{cases}$$

$p ::= \lambda\, a{:}\mathbb{R}\ \ b{:}\mathbb{R} \,.\, (\sqrt{a^2+b^2})$

$p ::= \lambda\, a\, b.\, (\sqrt{a^2+b^2})$

Hier gilt also

$(\lambda\, a\, b \,.\, (\sqrt{a^2+b^2}))\ (3,4) = \sqrt{3^2+4^2}$

Wenn eine zweite Funktion g : E ---> H definiert ist, können wir diese Funktion etwa auf f(x) anwenden und erhalten g(f(x)).

2.2.7 Definition (Komposition von Funktionen)

Allgemein wird für zwei Funktionen
f : A ---> B und g : B ---> C die zusammengesetzte Funktion
g∘f : A ---> C durch g∘f ::= λ x:A . (g(f(x))) bzw.

$$g \circ f: \begin{cases} A \text{ ---> } C \\ x \text{ ---> } g(f(x)) \end{cases}$$

definiert.

Beachten Sie die Reihenfolge von f und g ! Diese Operation nennen wir "*Komposition* von zwei Funktionen".

Mithilfe der Komposition können wir abgeleitete Funktionen auf einfache Weise definieren, z.B.

```
Großvater_väterlicherseits    ::= Vater ∘ Vater
Großvater_mütterlicherseits   ::= Vater ∘ Mutter
```

2.2.8 Definition (Funktionen-Menge)

Wenn A und B Mengen sind, bezeichnen wir mit B^A die Menge aller Abbildungen f : A ---> B.

$B^A ::= \{f : A \text{ ---> } B\}$.

Wegen

$B^A = \{f \in \text{Pot}(A \times B) \mid \text{für alle } x \in A \text{ gibt es genau ein } y \in B \text{ mit } [x,y] \subseteq f\}$

ist B^A eine Menge.

Wenn A und B endliche Mengen mit n resp. m Elementen sind, hat B^A m^n Elemente.

Für $n \in \mathbb{N}$ ist speziell A^n die Menge der Folgen der Länge n, die im folgenden Abschnitt behandelt werden.

Speziell ist A^0 die Menge aller Abbildungen f : ∅ ---> A. Da ∅ x A = ∅ ist und ∅ die Bedingungen für eine Funktion erfüllt, ist $A^0 = \{\varnothing\}$, d.h. A^0 hat genau ein Element (entsprechend auch der algebraischen Identität $n^0 = 1$).

$A^1 = \{f : 1 \text{ ---> } A\}$. Da eine Funktion f : 1 ---> A eindeutig durch das Bild $f(0) \in A$ bestimmt ist, wird im folgenden nicht immer zwischen A und A^1 unterschieden.

$A^2 = \{f : 2 \text{ ---> } A\}$. Eine Funktion $f \in A^2$ ist eindeutig bestimmt durch die Bilder f(0) und f(1). Indem wir eine Funktion $f \in A^2$ durch das Paar [f(0), f(1)] beschreiben, erhalten wir eine natürliche Äquivalenz zwischen A^2 und $A \times A$.

Dasselbe können wir verallgemeinern für A^3 und $A \times A \times A$; allgemein für A^n und $A \times \ldots \times A$.

Eine wichtige Funktion, die einen Zusammenhang herstellt zwischen Untermengen und Funktionen ist die sog. charakteristische Funktion.

2.2.9 Definition (Charakteristische Funktion)

Wenn $B \subseteq A$ eine Teilmenge ist, dann ist durch χ_B : A ---> 2 mit

$\chi_B(x)$ ::= IF $x \in$ B THEN 1 ELSE 0 ENDIF

die sog. "charakteristische Funktion von $B \subseteq A$" definiert. Wenn die Menge A aus dem Zusammenhang klar ist, auch "charakteristische Funktion von B" genannt.

Mithilfe der charakteristischen Funktion können wir also Teilmengen durch Funktionen darstellen. Diese Äquivalenz wird z.B. in Modula-2 benutzt, um (kleine) Mengen darzustellen: Wenn n die Wortlänge für einen bestimmten Rechner ist, wird durch BITSET die Potenzmenge von n dargestellt, d.h.
BITSET = Pot(n).

Eine Variable `VAR menge : BITSET` stellt eine Teilmenge von n dar. Intern wird `menge` durch seine charakteristische Funktion dargestellt, d.h. durch die Folge der 0 und 1 in einem Maschinenwort.

Wegen der Äquivalenz von Pot(A) und 2^A wird in vielen Darstellungen die Potenzmenge selber durch 2^A beschrieben.

Wenn A n Elemente hat, hat Pot(A) 2^n Elemente.

Der Begriff der Funktion ist so allgemein gefaßt, daß sowohl der Argumentbereich als auch der Wertebereich der Funktion selber eine Funktionen-Menge sein können. So hat eine n-stellige Funktion auf der Menge A die Funktionenmenge A^n als Definitionsbereich.

Eine weitere Anwendung dieser Definition sind die sog. "parametrisierten Funktionen", die auch als "*Funktions-Familien*" oder "*Funktionale*" bezeichnet werden. So ist die Familie der quadratischen Funktionen in $\mathbb{R}$ gegeben durch eine Funktion

$$\begin{cases} \mathbb{R}^3 \text{ -------> } \mathbb{R}^{\mathbb{R}} \\ [a,b,c] \text{ ---> } \begin{cases} \mathbb{R} \text{ ---> } \mathbb{R} \\ x \text{ ---> } ax^2 + bx + c \end{cases} \end{cases}$$

oder in der λ-Notation

$$\lambda\ a\ b\ c\ .\ (\lambda\ x\ .\ (ax^2 + bx + c))$$

Wegen der Möglichkeit, eine n-stellige Funktion als Funktional zu beschreiben, die unter Einsetzung eines Arguments eine Funktion mit n-1 Variablen erzeugt, kann die λ-Notation im Prinzip sich auf 1-stellige Funktionen zurückziehen. So ist

$$\lambda x\ .\ (\lambda y\ .\ \sqrt{x^2+y^2})$$

die Funktion, die für jedes x die Funktion als Ergebnis hat, die für y das Ergebnis $\sqrt{x^2+y^2}$ hat. Dieses ist formal auf mehr als zwei Argumente erweiterbar (umgangssprachlich ist allerdings der Fall für n = 2 schon unverständlich, vgl. dazu den vorigen Satz).

Die meisten Programmiersprachen enthalten keine Sprachmittel, die es erlauben, daß eine Funktion als Ergebnis ihrer Ausführung eine weitere Funktion erzeugt. In Modula-2 ist dieses nur in der abgeschwächten Form möglich, daß einer Funktionsvariablen die Definition einer an anderer Stelle im Programm definierten oder importierten Funktion zugewiesen wird. Die *Konstruktion* einer beliebigen Funktion ist nicht möglich. Hier ist Lisp eine der wenigen Sprachen, die es erlauben, Funktionen im Programmablauf zu definieren. Es wird dazu die λ–Notation benutzt.

Eine weitere wichtige Art der Funktionsdefinition ist die Definition durch Fallunterscheidung. So ist z.B. die Funktion "abs", die jeder reellen Zahl ihren Absolutbetrag zuordnet, durch Fallunterscheidung defininiert (vgl. Beispiel 2.2.11).

2.2.10 Definition (Funktionsdefinition durch Fallunterscheidung)

Seien A und B Mengen, b : A ---> 2, g_0 : A ---> B und g_1 : A ---> B Funktionen. Die Funktion

$$\begin{cases} A \dashrightarrow B \\ x \dashrightarrow g_{b(x)}(x) \end{cases}$$

beschreiben wir durch

$$\begin{cases} A \dashrightarrow B \\ x \dashrightarrow \text{IF } b(x) \text{ THEN } g_1(x) \text{ ELSE } g_0(x) \text{ ENDIF} \end{cases}$$

Dieses läßt sich verallgemeinern für mehrfache Fallunterscheidungen, die durch mehrere "Bedingungen" (Funktionen b : A ---> 2) beschrieben werden. Diese Bedingungen sind angeordnet und es wird die Funktionsdefinition ausgewählt, die als erste den Wert 1 hat. Hierfür schreiben wir

$$\begin{cases} A \dashrightarrow B \\ x \dashrightarrow \text{COND } b_0(x) : g_0(x) \mid \\ \qquad\qquad b_1(x) : g_1(x) \mid \\ \qquad\qquad b_{n-1}(x) : g_{n-1}(x) \\ \qquad \text{ENDCOND} \end{cases}$$

Die Konstruktion "IF b THEN x ELSE y ENDIF" läßt sich durch "COND b : x | TRUE y ENDCOND" ersetzen. In vielen Lisp-Dialekten gibt es daher keine IF-Operator und statt dessen nur den COND-Operator. Damit sichergestellt wird, daß dabei eine Funktion herauskommt, ist ggf. als letzter Fall die Konstante 1 (oder TRUE - in Lisp T) einzusetzen.

2.2.11 Beispiele (Funktionsdefinition durch Fallunterscheidung)

abs ::= λx . IF x < 0 THEN -x ELSE x ENDIF

sign ::= λx . COND x < 0 : –1
x = 0 : 0
x > 0 : +1
ENDCOND.

```
inlandbriefporto ::= COND  standardbrief      : 100 |
                           gewicht ≤    50 : 170 |
                           gewicht ≤   100 : 240 |
                           gewicht ≤   250 : 320 |
                           gewicht ≤   500 : 400 |
                           gewicht ≤  1000 : 480
                     ENDCOND  *)
```

2.3 Folgen, Listen, Terme

Folgen spielen in der Informatik eine große Rolle, z.B.
- sequentielle Dateien sind Folgen von Datensätzen
- Listen im Sinne von Lisp, Prolog, Logo oder Icon sind Folgen
- Eine Prozedur besteht aus einer Folge von Anweisungen

Daneben werden Folgen benötigt, um Objekte der Realität abzubilden, z.B.
- Haltestellen einer Buslinie
- Warteschlangen
- Geldbewegungen auf einem Konto
- Montagepunkte in der Fließbandfertigung

2.3.1 Definition (Die Menge der endlichen Folgen)

Sei A irgend eine Menge (z.B. Menge aller Zeichen eines Zeichensatzes, Menge aller Kunden einer Firma, Menge aller in einem Rechner sich befindenden Prozesse).

Für $n \in \mathbb{N}$ ist $Seq^n(A) ::= A^n$ die Menge aller Folgen der Länge n (vgl. Definition 2.2.8).

$Seq(A) ::= \cup \{Seq^n(A) \mid n \in \mathbb{N}\}$ ist die Menge aller Folgen über A. (Beachten Sie hierbei, daß $Seq^n(A) \cap Seq^m(A) = \emptyset$ ist für $n \neq m$).

Falls die Bilder unter F bekannt sind, stellen wir die Folge F in folgender Weise dar:
$F = [F(0) \ldots\ F(n-1)]$

Zur besseren Lesbarkeit und aus konventionellen Gründen können Kommas zwischen den Komponenten stehen.

---

*) Stand 1. April 1989; den Sonderfall "Standardbrief" vgl. 2.4.2.
Diese Definition ergibt eine *Funktion* $\{x \in \mathbb{R} \mid 0 \leq x \wedge x \leq 1000\}$ ---> $\mathbb{N}$, wenn der Argumentbereich die zulässigen Gewichte für Briefe enthält und der Wertebereich das Porto in Deutschen Pfennigen.

Insbesondere gibt es (für jede Menge A) genau eine Folge der Länge 0, die wir entsprechend durch

[]

darstellen.

Wir können Folgen natürlich auch durch einen Lambda-Ausdruck beschreiben. So ist z.B. λ i:5 . (i*i) die Folge [0 1 4 9 16].

2.3.2 Definition (Operationen mit Folgen)

Im Zusammenhang mit Folgen gibt es verschiedene Operationen, die für die Verarbeitung von Folgen eine Rolle spielen:

(1) jede Folge F hat eine *Länge* Length(F),

(2) für jede Folge F der Länge n und eine natürliche Zahl $i < n$ wird durch F(i) die *i-te Komponente* von F dargestellt.

(3) für jede Folge der Länge n und jedes Paar von Indizes i,j mit $0 \leq i \leq j \leq n$ ist F[i:j] die Folge, die die Komponenten von i bis j-1 enthält. Formal:

$$F[i:j]: \begin{cases} (j-i) \dashrightarrow A \\ k \dashrightarrow F(k+i) \end{cases}$$

Also
F[i:j] ::= [F(i),...,F(j-1)] falls $i < j$
F[i:i] ::= []
F[0:n] ::= F
Length(F[i:j]) = j-i

(4) es können zwei Folgen $F \in Seq^n(A)$ und $G \in Seq^m(A)$ zu der Folge $F \| G \in Seq^{n+m}(A)$ verkettet werden, wobei gilt:

F || G ::= λ i:n+m (IF $i < n$ THEN F(i) ELSE G(i-n) ENDIF)

So wird etwa für

F	::=	[Bremerhaven, Bremen, Hannover]
G	::=	[Hannover, Göttingen, Bebra, Fulda, Würzburg]
F || G	=	[Bremerhaven, Bremen, Hannover,Hannover,Göttingen, Bebra, Fulda, Würzburg]
G[1:4]	=	[Göttingen, Bebra, Fulda]

2.3.3 Satz (Eigenschaften der Verkettungsoperation)

(1) Der Verkettungsoperator ist assoziativ, d.h. bei der Verkettung von drei Folgen F, G, H gilt immer

$(F \| G) \| H = F \| (G \| H)$

Dieses läßt sich auf eine beliebige Anzahl von Operanden verallgemeinern, so daß grundsätzlich auf die Klammerung verzichtet werden kann (analog zur Addition von Zahlen).

(2) Der Verkettungsoperator ist dagegen nicht kommutativ,d.h. es gibt Folgen F, G, für die $F \| G \neq G \| F$ ist. (z.B. ist

[A] || [B] = [A B] und
[B] || [A] = [B A]

(3) Die Verkettung mit der leeren Folge [] ändert die Folge nicht (ähnlich wie die Zahl 0 bei der Addition), d.h. es gilt für jede Folge F

[] || F = F = F || [].

(4) Für $F \in A^n$ und $0 \leq i \leq j \leq k \leq n$ ist

F[i:j] || F[j:k] = F[i:k].

Eine spezielle Folgenmenge spielt in der Informatik an vielen Stellen eine besondere Rolle, so daß wir dafür einen eigenen Begriff einführen: die "Strings" oder "Zeichenketten".

2.3.4 Definition (Strings)

Wenn wir durch CHAR den Zeichenvorrat eines Rechners oder einer Programmiersprache beschreiben, ist

STRING ::= Seq(CHAR)

die Menge der Zeichenketten (über CHAR). Zeichenketten werden im folgenden jeweils durch doppelte Apostrophs eingeschlossen, wie in "Das ist ein Satz" oder "2850 Bremerhaven".

In einigen Programmiersprachen gibt es einen Verkettungsoperator für Strings, z.B wird er in PL/I und Icon durch || und in dBASE III und Turbo-Pascal durch + bezeichnet. So hat in Turbo-Pascal für

```
Vorname  := 'Günter';
Nachname := 'Matthiessen';
Name := Vorname + ' ' + Nachname;
```

`Name` den Wert `'Günter Matthiessen'`.

Mengen und Folgen stehen in einem engen Zusammenhang. Unterschiede bestehen darin, daß

- in einer Folge kann eine Element mehrfach auftreten, in einer Menge zählt jedes Element nur einfach;

- in einer Folge ist die Reihenfolge der Elemente relevant, in einer Menge nicht.

Wir können endliche Mengen durch Folgen darstellen, indem wir die Elemente der Menge in irgend einer Weise anordnen; umgekehrt ist für jede Folge $F \in Seq(A)$ die Menge aller in F auftretenden Elemente

$Set(F) ::= \{F(i) \mid i < Length(F)\}$

Als strukturerhaltende Eigenschaften gelten hier

$Set(F \,\|\, G) = Set(F) \cup Set(G)$ und

$Set([]) = \emptyset$

Dagegen gilt nur

$Card(Set(F)) \leq Length(F)$

Eine Verallgemeinerung der Folgen stellen die sog. "Listen" dar. Während eine Folge in zwei eckige Klammern eingeschlossen ist und nur Elemente der vorgegebenene Menge

A enthält wie in

[Heuß, Lübcke, Heinemann, Scheel, Carstens, Weizsäcker],

können Listen über einer Menge A als Komponenten nicht nur Atome (d.h. Elemente aus A) enthalten, sondern auch Listen, wie in folgendem Beispiel

[PLUS [QUADRAT x] [MAL 2 x] 1],

das eine Darstellung für den Ausdruck x^2+2x+1 ist.

2.3.5 Definition (Liste)

Sei A eine Menge ("Symbolmenge" oder "Menge der Atome" genannt). Die Mengen der "Listen über A mit der Schachtelungstiefe höchstens n" werden rekursiv definiert:

$List^0(A) \quad ::= A$

$List^{n+1}(A) ::= Seq(List^n(A)) \cup A.$

Die Menge aller Listen über A ist die Vereinigungsmenge über die Mengen der Listen mit der Schachtelungstiefe $n \geq 0$:

$List(A) ::= \cup \{List^n \mid n \in \mathbb{N}\}$

Diese Vereinigung ist im Gegensatz zur Definition der Folgen nicht disjunkt, da hier für $m \leq n$ gilt $List^m(A) \subseteq List^n(A)$. Andererseits gilt hier $A \subseteq List(A)$, d.h. aus formalen Gründen werden die Atome selber als Listen betrachtet. Diese Betrachtungsweise hat einige Vorteile, da Listen aus Atomen aufgebaut sind und bei der rekursiven Definition von Funktionen wir den Bereich der Listen nicht verlassen müssen. Umgekehrt bezeichnen wir Listen, die keine Atome sind, als "*echte Listen*". Listen im Sinne von Lisp sind "echte Listen"

Beispiele für echte Listen sind etwa

- []
- [2, 3, 5, 7]
- [[], [2], [3], [2,2], [5], [2,3], [7], [2,2,2], [3,3], [2,5]]
- [[[x], [y], [z]], [a,b,c]]

Bei der letztgenannten Liste ist es nicht möglich, auf einem Blick festzustellen, ob die entsprechende Zeichenkette eine Liste darstellt. Es gibt jedoch ein relativ einfaches Verfahren, um festzustellen, ob eine gegebene Zeichenkette eine echte Liste darstellt:

(a) Das erste Zeichen muß [sein, das letzte].

(b) Prüfung der Klammerstruktur:

- Man beginne links mit 0 und addiere für jede öffnende Klammer eine 1 und subtrahiere für jede schließende Klammer eine 1.

- Am Schluß muß 0 herauskommen.

- 0 darf nicht als Zwischenergebnis herauskommen.

(c) Anordnung der Kommas:

- Kommas dürfen nur an folgenden Stellen stehen: zwischen (schließender Klammer oder Atom) und (öffnender Klammer oder Atom)

Somit ist

a,[b,c],d

keine Liste wegen (a),

[x,[a,b,c]],u,[a], [x,y]],[[y,b] und [a,[b,[c,[d[e]]

sind keine Listen wegen (b)

[x,[,y]] und [x,,y]

sind keine Listen wegen (c)

Eine weitere Konstruktion, die wir im folgenden benötigen, sind die sog. "Terme" (auch "Ausdrücke" genannt). Terme sind aus der Algebra und aus Programmiersprachen bekannt, z.B.

```
(x+1) * (x+1)
(1 ≤ x) AND (x≤ 10)
```

Formal fassen wir Terme auf als spezielle Listen, wobei die eckigen Klammern durch die entsprechenden runden Klammern ersetzt werden. Manchmal werden in Anwendungsbeispielen die äußeren Klammern weggelassen; aus formalen Gründen fordern wir allerdings, daß jeder Term in Klammern eingeschlossen ist - ein Weglassen dieser Klammern wird als Kurzschreibweise aufgefaßt. Die weiteren Einzelheiten führen wir in den jeweiligen Kapiteln ein.

Die obigen Beispiele lauten also in der Term-Notation:

```
((x+1) * (x+1))
((1 ≤ x) ∧ (x ≤ 10))
```

und in der Listen-Notation

$[[x + 1] * [x + 1]]$

$[[1 \leq x] \wedge [x \leq 10]]$

Somit können wir an der äußeren Form unterscheiden:

Folgen und Listen:	[...]
Strings	"..."
Terme	(...)

Eine grundlegende Operation für Terme ist die "*Substitution*" (oder "*Term-Ersetzung*"). Dabei werden in einem Term systematisch Variable durch vorgegebene Terme, Variable oder Konstanten ersetzt. Wir führen hierfür den Operator "Subst" ein; hierfür gilt z.B.

Subst [x/0] $((\sin(x)^2 + \cos(x)^2)) = (\sin(0)^2 + \cos(0)^2)$
Subst [x/(x+1)] $((x^2 \geq 0)) = ((x+1)^2 > 0)$

In der Praxis erfolgt die Substitution meistens auf der String-Ebene. Wenn wir berücksichtigen, daß Terme immer in Klammern eingeschlossen sind, bekommen wir auch keine Probleme. Wir führen die Substitution allerdings über Listen ein, dadurch haben wir später die Möglichkeit, allgemeine Aussagen über die Bedeutung der substituierten Terme zu machen.

2.3.6 Definition (Substitution von Variablen)

Sei A eine Menge von Atomen und f : A ---> List(A) eine Funktion;

Subst[f] : List(A) ---> List(A)

ist wie folgt rekursiv definiert (beachten Sie, daß $List^0(A) = A$ ist):

- für $v \in List^0(A)$ ist Subst[f](v) ::= f(v)

- für $F \in List^{n+1}(A)$, Length(F) = m, ist Subst [f] (F) diejenige Liste, die durch folgende Funktion beschrieben wird

$$\begin{cases} m \text{ --->} List^n(A) \\ i \text{ --->} Subst[f](F(i)) \end{cases}$$

Wichtig ist an dieser Definition, daß die Ersetzung "von innen nach außen" erfolgt, damit nicht schon ersetzte Atome, die in der Ersetzungsliste auftreten, ein zweites Mal ersetzt werden.

2.3.7 Beispiel (Substitution)

So wird z.B. für die Menge A = {+, -, ∗, ≡, x, y} und die Ersetzungsfunktion mit

f ::= {[x,a], [y,5], [+,+], [-,-], [∗,∗], [≡,≡]}

Subst[f] ([[[x+y] ∗ [x-y]] ≡ [[x∗x] - [y∗y]]])
= [[[a+5] ∗ [a-5]] ≡ [[a∗a] - [5∗5]]]

Die Schreibweise Subst[f] ist an vielen Stellen zu umständlich, da die Funktion f zuvor definiert werden muß. Falls dagegen nur für wenige Variable v f(v) ≠ v ist, dann können wir diese Elemente zur Beschreibung der Substitution verwenden. So würde die oben benutzte Substitution zu Subst[x/a; y/5]. Es können auch Terme als Substitut stehen. So ist z.B.

Subst[x/(x+y); y/z] ((x + y = y + x))
= ((x + y) + z = z + (x + y))

Die Schreibweise für den Substitutions-Operator ist in der Literatur und in Anwendungssystemen nicht ganz einheitlich, z.T. werden die Variable und die Liste (bzw. der Term) vertauscht, z.B. in Lisp. In unserer Nomenklatur bedeutet Subst[x/t] "Ersetze überall x *durch* t", in einigen anderen Systemen bedeutet Subst[t/x] "Ersetze t *für* x".

Substitutionen der Form Subst[x/a], in denen also nur *eine* Größe ersetzt wird, nennen wir "elementare Substitutionen".

Beachten Sie, daß

```
Subst[x/a;y/b] = Subst[x/a] ∘ Subst[y/b]
```

ist, wenn x in b nicht vorkommt.

Dagegen ist z.B. die Substitution

```
Subst[x/y;y/(2*x)]
```

nicht als Komposition zweier elementarer Substitutionen darstellbar. Subst [x/y; y/(2∗x)] kann als Komposition von drei Substitutionen dargestellt werden, sofern eine Variable u zur Verfügung steht, die im zu ersetzenden Ausdruck nicht vorkommt:

```
Subst[x/y;y/(2*x)]
  = Subst[u/y] ∘ Subst[y/(2*x)] ∘ Subst[x/u],
```

wobei - beachten Sie die Reihenfolge - zuerst x durch u ersetzt wird, anschließend y durch (2*x) und abschließend u durch y. Dieses Problem tritt auch z.B. in Textverarbeitungssystemen auf, wenn systematisch zwei Begriffe vertauscht werden sollen.

Die folgenden Ausführungen bis zum Abschnitt 2.4 können beim ersten Lesen überschlagen werden - sie werden in den Kapiteln 6 und 7 jeweils benötigt.

Es gibt eine spezielle Sorte von Termen, die in verschiedenen Bereichen eine Rolle spielen, die sog. "Bindungs-Terme". Als Beispiele sei hier verwiesen auf

[Sum [i:1..10] [x[i]]] für $\sum_{i=1}^{10} x(i)$

[Integral [x:0..π] [sin[x]]] für $\int_{0}^{\pi} \sin(x)\,dx$

2.3.8 Definition (Bindungs-Terme)

Bindungs-Terme haben die Form
[bindungsoperator variablenbindung term],
d.h.
- die 1. Komponente der Liste ist ein sog. "Bindungs-Operator" (z.B. Sum, Integral, Ex, All, Lambda)
- die 2. Komponente ist ein Bezeichner oder eine Liste aus einem Bezeichner und einem Bereich
- die 3. Komponente ist ein Term, der ggf. den in der 2. Komponente eingeführten Bezeichner enthält.

Bei Bindungs-Termen haben wir die Besonderheit, daß durch Operatoren sog. "*Variablen*" "*gebunden*" werden. Somit unterscheiden wir zwischen gebundenen und freien Variablen. Die gebundenen Variablen legen fest, worüber der Operator anzuwenden ist. So ist

$\sum_{i=1}^{3} x(i,j)$ nicht dasselbe wie $\sum_{j=1}^{3} x(i,j)$

Im ersteren Fall haben wir (x(1,j) + x(2,j) + x(3,j)), im zweiten Fall (x(i,1) + x(i,2) + x(i,3)).

Hierin steckt außerdem jeweils eine Abhängigkeit von einer Größe i bzw. j, deren Wert aus der "Umgebung" bekannt sein muß. Wenn wir z.B. i := 2; j := 3 festlegen, so ergibt der erste Term x(1,3) + x(2,3) + x(3,3), während der zweite Term x(2,1) + x(2,2) + x(2,3) ergibt.

Die Bindung durch einen Bindungs-Operator ignoriert eine ggf. schon vorhandene Bindung durch die Umgebung für diesen Term. Die oben informell eingeführten Begriffe "*freie Variable*" und "*gebundene Variable*" führen wir formal ein.

2.3.9 Definition (freie Variable)

Sei V eine Menge von Bezeichnern, Op eine Menge von Operatoren (normale Operatoren sowie Bindungs-Operatoren, z.B. +, ∗, Σ) und A ::= V ∪ Op. Die Menge der freien Variablen in Term(A) definieren wir rekursiv wie folgt:

- für $t \in List^0(A)$ (d.h. $t \in A$) ist
  Frei(t) ::= {t} falls $t \in V$,
  Frei(t) ::= ∅ falls $t \in Op$

- für einen Bindungs-Operator Γ ist
  Frei ([Γ var t]) ::= Frei(t) - {var} und
  Frei ([Γ [var:B] t]) ::= Frei(t) - {var}

- für einen Term, der nicht mit einem Bindungsoperator beginnt, ist
  Frei ($[t_0\ t_1 \ldots t_{n-1}]$) ::= Frei ($t_0$) ∪ ... ∪ Frei($t_{n-1}$)

Die zweite Regel hierin sagt implizit aus, daß ein Bindungs-Operator die *freien* Variablen der dritten Komponente des Terms bindet - gebundene Variable werden nicht nochmals gebunden, auch wenn sie denselben Bezeichner haben. Vergleichen Sie hierzu folgendes Beispiel:

2.3.10 Beispiel (Doppelte Verwendung einer Variablen.)

Welchen Wert hat $\sum_{i=1}^{8} \left(\sum_{i=1}^{3} i^2 \right)$

bzw. [Sum [i : 1..8] [Sum [i : 1..3] [i²]]]

<u>Antwort</u> : $8 * (1^2 + 2^2 + 3^2) = 8 * 14 = 112$.

Andererseits ist es möglich, daß die gebundenen Variablen umbenannt werden, wenn alle ihre Bindungen entsprechend umbenannt werden.

2.3.11 Satz (Umbennung von gebundenen Variablen)

Ohne Änderung der Bedeutung kann eine Variable im Bereich eines Operators und jedes durch den Operator gebundene Auftreten dieser Variablen umbenannt werden, wenn

1) der neue Name nicht in den Gültigkeitsbereich eines Operators gerät, der diesen Namen quantifiziert,
2) im Gültigkeitsbereich des Operators keine freie Variable mit dem neuen Namen existiert.

So kann das folgende Beispiel
[All x [Ex y [x < y]]]
ohne Änderung der Bedeutung weder in
[All x [Ex x [x < x]]]
noch in
[All y [Ex y [y < y]]]
umbenannt werden.

Dagegen sind z.B. die folgenden Terme
[All z [Ex y [z < y]]] und [All x [Ex z [x < z]]]
äquivalent zu dem obigen Term.

Hinweis:

In den sog. Block-orientierten Programmiersprachen wie Algol 60, Algol 68, PL/I, Modula-2) sind die Deklarationen (In Modula-2: CONST, TYPE, VAR, PROCEDURE) Analoga zu den hier eingeführten Bindungs-Operatoren. Bei der Benutzung von Prozeduren können im Innern dieser Prozeduren weitere Deklarationen erfolgen. Es existieren genau dieselben Probleme, falls derselbe Bezeichner mehrfach deklariert wird. Wenn ein ausreichendes Modul-Konzept vorhanden ist, kann man dieses Problem dadurch lösen, indem man die Neu-Deklaration von "globalen" Variablen unterläßt.

2.4 Darstellung von Relationen durch Funktionen

Wir haben in Definition 2.2.5 Funktionen als spezielle Relationen im Rahmen der Mengenlehre eingeführt. Durch die Möglichkeit, Funktionen zu verketten (vgl. 2.2.7) und die Lambda-Notation zur Definition von Funktionen (vgl. 2.2.6) ist es manchmal Stellen vorteilhaft, Relationen mithilfe von Funktionen darzustellen.

So sind Algorithmen Beschreibungen von Funktionen. Wenn Relationen durch Funktionen beschrieben werden, können wir ggf. Algorithmen zur Beschreibung von Relationen heranziehen.

Durch die Benutzung der in 2.2.9 eingeführten charakteristischen Funktion ist es möglich, jede Relation durch eine Funktion mit dem Wertebereich $\mathbb{B}$ eindeutig zu charakterisieren.

2.4.1 Darstellung einer Relation durch ihre charakteristische Funktion

Eine Relation $R \subseteq A_0 \times \ldots \times A_{n-1}$ wird durch die charakteristische Funktion

$$\chi_R : A_0 \times \ldots \times A_{n-1} \dashrightarrow \mathbb{B}$$

dargestellt, wobei gilt

$$\chi_R(x_0, \ldots, x_{n-1}) = \begin{cases} 1 \text{ falls } [x_0, \ldots\ldots\ldots, x_{n-1}] \in R \\ 0 \text{ sonst} \end{cases}$$

Mithilfe dieses Ansatzes können wir logische Ausdrücke funktional beschreiben. BOOLEAN ist somit ein Datentyp wie die anderen Datentypen (INTEGER, REAL, CHAR, ...); die logischen Operatoren AND, OR, und NOT sind als Operatoren über dem Datentyp BOOLEAN aufzufassen (ähnlich wie +, -, *, DIV und MOD über INTEGER)

Dieser funktionale Ansatz ist in den meisten prozeduralen Programmiersprachen üblich. So ist in Modula-2 (0 <= x) AND (x <= 10) eine Darstellung des Terms $((0 \leq x) \wedge (x \leq 10))$ und stellt eine Funktion $f : \mathbb{N} \dashrightarrow \mathbb{B}$ dar.

2.4.2 Beispiel (Boolesche Funktion)

```
PROCEDURE IstStandardbrief
          (Laenge, Breite, Hoehe, Gewicht : REAL) : BOOLEAN;
BEGIN
   RETURN (Gewicht <= 20.0)
      AND (14.0 <= Laenge) AND (Laenge <= 23.5)
      AND ( 9.0 <= Breite) AND (Breite <= 12.0)
      AND (Hoehe <= 0.5)
      AND (Laenge >= 1.41 * Breite)
END IstStandardbrief;
```

Eine weitere Möglichkeit, Relationen durch Funktionen darzustellen, ist der "*mehrwertige funktionale*" Ansatz. Hier fassen wir n-stellige Relationen als n-1-stellige Funktionen in die Potenzmenge des n-ten Arguments auf.

2.4.3 Definition (Mehrwertige Funktionen)

Eine n-stellige Relation

$$R \subseteq D_0 \times \ldots \times D_{n-1}$$

kann für jedes i < n mit der Rolle r durch folgende Funktion dargestellt werden:

$$r_R: D_0 \times \ldots \times D_{i-1} \times D_{i+1} \times \ldots \times D_{n-1} \text{ ---> } \mathrm{Pot}(D_i)$$

mit

$$r_R(x_0,\ldots,x_{i-1},x_{i+1},\ldots,x_{n-1}) ::= \{z \in D_i \mid (x_0,\ldots,x_{i-1},z,x_{i+1},\ldots,x_{n-1}) \in R\}$$

Wenn die Bezeichnung der Relation R aus dem Zusammenhang hervorgeht, schreiben wir auch r statt r_R.

In den meisten interessierenden Fällen ist n = 2, also etwa $R \subseteq A \times B$ mit den beiden Rollen r und s. Es gibt dann die beiden Funktionen r_R und s_R mit

$$r_R : \begin{cases} A \text{ ---> } \mathrm{Pot}(B) \\ x \text{ ---> } \{y \in B \mid xRy\} \end{cases}$$

$$s_R : \begin{cases} B \text{ ---> } \mathrm{Pot}(A) \\ y \text{ ---> } \{x \in A \mid xRy\} \end{cases}$$

2.4.4 Definition (Verknüpfung von mehrwertigen Funktionen)

Mehrwertige Funktionen können auf mehrere Weise miteinander zu neuen Funktionen verknüpft werden:

(1) Für f : A ---> Pot(B), g : B ---> Pot(C) ist

$$g{\circ}f: \begin{cases} A \dashrightarrow Pot(C) \\ x \dashrightarrow \{g(y) \mid y \in f(x)\} \end{cases}$$

(2) Für f : A ---> Pot(B), g : A ---> Pot(B) ist

$$f{\vee}g: \begin{cases} A \dashrightarrow Pot(B) \\ x \dashrightarrow f(x) \cup g(x) \end{cases}$$

(3) Für f : A ---> Pot(B), g : A ---> Pot(B) ist

$$f{\wedge}g: \begin{cases} A \dashrightarrow Pot(B) \\ x \dashrightarrow f(x) \cap g(x) \end{cases}$$

(4) Wenn für eine mehrwertige Funktion f : A ---> Pot(B) für $x \in A$ gilt Card(f(x)) = 1, dann schreiben wir bisweilen f(x) = a statt f(x) = {a}.

In vielen Fällen ist die mehrwertig funktionale Schreibweise kürzer und prägnanter. Dieses wird im folgenden an einem kleinen Beispiel einer (stark verkürzten) geneologischen Datenbank demonstriert:

2.4.5 Beispiel (Verwandtschafts-Datenbank)

Eine kleine Verwandtschafts-Datenbank sei durch drei Relationen beschrieben (die de facto partielle Funktionen sind).

Die betrachteten Domänen sind Personen und Geschlechter.

Personen ::=
{Anke, Anna, Axel, Bärbel, Christa, Clara, Dankwart, Dieter, Doris, Egon, Emil, Gustav, Heinrich, Helga, Joachim, Kurt, Otto, Paula, Pauline, Peter, Rosa, Vera, Wilhelm}

Geschlechter ::= {männlich, weiblich}

Relation Vater:

Kind	Vater
Anke	Egon
Axel	Egon
Bärbel	Egon
Christa	Wilhelm
Dankwart	Peter
Dieter	Peter
Doris	Peter
Egon	Kurt
Emil	Otto
Heinrich	Otto
Joachim	Gustav
Paula	Wilhelm
Pauline	Heinrich
Peter	Heinrich
Wilhelm	Johannes

Relation Mutter:

Kind	Mutter
Anke	Pauline
Axel	Pauline
Bärbel	Vera
Christa	Rosa
Dankwart	Paula
Dieter	Paula
Doris	Paula
Egon	Helga
Emil	Anna
Heinrich	Anna
Joachim	Pauline
Paula	Rosa
Pauline	Clara
Peter	Clara

Relation Geschlecht:

Person	Geschlecht
Anke	weiblich
Anna	weiblich
Axel	männlich
Bärbel	weiblich
Christa	weiblich
Clara	weiblich
Dankwart	männlich
Dieter	männlich
Doris	weiblich
Egon	männlich
Emil	männlich
Gustav	männlich

Person	Geschlecht
Heinrich	männlich
Helga	weiblich
Joachim	männlich
Kurt	männlich
Otto	männlich
Paula	weiblich
Pauline	weiblich
Peter	männlich
Rosa	weiblich
Vera	weiblich
Wilhelm	männlich

Hieraus lassen sich u.a. folgende Beziehungen ableiten:

Großvater_väterlicherseits ::= Vater ∘ Vater;

Großvater_mütterlicherseits ::= Vater ∘ Mutter;

Elternteil ::= Vater ∨ Mutter;

Großvater ::= Vater ∘ Elternteil

d.h.

Großvater_väterlicherseits(Anke)
= Vater ∘ Vater (Anke)
= Vater(Vater(Anke))

= Vater(Egon)
= Kurt

Elternteil(Anke)
= Vater ∨ Mutter (Anke)
= Vater(Anke) ∨ Mutter(Anke)
= {Egon} ∨ {Pauline}
= {Egon, Pauline}

Großvater(Anke)
= Vater ∘ Elternteil(Anke)
= Vater(Elternteil(Anke))
= Vater({Egon, Pauline})
= {Kurt, Heinrich}

Echte mehrwertige Funktionen sind $\text{Kind}_{\text{Vater}}$ und $\text{Kind}_{\text{Mutter}}$. Daraus definieren wir Kind ::= $\text{Kind}_{\text{Vater}} \vee \text{Kind}_{\text{Mutter}}$

Person ist die Funktion, die für ein Geschlecht die Personen mit dem entsprechenden Geschlecht angibt, also Person(männlich) ist die Menge der männlichen Personen und Person(weiblich) ist die Menge der weiblichen Personen.

Somit erhalten wir z.B.
Kind(Peter)
= $\text{Kind}_{\text{Vater}}$(Peter) ∨ $\text{Kind}_{\text{Mutter}}$(Peter)
= {Dankwart, Dieter, Doris} ∨ ∅
= {Dankwart, Dieter, Doris}

Sibling	::=	(Kind ∘ Vater) ∧ (Kind ∘ Mutter)
Halbsibling	::=	(Kind ∘ Vater) ∨ (Kind ∘ Mutter)
Bruder	::=	Sibling ∧ Person(männlich)
Schwester	::=	Sibling ∧ Person(weiblich)
Halbbruder	::=	Sibling ∧ Person(männlich)
Halbschwester	::=	Sibling ∧ Person(weiblich)
Onkel	::=	Bruder(Elternteil)
Vetter	::=	Kind(Sibling(Elternteil)) ∧ Person(männlich)
Base	::=	Kind(Sibling(Elternteil)) ∧ Person(weiblich)

Die entprechenden (relationalen) Formulierungen in SQL oder Prolog sind dagegen umständlicher, da dort immer explizit Bezug genommen werden muß auf die "Zwischenglieder", z.B.

"x ist Großvater von y,
wenn es eine Person z gibt, so daß
(z ist Vater von y oder z ist Mutter von y) und
x ist Vater von z".

In SQL:

```
SELECT  A.Kind, B.Vater
   FROM Vater A, Vater B
   WHERE A.Vater = B.Kind
```

Die funktionale Aussage dagegen ist:

"x ist Großvater von y,
wenn x der Vater von (Mutter oder Vater)
von y ist"

Ein anderer Ansatz, Relationen funktional zu beschreiben, besteht darin, daß wir Relationen als algebraische Objekte betrachtet, auf denen in Operationen (z.B. Selektion, Projektion, Join, Produkt) anwenden. Wir erhalten damit die sog. "*Relationen-Algebra*". Dieses ist der Ansatz des relationalen Datenbank-Modells von Codd ([Codd70]). Wir betrachten den Zusammenhang zwischen Prädikatenlogik und der Abfragesprache SQL im Kapitel 9.

2.5 Das Entity Relationship Modell

Im folgenden erfolgt eine kurze Einführung in einige wichtige Aspekte des Entity Relationship Modells. In diesem Datenmodell, das 1976 von Chen veröffentlicht worden ist (vgl. [Chen76]), werden für reale Systeme Begriffe eingeführt, die es erlauben, diese Systeme mit formalen Methoden (z.B. relationales Datenbankmodell, semantische Netze oder Prädikatenlogik) zu beschreiben.

Diese Einführung ist relativ kurz gehalten - eine weitergehende Behandlung dieses Themas findet sich z.B. in [Vett86] oder neueren Monographien über Datenbanksysteme (z.B. [Zehn85], [Bast82], [Schl83], [Mayr87]). Eine Einführung in semantische Netze und andere Methoden der Wissensdarstellung ist etwa in [Niem87] zu finden.

Das Entity Relationship Modell baut im wesentlichen auf den Begriffen auf, die im vorigen Abschnitt eingeführt worden sind: Mengen, Relationen, Funktionen.

Im folgenden betrachten wir als Fallbeispiel die Stundenplanung im Studiengang Systemanalyse der Hochschule Bremerhaven. Dieses Beispiel kann als repräsentativ für andere Problemstellungen angesehen werden wie z.B. Produktionsplanung in Einzelfertigung, Fahrplan und Personal-Einsatz im öffentlichen Personen-Nahverkehr, Tourenplanung in einer Spedition.

2.5.1 Definition (Entitäten)

Entitäten sind einzelne, wohlunterschiedene Objekte in einem Modell eines Ausschnitts der realen Welt. Es können Personen, konkrete Gegenstände, aber auch Abstraktionen sein (wie "Abteilung", "Besprechung", "Vertrag", ...).

2.5.2 Beispiel (Entitäten)

die Studentengruppe "Sys1.1",
die Studentengruppe "Sys1.2",
der Wochentag "Montag",
der Unterrichtsblock von 9.45 - 11.15 Uhr,
das Fach "Datenstrukturen, Teil 1",
der Dozent "Günter Matthiessen",
der Raum 016 im Gebäude B

Jede Entität wird durch gewisse Eigenschaften beschrieben. Diese Eigenschaften haben jeweils eine Bezeichnung und einen Wert. Diese Eigenschaften können wir in relationalen Datenbanksystemen durch sog. "*Attribute*" und in Lisp durch sog. "*Property-Listen*" beschreiben. Für die im Beispiel 2.5.2 aufgeführten Entitäten wären unter anderen folgende Eigenschaften vorhanden:

Studentengruppe "Sys1.1":
Bezeichnung / "Sys1.1"
Studiengang / Systemanalyse
Semester / 1

Studentengruppe "Sys1.2":
Bezeichnung / "Sys1.2"
Studiengang / Systemanalyse
Semester / 1

Wochentag "Montag":
Bezeichung / "Montag"
Folgenummer / 1

Unterrichtsblock von 9.45 - 11.15 Uhr:

BlockNummer	/ 2
Anfang	/ 9:45
Ende	/ 11:15

Fach "Datenstrukturen, Teil 1":

Lehrveranstaltungsnummer	/ 702S1
Titel	/ "Datenstrukturen"
Studiengang	/ Systemanalyse
Semester	/ 1
Semester-Wochenstunden	/ 2

Dozent "Günter Matthiessen":

Name	/	"Günter Matthiessen"
Geburtstag	/	aus Datenschutzgründen keine Angaben
Blutgruppe	/	
Größe	/	
Gewicht	/	
Steuerklasse	/	
Fremdsprachen	/	
Kragenweite	/	

Raum 16 im Gebäude B:

Bezeichnung	/ "B016"
Fläche	/ 50qm
Plätze	/ 35
Tafel	/ ja
Projektor/	ja
PC	/ nein
Türen	/ 1
Fenster	/ 5

Einige dieser Angaben sind relevant für die Stundenplanung, aber viele dieser Angaben sind für diese Aufgabenstellung irrelevant. Wir können sogar davon ausgehen, daß die Anzahl der möglichen Eigenschaften pro Entität astronomisch groß ist - man kann eben nur einen Aussschnitt der Realität beschreiben - nie aber die Realität als Ganzes.

In einem ersten Schritt müssen wir herausfiltern, welche Eigenschaften relevant sind. Hierbei spielen auch unterschiedliche Interessen eine Rolle - die Modellierung eines Realitätsausschnittes ist keine Objektivierung der Realität, sondern dient immer gewissen Zwecken - ich erwähnte oben schon den Begriff "Datenschutz". Gegebenfalls müssen Begriffe der Datenmodellierung in einer Unternehmensentscheidung festgelegt werden und können nicht den zufälligen Anschauungen des Datenbank-Administrators überlassen bleiben.

Wir fassen sodann Entitäten, die durch ähnliche Eigenschaften beschrieben werden, zusammen zu "Entitäten-Mengen".

2.5.3 Definition (Entitäten-Mengen, Attribute)

> Eine *Entitäten-Menge* ist eine (zeitlich änderbare) Menge von Entitäten. Zu jeder Entitäten-Menge gehört eine feste Menge von *Attributen*. Ein Attribut ist eine Funktion, partielle Funktion oder mehrwertige Funktion aus der Entitäten-Menge in die sog. *Domäne* (oder *Wertebereich*) des jeweiligen Attributs.

Eine mögliche Zusammenfassung von Entitäten zu Entitäten-Mengen und entsprechende Attribute sind in der folgenden Abbildung dargestellt.

Die Definition einer Entitäten-Menge ist im Gegensatz zur extensionalen Definition der Menge (vgl. 2.1.2) intensional. So wird die Entitäten-Menge der Dozenten z.B. im Datenbank-Entwurf festgelegt, ohne die Elemente konkret festzulegen. Die Menge kann sich im zeitlichen Ablauf ändern. In diesem Sinne ist eine Entitäten-Menge eine "Mengenvariable"; analog zu Variablen in Programmiersprachen, die ihren Wert im Verlauf der Verarbeitung ändern können.

Auf den Aspekt der zeitlichen Änderung von Mengen, Relationen und Funktionen werden wir allerdings in diesem Buch nicht eingehen. Hierzu gibt es spezielle Abhandlungen über temporale Logik (z.B. [Krög87]).

Entitäten-Mengen	Attribute	Wertebereiche
Studentengruppen	Bezeichnung Semester Anzahl	STRING {1..6} $\mathbb{N}$
Räume	Raumnummer Kapazität	STRING $\mathbb{N}$
Fächer	Vorlesungsnummer Titel Semester Status Wochenstunden	STRING STRING {1..6} {Pflichtfach, Wahlpflicht, Wahlfach Projekt} $\mathbb{N}$
Dozenten	Name Vorname Diktatzeichen	STRING STRING STRING

Abb. 2-2: Attribute für Entitäten

Bei der Zusammenfassung von Entitäten zu Entitäten-Mengen gibt es zum Teil unterschiedliche Möglichkeiten. So können in einer Hochschuldatenbank Dozenten, Studenten und Mitarbeiter entweder zusammengefaßt werden zu *einer* Entitäten-Menge "Hochschulangehörige" oder zu drei verschiedenen Entitäten-Mengen. Einerseits sind in der Selbstverwaltung alle drei Personengruppen nach gleichen Regelungen beteiligt (Wahlrecht, Stimmrecht - wenn auch mit unterschiedlichen Einflußmöglichkeiten); andererseits gibt es aber auch unterschiedliche Attribute dieser Personengruppen (z.B. Telefonanschluß und Gehaltsstufe nur für Dozenten und Mitarbeiter; bestandene Prüfungen, Semesterzahl nur für Studenten). Eine Möglichkeit, beide Aspekte zu berücksichtigen, besteht darin, sowohl Entitäten-Mengen für Hochschulangehörige als auch für die verschiedenen Gruppen zu definieren, so daß die Entitäten-Menge der Hochschulangehörigen eine (disjunkte) Vereinigung der verschiedenen Gruppen ist.

Eine spezielle Rolle bei den Entitäts-Attributen spielen sog. "*Schlüsselattribute*" oder kurz "*Schlüssel*", die eine eindeutige Identifizierung der einzelnen Entitäten ermöglichen. Im obigen Beispiel können etwa Bezeichnung (für Studentengruppen), Raumnummer, Vorlesungsnummer und Diktatzeichen als Schlüssel verwendet werden. Bei der Darstellung von Relationen werden in der Regel diese Schlüssel genommen, um die Entitäten zu bezeichnen.

Mehrere Entitäten können in einer "Beziehung" (engl. "relationship" stehen), wie in folgendem Beispiel dargestellt wird.

2.5.4 Beispiel (Beziehungen)

[Mt, "Datenstrukturen", 1] ∈ schon_gehalten
"Der Dozent Mt hat die Lehrveranstaltung Datenstrukturen im 1. Semester schon einmal gehalten"

[B001, Montag, 9:45, 11:15] ∈ Raumbelegung
"Der Raum B001 ist montags von 9:45 bis 11:15 belegt"

["Sys1.1", "Datenstrukturen"] ∈ Lehrplan
"für die Studentengruppe Sys1.1 ist eine Lehrveranstaltung 'Datenstrukturen' anzubieten"

["Sys1.1", Sys] ∈ Stud_gruppen
"die Studentengruppe Sys1.1 gehört zum Studiengang Sys"

[Sys, 1, "Datenstrukturen", 2] ∈ Curriculum
"in dem Studiengang Sys ist im 1. Semester die Lehrveranstaltung 'Datenstrukturen' mit 2 Semester-Wochenstunden anzubieten"

[B016, Montag, 13:15, 14:45, Mt, "Logik", "Sys2"]
"in dem Raum B016 hält montags von 13:15 bis 14:45 der Dozent Mt die Lehrveranstaltung "Logik" für die StudentengruppeSys2".

Da die letztere Relation zentral in der Anwendung "Stundenplan" ist, wird sie kurz als "StuPla" bezeichnet.

Gleichartige Beziehungen wiederum werden zu sog. "Beziehungs-Mengen" zusammengefaßt, auch "Relationen" genannt. Die Tupel einer Relation müssen in dem folgende Sinn gleichartig sein, daß

(1) die Anzahlen der Komponenten identisch sind und
(2) die entsprechenden Komponenten der Tupel jeweils Elemente derselben Entitäten-Menge sind.

Eine Relation wird also syntaktisch beschrieben durch eine Folge von Entitäten-Mengen, z.B. wird die Relation StuPla syntaktisch beschrieben durch

```
StuPla : RELATION (Räume,
                   Wochentage,
                   Zeiten,              (* Anfang *)
                   Zeiten,              (*  Ende  *)
                   Dozenten,
                   Fächer,
                   Studentengruppen)
```

Ebenso wie Entitäten können Relationen durch Attribute näher beschrieben werden. In der Relation StuPla wäre z.B. ein Attribut "Unterrichtsart" mit der Wertemenge

{Vorlesung, Übung, Seminar}

denkbar, so daß eine syntaktische Beschreibung wie im folgenden herauskommen könnte:

```
StuPla   : RELATION  (Räume,
                      Wochentage,
                      Zeiten,           (* Anfang *)
                      Zeiten,           (*  Ende  *)
                      Dozenten,
                      Fächer,
                      Studentengruppen)
           ATTRIBUTE (Unterrichtsart :
                      (Vorlesung, Übung, Seminar));

stud_sg : RELATION (Studentengruppen, Studiengänge);

fach_sg : RELATION (Curriculum, Studiengänge);
```

3. Aussagenlogik

Der Philosoph, der tritt herein
Und beweist Euch, es müßt so sein:
Das Erst' wär so, das Zweite so,
Und drum das Dritt' und Vierte so,
Und wenn das Erst' und Zweit' nicht wär,
Das Dritt' und Viert' wär nimmermehr.
(J.W. v. Goethe, Faust I)

3.1 Definition der Aussagenlogik durch Wahrheitstafeln

Eine "Aussage" ist eine Formulierung eines Sachverhaltes oder einer Regel

- in einem bestimmten Kontext
- der in einer bestimmten Sprachform (z.B. natürlich, juristisch, wissenschaftlich, formal) formuliert ist, und
- der entweder zutrifft oder nicht zutrifft.

Für die beiden möglichen Werte einer Aussage ("trifft zu", "trifft nicht zu"). sind in verschiedenen Systemen u.a. folgende Bezeichner üblich:

falsch	/ wahr
FALSE	/ TRUE
0	/ 1
O	/ I
out	/ in
aus	/ ein
nein	/ ja
ungültig	/ gültig

Abb. 3-1: Wahrheitswerte

Wir werden im folgenden die im Kapitel eingeführten Begriffspaare
FALSE / TRUE oder
0 / 1
verwenden.

3.1.1 Beispiele (Aussagen)

A1: "Es regnet."
A2: "Ich mache eine Fahrradtour."
A3: "Der Gläubiger erläßt dem Schuldner durch Vertrag die Schuld."

A4: "Der Gläubiger erkennt durch Vertrag mit dem Schuldner an, daß das Schuldverhältnis nicht bestehe."
A5: "Das Schuldverhältnis erlischt."
A6: "In dem Glaskolben befindet sich 1 Liter Sauerstoff."
A7: "In dem Glaskolben befinden sich 2 Liter Wasserstoff."
A8: "In dem Glaskolben ist ein elektrischer Funke."
A9: "Es gibt eine Explosion".
A10: "Length(zeile) < ZeilenLaenge"

Um im folgenden die Zusammenhänge zwischen verschiedenen Aussagen zu beschreiben, benutzen wir Bezeichner für "Elementar-Aussagen" (oder "aussagenlogische Variable"), die ähnlich wie Variable in einer Programmiersprache zu benutzen sind. Elementar-Aussagen sind solche Aussagen, die wir im Rahmen der hier zu entwickelnden Theorie (der "Aussagenlogik") nicht weiter analysieren.

So wird etwa
"Bremerhaven liegt an der Weser."
als Elementar-Aussage betrachtet, da wir im Rahmen der Aussagenlogik diese Aussage nicht auf die Begriffe "Bremerhaven", "liegt an", "die Weser" zurückführen. (Im Rahmen der Prädikatenlogik werden wir dagegen eine Aufteilung in das Prädikat "liegt an" und die beiden Entitäten Bremerhaven und Weser vornehmen.)

Dagegen ist die Aussage
"Es stürmt und schneit."
zu zerlegen in
"Es stürmt"
und
"Es schneit."

Auf ein Problem möchten wir hier noch hinweisen: im folgenden werden Aussagen über Aussagen gemacht. Dabei bewegen wir uns auf zwei unterschiedlichen Ebenen:

- die formalen Aussagen, über die wir sprechen, bilden die sog. "*Objektsprache*";
- die Aussagen über die Objektsprache bilden die sog. "*Metasprache* ".

Wir können die Ergebnisse der Objektsprache nicht ohne weiteres auf die Metasprache übertragen (obwohl sie gelten), da wir dann in einen Zirkelschluß geraten. (Zum Zirkelschluß vergl. die schöne Abhandlung [Hugh78] - problematisch halte ich dagegen die logischen Spielereien in [Smul78], da hier die Vermischung von Objektsprache und Metasprache zum Prinzip erhoben wird).

Aus diesem Zirkelschluß - Benutzung von logischen Schlußweisen zur Ableitung und Beschreibung von logischen Theorien - kommt man nur heraus, wenn man die Metasprache und ihre Schlußfolgerungen an der Praxis mißt. Eine 2000 bis 3000 Jahre alte Praxis des Umgangs mit Symbolen ist m.E. eine ausreichende Grundlage, um fundiert über Theorien zu reden.

Aussagen können durch "*Junktoren*" verknüpft werden; wir betrachten hier die Junktoren "AND", "OR", "NOT", "IMPL", "EQUIV", die nach DIN 66000 durch "∧", "∨", "¬", "→" und "↔" bezeichnet werden.

(1)	(2)	(3)	(4)
Konjunktion	∧	AND	und
Disjunktion	∨	OR	oder
Neagtion	¬	NOT	nicht
Implikation	→	IMPL	aus .. folgt..
Äquivalenz	↔	EQUIV	sind gleichwertig

(1) Bezeichnung der Verknüpfung
(2) Mathematische Zeichen der Schaltalgebra nach DIN 66 000
(3) Begriffe in Algol 60
(4) Kurzbeschreibung in deutscher Sprache

Abb. 3-2: Bezeichnungen für die Junktoren

Zusammengesetzte Aussagen werden durch aussagenlogische Terme beschrieben. Diese werden gebildet aus Aussagenvariablen und Junktoren. In der folgenden Definition führen wir die aussagenlogischen Terme in der Listenschreibweise - mit runden Klammern - ein.

3.1.2 Definition (A Terme)

Wenn V eine Menge von aussagenlogischen Variablen ist, dann ist die Menge der aussagenlogischen Terme über V wie folgt rekursiv definiert:

- Wenn $x \in V$ ist, ist x ein aussagenlogischer Term;
- Wenn t ein aussagenlogischer Term ist, ist $(\neg t)$ ein aussagenlogischer Term;

- Wenn r und s aussagenlogische Terme sind, sind
  $(r \wedge s)$, $(r \vee s)$, $(r \rightarrow s)$, und $(r \leftrightarrow s)$
  aussagenlogische Terme.

Aus konventionellen Gründen lassen wir an folgenden Stellen häufig die Klammern weg:

- die äußeren Klammern eines Terms können entfallen,
- bei $(\neg t)$ können die Klammern entfallen,
- bei mehreren Verknüpfungen mit $\wedge$ wird nur ein äußeres Klammernpaar gesetzt,
- bei mehreren Verknüpfungen mit $\vee$ wird nur ein äußeres Klammernpaar gesetzt,
- bei einer Konjunktion, d.h. bei mit $\wedge$ verknüpften Termen, verzichten wir auf die Klammern, außer wenn diese Konjunktion negiert wird.

So sind also z.B. auch

$(x \vee y \vee \neg z)$ und $(x \wedge y \vee x \wedge z)$

gültige aussagenlogische Terme;

$(x \wedge y \wedge z \vee u \wedge v)$

wird als

$((x \wedge y \wedge z) \vee (u \wedge v))$

interpretiert, während bei

$(\neg(x \wedge y))$

die Klammern stehen bleiben müssen.

Wir werden im folgenden die Begriffe "zusammengesetzte Aussage" und "aussagenlogischer Term" synonym verwenden. Wenn keine Mißverständnisse zu befürchten sind, kann der Begriff "Aussage" sowohl für einen aussagenlogischen Term als auch für eine aussagenlogische Variable stehen.

3.1.3 Beispiele (Aussagenlogische Verknüpfungen)

Mit den Bedeutungen der in 3.1.1 eingeführten aussagenlogischen Variablen bedeutet:

(NOT A1):
"Es regnet nicht."

(NOT A2):

"Ich mache keine Fahrradtour."

(A3 OR A4):

"Der Gläubiger erläßt dem Schuldner durch Vertrag die Schuld, oder der Gläubiger erkennt durch Vertrag mit dem Schuldner an, daß das Schuldverhältnis nicht bestehe."

((A6 AND A7 AND A8) IMPL A9):

"Ein Funken in einem Kolben mit 1 l Sauerstoff und 2 l Wasser stoff löst eine Explosion aus"

A10 könnte in einem Modula-2-Programm stehen:

```
IF Length(Zeile) < ZeilenLaenge THEN
  WriteString(Zeile)
END
```

Während die Bedeutungen der Aussagen vom jeweiligen Kontext abhängen, hängen die Bedeutungen der Junktoren ausschließlich von den Wahrheitswerten der Aussagen, nicht von deren Inhalt, ab. Daher können wir die Junktoren durch Tabellen definieren, die sich nur auf die Wahrheitswerte beziehen und vom Inhalt der Aussagen abstrahieren.

NOT

x	¬x
0	1
1	0

AND

x y	x ∧ y
0 1	0
0 1	0
0	0
1 1	1

OR

x y	x ∨ y
0 0	0
0 1	1
1 0	1
1 1	1

Abb. 3-3: Wahrheitstafeln für NOT, AND, OR

3.1.4 Definition (n-stellige Junktoren AND und OR)

Für die Junktoren AND und OR gibt es n-stellige ($n \geq 2$) Varianten:

$$x_0 \wedge \ldots \wedge x_{n-1} ::= \begin{cases} 0 \text{ falls } x_i = 0 \text{ für ein } i \in n \\ 1 \text{ falls } x_0 = 1, \ldots, x_{n-1} = 1 \end{cases}$$

$$x_0 \vee \ldots \vee x_{n-1} ::= \begin{cases} 0 \text{ falls } x_0 = 0, \ldots, x_{n-1} = 0 \\ 1 \text{ falls } x_i = 1 \text{ für ein } i \in n \end{cases}$$

Üblicherweise werden zusammengesetzte Aussagen zur Formulierung von Regeln verwendet; dazu benötigen wir die Junktoren
IMPL ("impliziert", daraus folgt) und
EQUIV (ist äquivalent).

Für zwei Aussagen P und K bedeutet:

P IMPL K :
wenn P erfüllt ist, ist auch K erfüllt.
P heißt "*Prämisse*", K heißt "*Konklusion*".

P EQUIV K
bedeutet: P und K haben immer denselben Wahrheitswert.

IMPL

x	y	x → y
0	0	1
0	1	1
1	0	0
1	1	1

EQUIV

x	y	x ↔ y
0	1	1
0	1	0
1	0	0
1	1	1

Abb. 3-4: Wahrheitstafeln für IMPL und EQUIV

Beachten Sie, daß in Modula-2 die logischen Funktionen
IMPL durch <= und
EQUIV durch =
formuliert werden können.

Es gilt nämlich FALSE < TRUE. Die obigen Behauptungen können durch Einsetzen in die Wahrheitstafeln nachvollzogen werden. Allerdings ist hier zu beachten, daß "x <= y" leicht mit "x ← y" (als andere Schreibweise für "y → x") verwechselt werden kann. Daher sollte man "<=" als logischen Junktor nur mit expliziter Kommentierung in Programmen verwenden; eine (vielleicht bessere) Möglichkeit ist es, die in 3.1.14 eingeführte Identität von $(x \rightarrow y)$ und $(\neg x \vee y)$ zu benutzen.

3.1.5 Beispiel (aus dem Bürgerlichen Gesetzbuch)

Es bedeutet also in Beispiel 3.1.1 :
((A3 ∨ A4) → A5):

§ 397. [Vertrag] (1) Das Schuldverhältnis erlischt, wenn der Gläubiger dem Schuldner durch Vertrag die Schuld erläßt.

(2) Das gleiche gilt, wenn der Gläubiger durch Vertrag mit dem Schuldner anerkennt, daß das Schuldverhältnis nicht bestehe.

BEACHTE!
P IMPL K
ist also auch dann wahr, wenn die Prämisse falsch ist und somit die Konklusion keiner Bedingung unterworfen ist.

Vergleichen Sie hierzu folgende Aussage:

"Wenn das mit rechten Dingen zugegangen ist, fresse ich meinen Hut"

Da - nach der Überzeugung des Sprechers - die Prämisse falsch ist, ist die Aussage auch dann wahr, wenn die Konklusion falsch ist. Er braucht also den Hut nicht zu fressen. Wenn die Prämisse allerdings doch wahr sein sollte, dann wäre entweder die Gesamtaussage falsch - und damit die Glaubwürdigkeit des Sprechers

Üblicherweise wird die Implikation auf allgemeine Aussagen angewandt, die in einer gewissen Beziehung stehen, z.B.
(Es schneit) → (Es kommt zu Verkehrsbehinderungen).

Die Implikation kann auch auf singuläre Aussagen angewandt werden, ohne daß Prämisse und Konklusion in einer Beziehung stehen müssen; z.B:
(2 + 2 = 5) → (Weihnachten kommt der Osterhase).

Diese Aussagenverknüpfung ist zwar formal zulässig - und der Wahrheitswert ist "TRUE", da die Prämisse falsch ist - aber die Verknüpfung ist völlig uninteressant.

Auch wenn IMPL im Sinne einer Regel verwendet wird, muß die Kausalität nicht immer so aussehen, daß die Prämisse die Konklusion zur Folge hat. So ist sicher

(Ich mache eine Fahrradtour) → (Es regnet nicht)

eine sinnvolle Regel, die (im Sinne von 3.1.13) äquivalent ist zu

(Es regnet) → (Ich mache keine Fahrradtour)

Kausal ist aber das Wetter als Ursache für ein bestimmtes Freizeitverhalten zu sehen - nicht umgekehrt.

3.1.6 Verwendung der Implikation

Die Implikation wird in verschiedenen Anwendungsgebieten der Informatik und in anderen Gebieten nicht als aussagenlogischer Junktor aufgefaßt, sondern z.B.

Als *Vorschrift*:

Wenn die Ampel rot ist,
muß der Verkehrsteilnehmer warten."

Als *naturwissenschaftliches Gesetz*:

Wenn man Wasser unter Normaldruck auf 100°C erhitzt,
verdampft es"

Als *Handlungs-Anweisung*:

Wenn man eine Lampe anmachen will,
muß man den Lichtschalter betätigen"

Als *Kontrollstruktur* in einem Rechnerprogramm:

```
IF Einkommen > GrundFreibetrag THEN
    BerechneSteuer (Einkommen, Familienstand)
ENDIF
```

Als *Erklärung (oder Androhung) eigener Handlungs-Alternativen:*

"Wenn Du heute wieder zu spät kommst,
werde ich nicht auf dich warten."

Es ist wichtig, diese Art der Folgerung, die mögliche Handlungsabläufe beschreibt, von der logischen Implikation zu unterscheiden, die nur feststellt, ob gewisse "Regeln" eingehalten worden sind. Die Verknüpfung beider Begriffe werden wir später sehen in Form des sog. "*modus ponens*" (vgl. 3.2.4)

Der Wahrheitswert einer zusammengesetzten Aussage hängt grundsätzlich von den Wahrheitswerten der Elementar-Aussagen ab. Eine Zuordnung, die jeder Elementar-Aussage einer Aussage einen Wahrheitswert (FALSE oder TRUE) zuordnet, nennen wir eine "Belegung der Variablen" oder kurz "Belegung" oder "Interpretation".

3.1.7 Abhängigkeit der aussagenlogischen Terme von Belegungen der Variablen

Sei V eine Menge von aussagenlogischen Variablen. Eine Belegung b der Variablen ist eine Funktion

$$b : V \dashrightarrow \mathbb{B}$$

Der Wert eines Terms, der nur Variablen der Menge V enthält, unter einer Belegung b wird rekursiv wie folgt definiert:

$$\begin{array}{ll}
\text{wert}(x,b) & ::= b(x) \quad \text{für eine Variable } x \in V \\
\text{wert}((\alpha\wedge\beta),b) & ::= \text{wert}(\alpha,b) \wedge \text{wert}(\beta,b) \\
\text{wert}((\alpha\vee\beta),b) & ::= \text{wert}(\alpha,b) \vee \text{wert}(\beta,b) \\
\text{wert}((\neg\alpha),b) & ::= \neg\, \text{wert}(\alpha,b) \\
\text{wert}((\alpha\rightarrow\beta),b) & ::= \text{wert}(\alpha,b) \rightarrow \text{wert}(\beta,b) \\
\text{wert}((\alpha\leftrightarrow\beta),b) & ::= \text{wert}(\alpha,b) \leftrightarrow \text{wert}(\beta,b)
\end{array}$$

Das vollständige Testen aller Belegungen ist (bei kleineren Variablenmengen) ein Verfahren, um das Verhalten von aussagenlogischen Termen zu untersuchen. Dieses Verfahren wird als "*Methode der Wahrheitstafeln*" bezeichnet. Wir werden das im folgenden anhand von Beispielen darstellen.

Dazu werden die Teil-Terme, aus denen sich ein Term aufbaut, mit eigenen Bezeichnern belegt und damit wird der Wert der untersuchten Formel für alle Belegungen systematisch aufgebaut. Für n Variable gibt es 2^n Belegungen.

3.1.8 Definition (Tautologie)

Eine Tautologie α ist ein aussagenlogischer Term, der unter allen Belegungen der Variablen wahr ist.

In Zeichen: $\models \alpha$

Das Zeichen: $\models \alpha$ wird in 3.2.2 allgemein für Folgerungen eingeführt. Hier bedeutet es dementsprechend: "α gilt ohne Annahme irgenwelcher Bedingungen".

3.1.9 Beispiel (Tautologien)

$\models A \rightarrow (B \rightarrow A)$

<u>Beweis:</u>
Seien
  x1 ::= $B \rightarrow A$;
  x2 ::= $A \rightarrow$ x1 (* also x2 = $A \rightarrow (B \rightarrow A)$ *)

Es gibt genau die in der folgenden Tabelle angegebenen Belegungen der logischen Variablen A und B mit den entsprechenden Werten für die Aussagen x1 und x2:

A B	x1 x2
0 0	1 1
0 1	0 1
1 0	1 1
1 1	1 1

In allen Zeilen ist x2 = 1, also ist die obige Aussage bei jeder Belegung wahr. Ω

Eine andere Möglichkeit für den Aufbau der Wahrheitstafeln ist dadurch gegeben, daß der zu untersuchende Ausdruck rechts steht und rekursiv die Operatoren von innen nach außen mit Werten belegt werden. Vergleichen Sie hierzu die folgende Darstellung des vorigen Beweises.

A B	$A \rightarrow (B \rightarrow A)$
0 0	0 1 0 1 0
0 1	0 1 1 0 0
1 0	1 1 0 1 1
1 1	1 1 1 1 1

steht für $B \rightarrow A$
steht für $A \rightarrow (B \rightarrow A)$

Abb. 3-5: Beweis durch Wahrheitstafel

3.1.10 Definition (Widerspruch)

Ein Widerspruch α ist ein aussagenlogischer Term, der unter allen Belegungen der Variablen falsch ist.

In Zeichen: $\alpha \models 0$

3.1.11 Beispiel (Widerspruch)

$A \wedge B \wedge (\neg A \vee \neg B) \models 0$

<u>Beweis:</u>
Seien
x1 ::= ¬A;
x2 ::= ¬B;
x3 ::= x1 ∨ x2; (* also x3 = ¬A ∨ ¬B *)
x4 ::= A ∧ B ∧ x3 (* also x4 ist o.a. Aussage *)

Es gibt genau die in der folgenden Tabelle angegebenen Belegungen der logischen Variablen A und B mit den entsprechenden Werten für die Aussagen x1, x2, x3 und x4:

A	B	x1	x2	x3	x4
0	0	1	1	1	0
0	1	1	0	1	0
1	0	0	1	1	0
1	1	0	0	0	0

In allen Zeilen ist x4 = 0, also ist die obige Aussage bei jeder Belegung falsch. Ω

3.1.12 Klassifizierung der Aussagen

Es gibt also drei Arten von aussagenlogischen Termen:

1.) Tautologien
(auch "aussagenlogische Gesetze" oder "allgemeingültige Aussagen" genannt) haben den Wert 1 unter jeder Belegung)

2.) Widersprüche
(auch "aussagenlogische Kontradiktionen" genannt) haben den Wert 0 unter jeder Belegung

3.) Bei Ausdrücken der dritten Klasse gibt es Belegungen mit dem Wert 0 und Belegungen mit dem Wert 1. Hierfür hat sich keine Bezeichnung eingebürgert.

Übungsaufgabe 3.1

Untersuchen Sie die folgenden Terme und stellen Sie fest, ob sie Tautologien oder Widersprüche sind. Benutzen Sie dazu die Methode der Wahrheitstafeln.

$(x \vee \neg x)$
$(x \wedge \neg x)$
$(x \rightarrow x)$
$(x \rightarrow \neg x)$
$(x \rightarrow (y \rightarrow x))$
$((x \rightarrow y) \rightarrow (y \rightarrow x))$
$((x \leftrightarrow y) \rightarrow (x \rightarrow y))$
$((x \leftrightarrow y) \wedge (x \wedge \neg y))$
$(((x \wedge y) \vee z) \leftrightarrow ((x \vee z) \wedge (y \vee z)))$

Ein Ausdruck heißt "*erfüllbar*", wenn es mindestens eine Belegung mit 1 gibt. Ein erfüllbarer Ausdruck gehört also in die 1. oder 3. Klasse.

Abgesehen von theoretischen Betrachtungen über die Logik sind in erster Linie Aussagen der 3. Klasse von Interesse, da sie etwas über das betrachtete Wissensgebiet aussagen. Die Aussage:

(Sommer ∧ stabiles_Hoch) → schönes_Wetter

ist eben aussagekräftiger als etwa

es_regnet ∨ ¬ es_regnet

Die semantische Definition von aussagenlogischen Tautologien führt unmittelbar zu einem Algorithmus, der entscheidet, ob eine vorgegebene Aussage eine Tautologie ist. Dieser Algorithmus ist in Abb. 3-6 dargestellt und in Anhang C.1 in zwei Varianten als Modula-2-Programm realisiert.

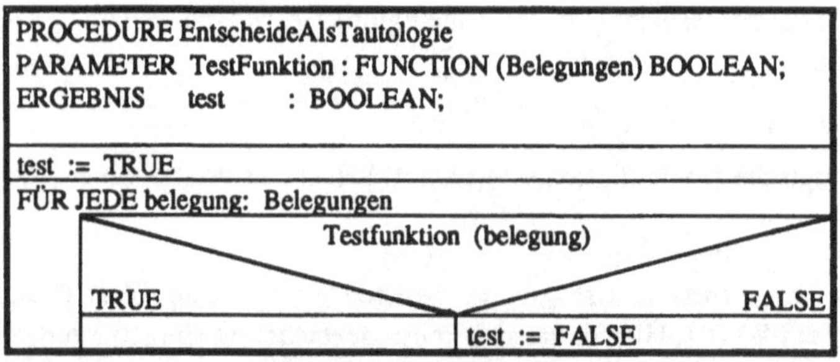

Abb.3-6: Entscheidungsprozedur für Tautologien

Beachten Sie bei diesem Algorithmus, daß bei einer Aussage mit n Variablen die Anzahl der Belegungen 2^n ist und daher die Schleife 2^n Mal zu durchlaufen ist. Somit ist die Laufzeit dieses Algorithmus exponentiell abhängig von der Anzahl der Variablen. Durch eine geringfügige Änderung kann die Schleife verlassen werden, wenn eine Belegung gefunden wurde, die die Testfunktion nicht erfüllt; für Tautologien ändert sich aber dabei nichts an der Laufzeit. Das Entscheidungsproblem der Booleschen Algebra ist zwar gelöst, aber nicht *effizent* berechenbar.

Wir werden im folgenden Kapitel eine spezielle Klasse von Aussagen kennenlernen, die sog. "Hornklauseln", die für die meisten praxisrelevanten Probleme ausreichen und wo das Problem der Ableitbarkeit von Aussagen in der Größenordnung

Anzahl_der_Variablen * Anzahl_der_Regeln

ist.

3.1.13 Definition (äquivalente aussagenlogische Terme)

Zwei aussagenlogische Terme α und β über derselben Variablenmenge sind äqivalent, wenn α und β unter allen Belegungen denselben Wahrheitswert haben.

In Zeichen: $\alpha \equiv \beta$

3.1.14 Beispiel (äquivalente Aussagen)

$(A \rightarrow B) \equiv (\neg A \vee B)$

Beweis:

Seien

x1 ::= $A \rightarrow B$;

x2 ::= $\neg A$;

x3 ::= x2 $\vee$ B; (* also x3 = $\neg A \vee B$ *)

Es gibt genau die in der folgenden Tabelle angegebenen Belegungen der logischen Variablen A und B mit den entsprechenden Werten für die Aussagen x1, x2 und x3:

A B	x1 x2 x3
0 0	1 1 1
0 1	1 1 1
1 0	0 0 0
1 1	1 0 1

In allen Zeilen ist x1 = x3, also sind beide Aussagen bei jeder Belegung identisch. Ω

3.1.15 Beispiel (äquivalente Aussagen)

In Beispiel 1 wurde behauptet: $((A3 \vee A4) \rightarrow A5)$, obwohl dort (formalisiert) steht:
$((A3 \rightarrow A5) \wedge (A4 \rightarrow A5))$

Behauptung:
$((A3 \vee A4) \rightarrow A5)$
und
$((A3 \rightarrow A5) \wedge (A4 \rightarrow A5))$
sind äquivalent.

Beweis:
Es gibt 8 Möglichkeiten, die Variablen A3, A4, A5 mit Wahrheitswerten zu belegen. Seien
$x1 ::= A3 \vee A4;$
$x2 ::= x1 \rightarrow A5;$ {also $x2 = (A3 \vee A4) \rightarrow A5$}
$x3 ::= A3 \rightarrow A5;$
$x4 ::= A4 \rightarrow A5;$
$x5 ::= x3 \wedge x4;$ {also $x5 = (A3 \rightarrow A5) \wedge (A4 \rightarrow A5)$}

A3	A4	A5	x1	x2	x3	x4	x5
0	0	0	0	1	1	1	1
0	0	1	0	1	1	1	1
0	1	0	1	0	1	0	0
0	1	1	1	1	1	1	1
1	0	0	1	0	0	1	0
1	0	1	1	1	1	1	1
1	1	0	1	0	0	0	0
1	1	1	1	1	1	1	1

Für alle Zeilen gilt $x2 = x5$, also sind die obigen Aussagen unter allen Belegungen äquivalent. Ω

BEACHTE!
Bei der Definition von aussagenlogischen Termen über einer Variablenmenge ist nicht vorausgesetzt, daß alle Variablen in den Termen enthalten sein müssen. Allerdings ist ein aussagenlogischer Term eine Tautologie oder ein Widerspruch unabhängig von der benutzten Variablenmenge - die Wahrheitswerte der nicht in dem Term auftretenden Variablen haben keinen Einfluß auf den Wert unter einer Belegung. So ist etwa $(x \vee \neg x)$ eine Tautologie unabhängig vom Wert der aussagenlogischen Variablen in_china_fällt_ein_reissack.

Es können allerdings aussagenlogische Terme, die unterschiedliche Variable enthalten, äquivalent sein. Bei der Anwendung der Methode der Wahrheitstafeln ist dann die Menge aller der Variablen zu benutzen, die in mindestens einem der beiden Aussagen enthalten sind.

3.1.16 Beispiel (äquivalente Aussagen)

$(x) \equiv (x \wedge z \vee x \wedge \neg z)$

Beweis:

Seien

x1 ::= $x \wedge z$
x2 ::= $\neg z$
x3 ::= $x \wedge x2$ { $x \wedge \neg z$ }
x4 ::= $x1 \vee x3$ {rechte Aussage}

x	z	x1	x2	x3	x4
0	0	0	1	0	0
0	1	0	0	0	0
1	0	0	1	1	1
1	1	1	0	0	1

In allen Zeilen ist x = x4, also sind beiden Aussagen äquivalent Ω

BEACHTE!

Die Äquivalenz "≡" von Aussagen ist nicht dasselbe wie der Junktor Äquivalenz "↔", da "≡" ein Zeichen der Metasprache ist, während "↔" einen objektsprachlichen Operator darstellt. In 3.2.5 werden wir einen Zusammenhang zwischen diesen beiden Symbolen kennenlernen..

3.2 Aussagenlogisches Schließen

Im weiteren Verlauf werden wir uns intensiver mit Folgerungen aus vorgegebenen Aussagemengen befassen. Als eine "*Wissensbasis*" bezeichnen wir eine Menge von aussagenlogischen Termen, die als zutreffend angenommen werden.

Dazu führen wir hier eine Wissensbasis als Beispiel ein, die dazu dienen soll, die behandelten Begriffe und Theoreme anhand eines kleinen überschaubaren Bereichs zu illustrieren.

So ist z.B. die in der folgenden Abb. dargestellte Wissensbasis "Tierreich" eine Menge von aussagenlogischen Termen über der Variablenmenge

{istWirbeltier, istFisch, istKriechtier,
istWarmblueter, istVogel, istSaeugetier,
istSchnabeltier, istHai, istSchlange,
istUhu, istAdler, istPinguin,
istTiger, istPottwal, hatWirbelsaeule,
legtEier, kann Fliegen}

T1: $(\text{istVogel} \rightarrow \text{istWirbeltier})$
T2: $(\text{istSaeugetier} \rightarrow \text{istWirbeltier})$
T3: $(\text{istFisch} \rightarrow \text{istWirbeltier})$
T4: $(\text{istWarmblueter} \leftrightarrow (\text{istVogel} \wedge \text{istSaeugetier}))$
T5: $(\neg (\text{istFisch} \wedge \text{istVogel}))$
T6: $(\neg (\text{istFisch} \wedge \text{istSaeugetier}))$
T7: $(\neg (\text{istVogel} \wedge \text{istSaeugetier}))$
T8: $(\text{istHai} \rightarrow \text{istFisch})$
T9: $(\text{istSchlange} \rightarrow \text{istKriechtier})$
T10 $(\text{istUhu} \rightarrow \text{istVogel})$
T11: $(\text{istAdler} \rightarrow \text{istVogel})$
T12: $(\text{istPinguin} \rightarrow \text{istVogel})$
T13: $(\text{istTiger} \rightarrow \text{istSaeugetier})$
T14: $(\text{istPottwal} \rightarrow \text{istSaeugetier})$
T15: $(\text{istWirbeltier} \rightarrow \text{hatWirbelsaeule})$
T16: $(\text{istVogel} \rightarrow \text{kannFliegen})$
T17: $(\text{istVogel} \rightarrow \text{legtEier})$
T18: $(\neg (\text{istSaeugetier} \wedge \text{legtEier}) \vee \text{istSchnabeltier}))$

Abb. 3-7: Wissensbasis "Tierreich"

3.2.1 Definition (Konsistenz von Aussagenmengen)

Sei A eine Menge von aussagenlogischen Termen über der Variablenmenge V.

Eine Belegung b : V ---> $\mathbb{B}$ heißt "*konsistent zu A*", wenn für alle $\alpha \in A$ $\text{wert}(\alpha,b) = 1$ ist.

Eine Menge A von Aussagen heißt "*konsistent*", wenn es eine konsistente Belegung gibt.

Eine nicht konsistente Menge von Aussagen heißt widersprüchlich, in Zeichen

$A \models 0$

oder für den endlichen Fall $A = \{\alpha_1,...,\alpha_{n-1}\}$

$\alpha_1,...,\alpha_{n-1} \models 0$

Die Aussagenmenge Tierreich ist konsistent, da z.B. die Belegung

istWirbeltier	---> 1,	istUhu	---> 0,
istFisch	---> 1,	istAdler	---> 0,
istKriechtier	---> 0,	istPinguin	---> 0,
istWarmblueter	---> 0,	istTiger	---> 0,
istVogel	---> 0,	istPottwal	---> 0,
istSaeugetier	---> 0,	hatWirbelsaeule	---> 1,
istSchnabeltier	---> 0,	legtEier	---> 0,
istHai	---> 1,	kannFliegen	---> 0,
istSchlange	---> 0		

alle vorgegebenen Aussagen erfüllt.

Bei einer widersprüchlichen Menge von Aussagen ist also für jede Belegung von Variablen jeweils mindestens eine Aussage nicht erfüllt.

Übungsaufgabe 3.2

Zeigen Sie mit der Methode der Wahrheitstafeln:

$x, \neg x \models 0$

$x, x \rightarrow y, \neg y \models 0$

$\{x \vee y, \neg x \vee \neg y\}$ ist konsistent

$\{x \rightarrow y, x \rightarrow \neg y\}$ ist konsistent

3.2.2 Definition (Folgerungen von Aussagenmengen)

Eine Aussage β ist eine Folgerung der Aussagemenge A, wenn ß unter allen zu A konsistenten Belegungen erfüllt ist.

In Zeichen

$A \models \beta$

oder im Fall der endlichen Menge $A = \{\alpha_0, ..., \alpha_{n-1}\}$

$\alpha_0, ..., \alpha_{n-1} \models \beta$

BEACHTE!

Aus einer widersprüchlichen Menge von Aussagen kann alles abgeleitet werden. (logische Variante des GIGA-Prinzips: Garbage In - Garbage Out)

3.2.3 Beispiel (Folgerung aus Aussagenmenge)

Def_Feuer ::=
(Feuer ↔ (hohe_Temperatur ∧ brennbar_Stoff ∧ Sauerstoff))
kalt ::= (¬hohe_Temperatur)

Def_Feuer, kalt ⊨ ¬Feuer

Beweis:

Für die vier logischen Variablen
x1 ::= Feuer
x2 ::= hohe_Temperatur
x3 ::= brennbar_Stoff
x4 ::= Sauerstoff
gibt es genau 16 Belegungen. Zusammen mit den Hilfsvariablen
y1 ::= x2 ∧ x3 ∧ x4
(* hohe_Temperatur ∧ brennbar_Stoff ∧ Sauerstoff *)
y2 ::= x1 ↔ y1 (* Def_Feuer *)
y3 ::= ¬x2 (* kalt *)
y4 ::= ¬x1 (* ¬Feuer *)
bekommen wir folgende Tabelle:

In sämtlichen Zeilen, in denen y2 und y3 (die Voraussetzungen), den Wert 1 haben (durch ! gekennzeichnet), hat auch y4 (die Folgerung) den Wert 1. Ω

BEACHTE!

Beachten Sie auch hier den Unterschied zwischen dem Junktor "→" und dem Folgerungzeichen " ⊨ ".

Auch hier gibt es aber einen engen Zusammenhang zwischen diesen beiden Zeichen, auf die wir im folgenden Satz eingehen.

x1	x2	x3	x4	y1	y2	y3	Vor	y4
0	0	0	0	0	1	1	!	1
0	0	0	1	0	1	1	!	1
0	0	1	0	0	1	1	!	1
0	0	1	1	0	1	1	!	1
0	1	0	0	0	1	0		1
0	1	0	1	0	1	0		1
0	1	1	0	0	1	0		1
0	1	1	1	1	0	0		1
1	0	0	0	0	0	1		0
1	0	0	1	0	0	1		0
1	0	1	0	0	0	1		0
1	0	1	1	0	0	1		0
1	1	0	0	0	0	0		0
1	1	0	1	0	0	0		0
1	1	1	0	0	0	0		0
1	1	1	1	1	1	0		0

3.2.4 Satz (modus ponens)

Folgende Aussageform wird als "modus ponens" bezeichnet:

$$\alpha, \alpha \rightarrow \beta \models \beta$$

Anders ausgedrückt: Wenn α erfüllt ist und $(\alpha \rightarrow \beta)$ gilt, dann ist β ableitbar.

Beweis:
Die folgende Tabelle enthält alle Belegungen für α und β, sowie die resultierenden Werte für $\alpha \rightarrow \beta$.

α	β	$\alpha \rightarrow \beta$	Vor	β
0	0	1		0
0	1	1		1
1	0	0		0
1	1	1	!	1

In allen Zeilen, in denen die Voraussetzungen α und $(\alpha \rightarrow \beta)$ den Wert 1 haben (nur in der letzten Zeile), hat auch β den Wert 1. Ω

Die Umkehrung dieses Satzes ergibt sich als Spezialfall von Satz 3.2.6: Wenn $\alpha \models \beta$, dann ist $(\alpha \rightarrow \beta)$ eine Tautologie.
Wir können die Begriffe der Äquivalenz und der Folgerung auf logische Tautologien zurückführen (jedenfalls, solange die Prämissenmenge endlich ist - was aber im folgenden immer angenommen werden kann.

3.2.5 Satz (äquivalente Aussagen)

Für zwei Aussagen α und ß gilt

$$\alpha \equiv \beta$$

genau dann, wenn

$$\models \alpha \leftrightarrow \beta$$

<u>Beweis:</u>

Es gelte $\alpha \equiv \beta$, d.h. unter allen Belegungen b der logischen Variablen gilt

$$\text{wert}(\alpha,b) = \text{wert}(\beta,b).$$

Sei b eine beliebige Belegung der Variablen. Es gilt also $\text{wert}(\alpha,b) = 1$ und $\text{wert}(\beta,b) = 1$ oder $\text{wert}(\alpha,b) = 0$ und $\text{wert}(\beta,b) = 0$.

Also ist

$$\text{wert}(\alpha \leftrightarrow \beta, b) = 1 \leftrightarrow 1 = 1$$

oder

$$\text{wert}(\alpha \leftrightarrow \beta, b) = 0 \leftrightarrow 0 = 1,$$

also in jedem Fall

$$\text{wert}(\alpha \leftrightarrow \beta, b) = 1$$

und somit

$$\models \alpha \leftrightarrow \beta$$

Falls andererseits $\alpha \leftrightarrow \beta$ eine Tautologie ist, gilt für jede Belegung b

$$\text{wert}(\alpha \leftrightarrow \beta, b) = 1.$$

Sei b eine beliebige Belegung der Variablen. Wenn jetzt $\text{wert}(\alpha,b) \neq \text{wert}(\beta,b)$ wäre, dann wäre nach der Definition des Junktors $\leftrightarrow$

$$\text{wert}(\alpha \leftrightarrow \beta, b) = 0 \leftrightarrow 1 = 0$$

oder

$$\text{wert}(\alpha \leftrightarrow \beta, b) = 1 \leftrightarrow 0 = 0.$$

Also kann für alle Belegungen der Variablen nur gelten

$$\text{wert}(\alpha,\beta) = \text{wert}(\beta,b)$$

und somit $\alpha \equiv \beta$. Ω

3.2.6 Satz (Folgerungen)

Seien $\alpha_0, \dots, \alpha_{n-1}$, ß aussagenlogische Terme.

Äquivalent sind:

$$\alpha_0, \dots, \alpha_{n-1} \models \beta$$

und

$$\models (\alpha_0 \wedge \ldots \wedge \alpha_{n-1}) \rightarrow \beta.$$

<u>Beweis:</u>
Es gelte $\alpha_0, \ldots, \alpha_{n-1} \models \beta$.

Sei b eine beliebige Belegung der Variablen.

Fall 1: wert(α_i,b) = 1 für alle i = 0,...,n-1.

Dann ist nach Voraussetzung wert(β,b) = 1 und somit nach der Definition der Implikation (unabhängig von wert($\alpha_0 \wedge \ldots \wedge \alpha_{n-1}$,b))

$$\text{wert}((\alpha_0 \wedge \ldots \wedge \alpha_{n-1}) \rightarrow \beta, b) = 1.$$

Fall 2: wert(α_i,b) = 0 für ein i = 0,...,n-1.

Dann ist wert($\alpha_0 \wedge \ldots \wedge \alpha_{n-1}$,b) = 0 nach Definition des Junktors "$\wedge$" und seiner n-stelligen Verallgemeinerung und somit nach der Definition der Implikation (unabhängig von wert(β,b))

$$\text{wert}((\alpha_0 \wedge \ldots \wedge {}_{n-1}) \rightarrow \beta, b) = 1.$$

Es ist also in jedem Fall

$$\text{wert}((\alpha_0 \wedge \ldots \wedge \alpha_{n-1}) \rightarrow \beta, b) = 1$$

und somit $(\alpha_0 \wedge \ldots \wedge \alpha_{n-1}) \rightarrow \beta$ eine Tautologie.

Sei jetzt umgekehrt $(\alpha_0 \wedge \ldots \wedge \alpha_{n-1}) \rightarrow \beta$ eine Tautologie und sei b eine Belegung, für die für alle $\alpha_i \in \{\alpha_0,\ldots,\alpha_{n-1}\}$ wert(α_i,β) = 1 ist.

Dann ist jeweils wert($\alpha_0 \wedge \ldots \wedge \alpha_{n-1}$, b) = 1 nach Definition des Junktors $\wedge$ und seiner n-stelligen Verallgemeinerung. wert(β,b) kann nicht 0 sein, da dann im Widerspruch zur Annahme

$$\text{wert}((\alpha_0 \wedge \ldots \wedge \alpha_{n-1}) \rightarrow \beta, b) = 0 \text{ wäre;}$$

somit muß also wert(β,b) = 1 sein.

Somit haben wir gezeigt, daß jede Belegung, die alle Voraussetzungen erfüllt, auch die Folgerung erfüllt; und daher

$$\alpha_0, \ldots, \alpha_{n-1} \models \beta \qquad \Omega$$

3.2.7 Satz (Folgerung des Widerspruchs)

Seien $\alpha_0, ..., \alpha_{n-1}, \beta$ aussagenlogische Terme

Äquivalent sind:

$\alpha_0, ..., \alpha_{n-1} \models \beta$

und

$\alpha_0, ..., \alpha_{n-1}, \neg\beta \models 0.$

Beweis:
Annahme, es gelte $\alpha_0, ..., \alpha_{n-1} \models \beta$.

Sei b eine beliebige Belegung der Variablen.

Fall 1: b ist konsistent für $\{\alpha_0, ..., \alpha_{n-1}\}$

Dann ist nach der Annahme wert(β,b) = 1 und somit wert($\neg\beta$,b) = 0, also ist die Belegung nicht konsistent für $\{\alpha_0,...,\alpha_{n-1},\neg\beta\}$

Fall 2: Wenn b nicht konsistent für $\{\alpha_0,...,\alpha_{n-1}\}$ ist,

dann ist b erst recht nicht konsistent für die Obermenge $\{\alpha_0,...,\alpha_{n-1},\neg\beta\}$

In beiden Fällen ist also b nicht konsistent für $\{\alpha_0,...,\alpha_{n-1},\neg\beta\}$ und somit ist keine Belegung konsistent für diese Menge.

Sei umgekehrt $\{\alpha_0,...,\alpha_{n-1},\neg\beta\}$ widersprüchlich und b eine konsistente Belegung von $\{\alpha_0,...,\alpha_{n-1}\}$. Damit b für $\{\alpha_0,...,\alpha_{n-1},\neg\beta\}$ widersprüchlich wird, muß wert($\neg\beta$,b) = 0 sein und damit wert(β,b) = 1.

Also erfüllen alle konsistenten Belegungen von $\{\alpha_0,...,\alpha_{n-1}\}$ auch β. Ω

Im folgenden werden wir uns intensiver mit Folgerungen aus vorgegebenen Aussagemengen befassen. Die Aussagen einer Wissensbasis bezeichnen wir je nach dem Kontext als

Regeln

("Wenn bei einem Fahrzeug eine Überschreitung der zulässigen Höchstgeschwindigkeit um mehr als 40 km/h gemessen wird, kommt es zu einer Anzeige")

oder

Fakten

("Bei dem Fahrzeug mit dem Kennzeichen 'XY-Z 007' wurde eineGeschwindigkeit von 97 km/h gemessen",
"Die zulässige Höchstgeschwindigkeit beträgt 50 km/h").

Eine Abfrage an eine Wissensbasis (z.B.

Tierreich $\models$(istHai $\rightarrow$ $\neg$istWarmblueter) ?

läßt sich mit einer Variante des Programms in Abb. 3-8 untersuchen: Man prüfe für alle mit Tierreich konsistenten Belegungen, ob sie auch die Abfrage erfüllen. Wenn das der Fall ist, ist die Aussage semantisch aus der Wissensbasis *ableitbar*.

Der Begriff "semantisch" sagt hier aus, daß von den Bedeutungen der logischen Variablen ausgegangen wird (wenn auch die "Bedeutung" einer logischen Variablen auf einen der möglichen Wahrheitswerte reduziert ist). Im Gegensatz dazu geht eine syntaktische Ableitung von den Formen der Aussagen aus; ein System für syntaktische Ableitungen werden wir in Abschnitt 3.3 kennenlernen.

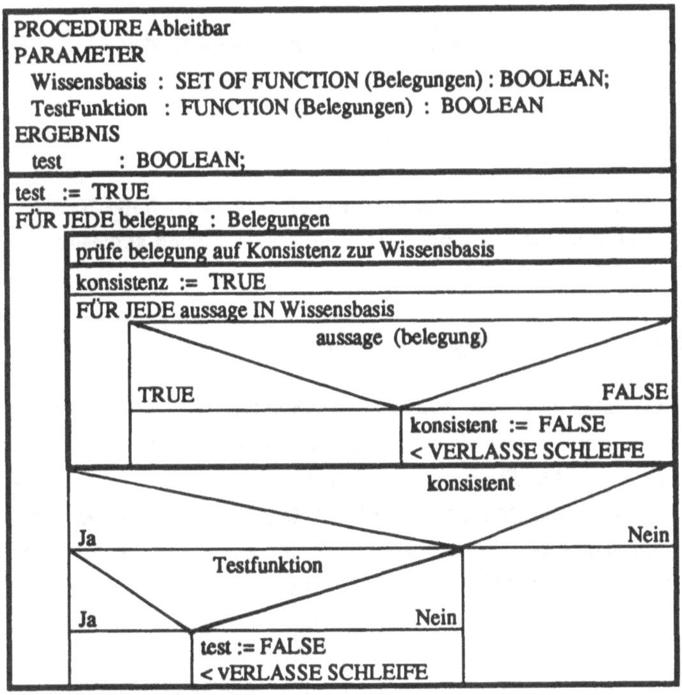

Abb. 3-8: Entscheidungsprozedur für Ableitbarkeit

Eine konkrete Implementierung dieses Algorithmus ist im Anhang C angegeben.

Eine Anwendung des Programms für Ableitbarkeit der Abfrage an die Wissensbasis

(istHai ≤ NOT istWarmblueter)

liefert

"Die Behauptung ist ableitbar"

Dasselbe liefert die Abfrage
(istHai ≤ hatWirbelsaeule).

Die Abfrage
(istHai AND Saeugetier)
liefert (wie erwartet) die Antwort
"Die Behauptung ist nicht ableitbar"

Die Abfrage
(istSchlange AND istWarmblueter)
liefert (wie erwartet) die Antwort
"Die Behauptung ist nicht ableitbar"

Das sagt hier allerdings nur aus, daß die Wissensbasis nicht ausreicht, diese Frage zu beantworten; denn auf die negierte Frage
(NOT (istSchlange AND istWarmblueter))
bekommen wir dieselbe Antwort.

Diese Frage läßt sich also aus der Wissensbasis nicht herleiten, aber auch die Negation läßt sich nicht herleiten. Durch folgende Belegungen a) und b), die beide konsistent zur Wissensbasis sind, wird gezeigt, daß sowohl
(ist Schlange ∧ ist Warmblueter)
als auch die Negation konsistent zur Wissensbasis sind!

Das Programm von Abb. 3-8 muß die geschachtelte Schleife $2^{17} = 131072$ mal durchlaufen, um eine Antwort zu geben (17 = Anzahl der Variablen in der Wissensbasis). Daher ist die Rechenzeit selbst für einen PC noch gerade akzeptabel. Wenn wir allerdings bei realistischen Wissensbasen die Anzahl der Regeln auf etwa 20 erhöhen, benötigt das Programm schon eine Million Durchläufe, bei 30 Variablen eine Milliarde, bei 40 Variablen eine Billion. Somit stößt selbst ein Hochleistungsrechner sehr schnell an seine Grenzen.

2^n ist zwar für jede Zahl n eine endliche Zahl, aber durch geringfügige Erhöhung der Anzahl der Variablen in der Wissensbasis wächst diese Zahl sehr schnell über jede vorgegebene obere Schranke der Rechenzeit. Die Methode der Wahrheitstafeln ist also kein praktisch anwendbares Verfahren zur Ableitung von Folgerungen.

Daher werden wir uns im folgenden Kapitel um andere Methoden kümmern, wie man aus vorgegebenen Wissensbasen weitere Folgerungen ableiten kann.

a)	b)	Variable
1	1	ist Wirbeltier
0	1	ist Fisch
1	1	ist Kriechtier
1	0	ist Warmblüter
1	0	ist Vogel
0	0	ist Säugetier
0	0	ist Schnabeltier
0	0	ist Hai
1	1	ist Schlange
0	0	ist Uhu
0	0	ist Adler
0	0	ist Pinguin
0	0	ist Tiger
0	0	ist Pottwal
1	1	hat Wirbelsäule
1	1	legt Eier
1	0	kann Fliegen
1	0	ist Schlange $\wedge$ ist Warmblüter

Abb. 3-9: konsistente Belegungen

3.3 Deduktionssystem für die Aussagenlogik

Bisher haben wir aussagenlogische Formeln und logisches Schließen durch "Einsetzen" auf Allgemeingültigkeit untersucht. Daneben gibt es Systeme, bei denen nach bestimmten Regeln aus vorgegebenen Aussagen (Fakten und Regeln) weitere Aussagen "erzeugt" werden können.

Das erstere Vorgehen geht von den *Bedeutungen* der logischen Variablen und Junktoren aus und ist daher als *semantisch* zu bezeichnen. Dagegen sind die jetzt untersuchten Verfahren *syntaktisch*, gehen also nur von der *Form* der Aussagen aus. Der Vorteil liegt darin, daß bei vielen Aussagen (nicht allen, aber bei fast allen praktisch vorkommenden) die Beweise kürzer sind als durch Testen aller 2^n Belegungen. Ein Nachteil dieses Verfahrens ist, daß es nicht zielgerichtet ist.

Wir werden zwei syntaktische Deduktionssysteme betrachten: Eine Variante des "natürlichen Deduktionssystems" von Gentzen (vgl. z.B. [Grie81]) sowie die Resolventen-Methode von Robinson (vgl. [Robi63], [Berg77], [Schö87]).

Das natürliche Deduktionssystem bildet ziemlich genau die Schlußfolgerungen nach, wie sie von menschlichen Beweisern durchgeführt werden. Dieses System enthält eine große Zahl von differenzierten Ableitungsregeln und macht keine speziellen Voraussetzungen an die Form der Aussagen.

Die Resolventen-Methode dagegen benutzt nur eine Regel und setzt voraus, daß die Aussagen in einer gewissen Normalform vorliegen. Diese Normalform wird im Kapitel 4 eingeführt; die Resolventen-Methode werden wir im Kapitel 5 kennenlernen.

3.3.1 Direkte Regeln des Deduktionssystems

Für jeden Junktor gibt es mindestens zwei Regeln: eine zur Einführung (-ein), eine zur Entfernung (-aus) des Junktors. Bei fünf Junktoren ($\wedge$, $\vee$, $\neg$, $\rightarrow$, $\leftrightarrow$) kommen wir somit auf zehn Regeln. Hilfsweise benötigen wir eine weitere Regel zur Ableitung des Widerspruchs, um sog. "indirekte" Beweise führen zu können.

Von diesen elf Regeln sind acht Regeln elementar, während die übrigen drei Regeln eine Ableitung als Voraussetzung haben.

$\wedge$ -ein:

$$\begin{array}{c} x \\ y \\ \hline x \wedge y \end{array}$$

$\wedge$ -aus:

$$\begin{array}{c} x \wedge y \\ \hline x \\ y \end{array}$$

$\vee$ -ein:

$$\begin{array}{c} x \\ \hline x \vee y \\ y \vee x \end{array}$$

$\vee$ -aus:

$$\begin{array}{c} x \vee y \\ x \rightarrow z \\ y \rightarrow z \\ \hline z \end{array}$$

$\rightarrow$ -aus (modus ponens):

$$\begin{array}{c} x \\ x \rightarrow y \\ \hline y \end{array}$$

$\leftrightarrow$ -ein:

$$\begin{array}{c} x \rightarrow y \\ y \rightarrow x \\ \hline x \leftrightarrow y \end{array}$$

$\leftrightarrow$ -aus:

$$\begin{array}{c} x \leftrightarrow y \\ \hline x \rightarrow y \\ y \rightarrow x \end{array}$$

0 – ein (Ableitung des Widerspruchs):

$$\frac{x \qquad \neg x}{0}$$

Die Regeln sind wie folgt zu lesen: Wenn alle Prämissen einer Regel (die Terme über dem Strich) durch Einsetzen von *Termen* in die Variablen (x, y, z) als wahr nachgewiesen bzw. als gültig angenommen sind, dann sind auch alle Folgerungen unter dem Strich mit den entsprechenden Einsetzungen der Terme als wahr bewiesen bzw. können als gültig angenommen werden.

3.3.2 Varianten für n-stellige Junktoren

Wir können eine n-stellige Konjunktion (bzw. Disjunktion) durch Klammerung auf zweistellige Konjunktionen zurückführen; in der Praxis ist es aber einfacher, Regeln für $(x_1 \wedge x_2 \wedge \ldots \wedge x_n)$ einzuführen.

∧ - ein:

$$\frac{x_1 \quad .. \quad x_n}{x_1 \wedge \ldots \wedge x_n}$$

∧ - aus:

$$\frac{x_1 \wedge \ldots \wedge x_n}{x_1 \quad \ldots \quad x_n}$$

∨ - ein:

$$\frac{x_i}{x_1 \vee \ldots \vee x_i \vee \ldots \vee x_n}$$

∨ - aus:

$$\frac{x_1 \vee \ldots \vee x_n \quad x_1 \rightarrow z \quad .. \quad x_n \rightarrow z}{z}$$

Abb. 3-10: n-stellige Konjunktion und Disjunktion

3.3.3 Allgemeiner Aufbau der Beweise

Die Beweise haben grundsätzlich folgenden Aufbau:

voraussetzungen ⊢	folgerung	
marke:	aussage	;begründung
marke:	folgerung	;begründung

Eine *Begründung* ist immer die Angabe einer Regel sowie die Angabe von Marken für (bewiesene oder angenommene) Aussagen, die in die Regel eingesetzt werden.

Die *Marken* dienen dazu, daß in nachfolgenden Begründungen von Aussagen ein Bezug auf die Aussage hergestellt werden kann. Voraussetzungen werden auch mit Marken versehen, damit wir uns im Laufe des Beweises darauf beziehen können. Die letzte Aussage muß die zu beweisende Folgerung sein. Als Konvention verwenden wir als Marke dafür "ZZ" oder "ZZZ".

3.3.4 Beispiel

Tierreich, P1: ist Hai ⊢ hat Wirbelsäule		
L1:	ist Fisch:	; →- aus, P1, T8
L2:	ist Wirbeltier:	; →- aus, L1, T3
ZZ:	hat Wirbelsäule	; →- aus, L2, T15

3.3.5 Beispiel

Tierreich, P1: ist Vogel ⊢ist Warmblüter ∧ hat Wirbelsäule	
L1: (ist Vogel ∨ ist Säugetier) → ist Warmblüter	; ↔- aus, T4
L2: ist Vogel ∨ ist Säugetier	; ∨- ein, P1
L3: ist Warmblüter	; →- aus, L2, L1
L4: ist Wirbeltier	; →- aus, P1, T1
L5: hat Wirbelsäule	; →- aus, L4, T15
ZZ: ist Warmblüter ∧ hat Wirbelsäule	; ∧- ein, L3, L5

3.3.6 Beispiel

Tierreich, P1: ist Warmblüter $\vdash$ hat Wirbelsäule

L0: ist Warmblüter → (ist Vogel ∨ ist Säugetier)	;↔ - aus, T4
L1: ist Vogel ∨ ist Säugetier	;→- aus, P1, L0
L2: ist Wirbeltier	;∨ - aus, L1, T1, T2
ZZ: hat Wirbelsäule	;→- ein, L2, T15

3.3.7 Beispiel

Tierreich, P1: ist Pinguin, P2: ist Hai $\vdash$ 0

L1: ist Vogel	; →- aus, P1, T12
L2: ist Fisch	; →- aus, P2, T8
L3: ist Fisch ∧ ist Vogel	; ∧- ein, L2, L1
ZZ: 0	; 0 - ein, L3, T5

Bei den direkten Regeln brauchen wir immer schon eine Prämisse, um überhaupt eine Regel anwenden zu können. Die drei indirekten Regeln des natürlichen Deduktionssystems haben eine Ableitung als Prämisse, d.h. sie können nur angewandt werden, wenn ein sog. "*Unterbeweis*" existiert. Indem wir mit Unterbeweisen starten, können wir auch Behauptungen beweisen, die keine Prämissen enthalten.

3.3.8 Indirekte Regeln des Deduktionssystems

→ - ein:

$$\frac{x \vdash y}{x \rightarrow y}$$

¬ - ein:

$$\frac{x \vdash 0}{\neg x}$$

¬ - aus:

$$\frac{\neg x \vdash 0}{x}$$

Hierbei bedeutet etwa die erste Regel: Wenn unter der Annahme von x ein Beweis für y existiert, dann ist $(x \rightarrow y)$ ableitbar.

In Unterbeweisen dürfen neben den im Kopf des Unterbeweises angegebenen Voraussetzungen auch die (vorausgesetzten bzw. schon bewiesenen) Aussagen der umgebenden Beweise benutzt werden. Umgekehrt darf von einem Unterbeweis nur die Kopfzeile verwendet werden (für die Regeln $\rightarrow$-ein, $\neg$ -ein und $\neg$ -aus) - nicht dagegen die innerhalb des Unterbeweises abgeleiteten Aussagen.

Die Regeln haben umgangssprachlich folgende Bedeutung:

$\rightarrow$– ein:
Eine Implikation $(a \rightarrow b)$ gilt dann, wenn wir in der Lage sind, aus der Annahme von a die Gültigkeit von b abzuleiten.

$\neg$ - ein:
Die Negation einer Aussage gilt, wenn wir aus der Aussage einen Widerspruch ableiten können.

$\neg$ - aus:
Dieses ist der sog. "*indirekter Beweis*"; um eine Aussage zu zeigen, zeigen wir, daß die Negation dieser Aussage zu Widerspüchen führt. An dieser Stelle wird unmittelbar von der Zweiwertigkeit der Logik Gebrauch gemacht - alle anderen Regeln würden auch unter einer mehrwertigen Logik gelten (vgl. hierzu Kapitel 8).

3.3.9 Beispiel

$\vdash x \vee \neg x$			
L1:	M0: $\neg(x \vee \neg x) \vdash 0$		
	M1:	N0: $x \vdash 0$	
		N1: $x \vee \neg x$	; $\vee$ - ein, N0;
		ZZ: 0	; 0 - ein, N1, M0
	M2: $\neg x$		; $\neg$ - ein, M1;
	M3: $x \vee \neg x$		; $\vee$.- ein, M2;
	ZZ: 0		; $\neg$ - ein, M3, M0
ZZ: $x \vee \neg x$			; $\neg$ - ein, L1

3.3.10 Beispiel

$\vdash \neg(x \wedge \neg x)$		
L1:	P: $x \wedge \neg x \;\vdash 0$	
	R1: x	; $\wedge$ - aus, P
	R2: $\neg x$	; $\wedge$ - aus, P
	ZZ: 0	; 0 - ein, R1, R2
ZZ: $\neg(x \wedge \neg x)$		; $\neg$.- ein, L1

3.3.11 Beispiel (vgl. 3.1.15)

$\vdash ((a3 \vee a4) \rightarrow a5) \leftrightarrow ((a3 \rightarrow a5) \wedge (a4 \rightarrow a5))$			
L1:	M0: $(a3 \vee a4) \rightarrow a5 \;\vdash (a3 \rightarrow a5) \wedge (a4 \rightarrow a5)$		
	M1:	N0: $a3 \;\vdash a5$	
		N1: $a3 \vee a4$	; $\vee$ - ein, N0;
		ZZ: $a5$	; $\rightarrow$ - aus, N1, M0
	M2: $a3 \rightarrow a5$		; $\rightarrow$ - ein, M1;
	M3:	N0: $a4 \;\vdash a5$	
		N1: $a3 \vee a4$	; $\vee$ - ein, N0;
		ZZ: $a5$	; $\rightarrow$ - aus, N1, M0
	M4: $a4 \rightarrow a5$		; $\rightarrow$ - ein, M3;
	ZZ: $(a3 \rightarrow a5) \wedge (a4 \rightarrow a5)$		; $\wedge$ - ein, M2, M4
L2: $((a3 \vee a4) \rightarrow a5) \rightarrow ((a3 \rightarrow a5)$			$\wedge (a4 \rightarrow a5))$; $\rightarrow$ - ein, L1;
L3:	$(a3 \rightarrow a5) \wedge (a4 \rightarrow a5) \;\vdash (a3 \vee a4) \rightarrow a5$		
	M1:	N0: $a3 \vee a4 \;\vdash a5$	
		N1: $a3 \rightarrow a5$	; $\wedge$ - aus, L3;
		N2: $a4 \rightarrow a5$	; $\wedge$ - aus, L3
		ZZ: $a5$	; $\vee$ - aus, N0, N1, N2
	ZZ: $(a3 \vee a4) \rightarrow a5$		; $\rightarrow$ - ein, M1
L4: $((a3 \rightarrow a5) \wedge (a4 \rightarrow a5)) \rightarrow ((a3 \vee a4) \rightarrow a5)$; $\rightarrow$ - ein, L3			
ZZ: $((a3 \vee a4) \rightarrow a5) \leftrightarrow ((a3 \rightarrow a5) \wedge (a4 \rightarrow a5))$; $\leftrightarrow$ - ein,L2,L4			

3.3.12 Beispiel

Tierreich $\vdash \neg$(ist Hai $\wedge$ ist Warmblüter)

L1:	M0:	ist Hai $\wedge$ ist Warmblüter $\vdash$ 0	
	M1:	ist Warmblüter	; $\wedge$ - aus, M0
	M2:	ist Hai	; $\wedge$ - aus, M0
	M3:	ist Fisch	; $\rightarrow$ - aus, M2, T8
	M4:	ist Warmblüter $\rightarrow$ (ist Vogel $\vee$ ist Säugetier)	; $\leftrightarrow$ - aus, T4
	M5:	ist Vogel $\vee$ ist Säugetier	; $\rightarrow$ - aus, M1, M4
	M6	N0: ist Vogel $\vdash \neg$ist Fisch	
	M6 / N1:	P0: ist Fisch $\vdash$0	
	M6 / N1:	P1: ist Fisch $\wedge$ ist Vogel	; $\wedge$ - ein, P0, N0
	M6 / N1:	ZZ: 0	; 0 - ein, P1, T5
	M6	ZZ: $\neg$ist Fisch	; $\neg$ - ein, N1
	M7:	ist Vogel $\rightarrow$ $\neg$ist Fisch	; $\rightarrow$ - ein, M6
	M8:	N0: ist Säugetier $\vdash \neg$ist Fisch	
	M8 / N1:	P0: ist Fisch $\vdash$0	
	M8 / N1:	P1: ist Fisch $\wedge$ ist Säugetier	; $\wedge$ - ein, P0, N0
	M8 / N1:	ZZ: 0	; 0 - ein, P1, T6
	M8	ZZ: $\neg$ist Fisch	; $\neg$ - ein, N1
	M9:	ist Säugetier $\rightarrow$ $\neg$ist Fisch	; $\rightarrow$ ein, M6
	M10:	$\neg$ist Fisch	; $\vee$ - aus M5, M7, M9
	ZZZ:	0	; 0 - ein, M3, M10
ZZ:		$\neg$(ist Hai $\wedge$ ist Warmblüter)	; $\neg$ - ein, L1

unter Ausnutzung der vorigen Ableitung ergibt sich:

Tierreich ⊢ ist Hai → ¬ist Warmblüter	
L3: M0: ist Hai ⊢ ¬ist Warmblüter	
M1: N0: ist Warmblüter ⊢ 0	
N1 ist Hai ∧ ist Warmblüter	∧ –ein, M0, N0;
ZZ: 0	0 –ein, N1, L2
ZZ: ¬ist Warmblüter	¬ –ein, M1
ZZ: ist Hai → ¬ist Warmblüter	→ –ein, L3

3.3.13 Beispiel

Def_Feuer: Feuer ↔ (hohe Temperatur ∧ brennbarer_Stoff ∧ Sauerstoff), kalt: ¬hohe_Temp ⊢ ¬Feuer	
L1: F0: Feuer ⊢ 0	
F1: Feuer → (hohe Temperatur ∧ brennbar_Stoff ∧ Sauerstoff	;↔ –aus, Def_Feuer
F2: hohe_Temperatur ∧ brennbarer_Stoff ∧ Sauerstoff	; → –aus, F0, F1
F3: hohe_Temperatur	; ∧ –aus, F2
ZZ: 0	; 0 -eun, F3, kalt
ZZ: ¬Feuer	; ¬ –ein, L1

Übungsaufgabe 3.3

Leiten Sie entweder die folgenden Aussagen aus der Wissensbasis Tierreich ab oder zeigen Sie, daß diese Aussagen nicht ableitbar sind.

istSaeugetier → hatWirbelsaeule ?
istWarmblueter → hatWirbelsaeule ?
istHai → hatWirbelsaeule ?
istHai → istKriechtier ?
istSchlange → hatWirbelsaeule ?
istKralli → legtEier ?

In Abb. 3-11 sind die Zusammenhänge zwischen der Implikation →, der semantischen Folgerung ⊨ und der syntaktischen Ableitbarkeit ⊢ zusammengefaßt.

	$a \rightarrow b$	$a \models b$	$a \vdash b$
$a \rightarrow b$		Satz 3.2.6	Regel → -aus
$a \models b$	Satz 3.2.6		Satz 3.3.15
$a \vdash b$	Regel → -ein	Satz 3.3.14	

Abb. 3-11: Zusammenhänge zwischen →, ⊨ und ⊢

Von den möglichen Beziehungen in Abb. 3-11 sind noch zwei nachzutragen: die "*Konsistenz*" und die "*Vollständigkeit*" des Deduktionssystems bezüglich der semantischen Folgerung.

3.3.14 Satz (Konsistenz des Deduktionssystems)

Das in diesem Abschnitt eingeführte Deduktionssystem ist konsistent zur semantischen Folgerung; d.h. wir können $A \vdash b$ nur dann ableiten, wenn b eine semantische Folgerung von A ist.

Beweis:

Wir können zeigen, daß jede Zeile in einem korrekten Beweis eine semantische Folgerung aus den Prämissen ist. Jede Ableitung entsteht durch endlich viele Anwendungen einer Regel auf gewisse als wahr angenommene Prämissen oder daraus abgeleitete Aussagen. Für jede Anwendung einer der der elf Regeln gilt folgendes: jede Belegung, die für alle Prämissen der Regel den Wert 1 hat, hat auch für die Ableitung den Wert 1. Wir zeigen dieses exemplarisch für die Regeln ∨ -aus, → -ein, → –aus und ¬ -aus; die übrigen Regeln seien als Übungsaufgabe zu zeigen.

Sei V die Menge der Variablen von A und $b \in B^V$ eine Belegung der Variablen.

∨-aus:

Für Terme x, y und z gelte

(a) wert((x ∨ y, b)) = 1,
(b) wert((x → z, b)) = 1,
(c) wert((y → z, b)) = 1

Es muß wert(x,b) = 1 sein oder wert(y,b) = 1, (andernfalls wäre wert((x ∨ y),b) = wert(x,b) ∨ wert(y,b) ≠ 1 entgegen der Voraussetzung (a)). Nach (b) und (c) muß wegen der Definition der Implikation gelten wert(x,b) ≤ wert(z,b) und wert(y,b) ≤ wert(z,b). Da nach obigem Argument für α=x oder α=y gilt wert(α.b) = 1, muß somit auch gelten wert(z,b) = 1.

→-aus:
Für Terme x und y gelte
(a) wert(x, b) = 1,
(b) wert(x → y, b) = 1

Nach (b) muß wegen der Definition der Implikation gelten wert(x,b) ≤ wert(y,b). Aus (a) folgt dann wert(y,b) = 1.

→-ein:
Es gibt einen Beweis
A, x ⊢ y,
wobei A die Menge der in der Umgebung des Unterbeweises gültigen Voraussetzungen ist. Da der Unterbeweis kürzer als der Gesamtbeweis ist, nehmen wir die Gültigkeit des zu zeigenden Satzes hierfür an, d.h.
A, x ⊨ y

Mit einer Modifikation des Beweises zu Satz 1 können wir dann zeigen
A ⊨ x → y

¬ - aus:
Es gibt einen Beweis
A, x ⊢ 0

Nach Anwendung des zu zeigenden Satzes auf den (kürzeren) Unterbeweis gibt es somit eine Aussage α ∈ A mit wert(α,b) = 0 oder es ist wert(x,b) = 0. Im ersten Fall ist b nicht konsistent zu A und im zweiten Fall gilt wert(¬x,b) = ¬wert(x,b) = ¬0 = 1. Somit ist ¬x eine semantische Folgerung aus A. Ω

Der Beweis der Vollständigkeit des Deduktionssystems benötigt weitergehende Hilfsmittel und wird hier weggelassen.

3.3.15 Satz (Vollständigkeit des Deduktionssystems)

Das in diesem Abschnitt eingeführte Deduktionssystem ist vollständig - bezogen auf die semantische Folgerung; d.h. wenn A ⊨ b gilt, können wir A ⊢ b immer ableiten.

3.4 Programmverifikation

Folgende Prozedur "XhochN" potenziert eine reelle Zahl mit einer ganzen Zahl ≥ 0.

3.4.1 Beispiel (Prozedur ohne Verifikationsbedingungen)

```
PROCEDURE XhochN (x : REAL; n : INTEGER) : REAL;
  (**************************************************************)
  (*  Bestimmung von der Potenz x^n                             *)
  (**************************************************************)
  VAR xx, zz: REAL;
      nn    : INTEGER;
  BEGIN
  xx := x; nn := n; zz := 1.0;

  WHILE nn > 0 DO
    IF (nn MOD 2) = 0 THEN
       nn := nn DIV 2;
       xx := xx * xx
    ELSE
       nn := nn-1;
       zz := xx * zz
       END (* IF *)
    END (* WHILE *);

  RETURN zz
  END XhochN;
```

Obwohl die Prozedur relativ kurz ist, ist es quasi unmöglich, ohne formale Hilfsmittel anhand der Programmquelle zu verifizieren, daß die Prozedur das Gewünschte leistet. Dies geht aber, wenn wir an viele Stellen im Programm Bedingungen (= Aussagen) hinschreiben, die dort gültig sind.

Im folgenden werden Regeln für Aussagen angegeben, die sich auf strukturierte Programme beziehen; Regeln für FOR-, REPEAT und CASE-Anweisungen sind weggelassen, da diese Anweisungen prizipiell durch WHILE- und IF-Anweisungen ersetzt werden können - man kann aber auch für diese Anweisungen Modifikationen der hier angegebenen Regeln entwickeln. Eine einseitige IF-Anweisung

```
IF b THEN anweisungen END
```

ist formal zu interpretieren als

```
IF b THEN anweisungen ELSE END
```

d.h. ohne Anweisung im ELSE-Teil; somit sind dann Bedingungen, die zum Anfang des ELSE-Teils gelten auch am Ende des ELSE-Teils gültig.

3.4.2 Regeln für Programm-Verifikation

Wertzuweisung:
Nach einer Wertzuweisung `x := term` sind alle Aussagen α erfüllt, für die Subst[`x/term`](α) *vor* dieser Anweisung erfüllt war.

Insbesondere sind alle Aussagen wahr, die x nicht enthalten und die vor der Anweisung wahr waren, da hier Subst[`x/term`](α) = α ist. Außerdem die Identitäten (`x=term`), wenn x nicht in term vorkommt, da dann Subst[`x/term`] (`x=term`) = (`term=term`).

Wenn beispielsweise `(x > 0)` vor der Zuweisung `x := x + 1` galt, gilt nach der Zuweisung `(x > 1)`, da Subst`[x/(x+1)]((x > 1)) = ((x+1) > 1)`. Dieses ist äquivalent zu `x > 0`.

IF-THEN:
Zu Beginn des THEN-Teils einer IF-Anweisung ist die Bedingung der IF-Anweisung erfüllt sowie alle Bedingungen, die vor der IF-Anweisung erfüllt waren.

IF-ELSE:
Zu Beginn des ELSE-Teils einer IF-Anweisung ist die Negation der Bedingung der IF-Anweisung erfüllt sowie alle Bedingungen, die vor der IF-Anweisung erfüllt waren.

IF-END:
Nach Beendigung einer IF-Anweisung sind alle Bedingungen erfüllt, die sowohl am Ende des THEN-Teils als auch am Ende des ELSE-Teils erfüllt sind.

WHILE-DO:
Zu Beginn einer WHILE-Anweisung ist die Bedingung der WHILE-Anweisung erfüllt sowie alle Bedingungen, die vor der WHILE-Anweisung und am Ende der WHILE-Anweisung erfüllt sind.

WHILE-END:
Nach Beendigung einer WHILE-Anweisung ist die Negation der WHILE-Bedingung erfüllt sowie alle Bedingungen, die sowohl vor der WHILE-Anweisung als auch am Ende der WHILE-Anweisung erfüllt sind.

PROCEDURE:
Für jede Prozedur wird (in der Schnittstellendefinition) eine Menge von

Vorbedingungen und eine Menge von Folgerungen definiert. Sofern die Vorbedingungen beim Aufruf der Prozedur erfüllt sind, gelten die Nachbedingungen nach dem Ende der Prozedur.

Formal können wir die Bedingungen für die IF- und WHILE-Anweisung infolgender Form darstellen:

```
(* A *)
IF b THEN
    (* A∪ {b} *)
    anweisungen
    (* C *)
ELSE
    (* A ∪ {¬b} *)
     anweisungen
    (* D *)
END
(* C ∩D *)
...
```

```
(* A *)
WHILE b DO
    (* (A ∩ B) ∪ {b} *)
    anweisungen
    (* B *)
END
(* (A ∩ B) ∪ {¬b} *)
...
```

Abb. 3-12: Regeln für die IF- und WHILE-Anweisung

Eine weitergehende Behandlung ist etwa in [Grie81], [Back89] oder [Berl86] nachzulesen.

Im folgenden Beispiel werden an einigen Stellen Aussagen angegeben, die für den Beweis der gesuchten Endbedingung relevant sind. Implizit wird hier benutzt, daß Aussagen ihre Gültigkeit bei Wertzuweisungen behalten, in denen ihre Variablen nicht verändert werden. Außerdem werden einige Folgerungen aus der Arithmetik (= Theorie der natürlichen Zahlen) ohne weitere Analyse benutzt.

3.4.3 Beispiel (Prozedur mit Verifikationsbedingungen)

In den Kommentaren steht α^n für α^n

```
PROCEDURE XhochN (x : REAL; n : INTEGER) : REAL;
  (*****************************************************************)
  (*  Bestimmung von der Potenz x^n                                *)
  (*  Vorbedingungen:                                              *)
  (*      (* P0: x ≥ 0 *)                                          *)
  (*  Nachbedingungen:                                             *)
  (*      (* ZZ: RETURN x^n *)                                     *)
  (*****************************************************************)
  VAR xx, zz: REAL;
      nn    : INTEGER;
  BEGIN
  xx := x; nn := n; zz := 1.0;
     (* P1: xx^nn * zz = x^n; Subst ergibt x^n*1.0 = x^n *)

  WHILE nn > 0 DO
       (* P2: xx^nn * zz = x^n; WHILE DO (P1,P16) *)
       (* P3: nn > 0;           WHILE DO *)
       (* P4: nn ≥ 1; P3 und Arithmetik *)

    IF (nn MOD 2) = 0 THEN
          (* P5: nn MOD 2 = 0; IF-THEN *)
          (* P6: nn = 2 * (nn DIV 2); P5 und Arithmetik *)
          (* P7: xx^(2 * (nn DIV 2)) * zz = x^n; P6 in P2 *)
       nn := nn DIV 2;
          (* P8: xx^(2 * nn) * zz = x^n; Subst ergibt P7 *)
          (* P9: (xx^2)^nn * zz = x^n; Umformung von P8 *)
       xx := xx * xx; (* = xx^2 *)
          (* P10: xx^nn * zz = x^n; Subst ergibt P9 *)
          (* P11: nn ≥ 0; folgt aus P4 *)
    ELSE
          (* P12: xx^(nn-1)*xx * zz = x^n; Umformung von P2 *)
       nn := nn-1;
          (* P13: nn ≥ 0; (nn-1) ≥ 0 ist äquivalent zu P4 *)
          (* P14: xx^nn * xx * zz = x^n; Subst ergibt P12 *)
       zz := xx * zz
          (* P15: xx^nn * zz = x^n  ; Subst ergibt P14 *)
       END (* IF *)

       (* P16: xx^nn * zz = x^n; IF-END (P10, P15) *)
       (* P17: nn ≥ 0; IF-END (P11, P13) *)
    END (* WHILE *);

     (* P18: xx^nn * zz = x^n; WHILE-END (P1,P17) *)
     (* P19: nn ≥ 0;           WHILE-END (P0,P17) *)
     (* P20: ¬ (nn > 0);       Negation der WHILE-Bedingung *)
     (* P21: nn = 0;           P19, P20 *)
     (* P22: zz = 1 * zz
                = xx^0 * zz
```

```
                    = xx^nn * zz;  P21
                    = x^n;         P18 *)
RETURN zz
END XhochN;
```

Diese Darstellung zeigt auch, daß die in 3.4.1 angegebene Prozedur nicht korrekt ist, da dort die Angabe der Bedingung $n \geq 0$ fehlt.

Wir sehen aber auch an diesem Beispiel, daß das Problem der *formalen* Programm-Verifikation nur sinnvoll angewandt werden kann, wenn ein Software-System existiert, das in der Lage ist, die formalen Ausdrücke zu überprüfen. Ggf. soll dieses System in der Lage sein, bei der Erstellung der Ausdrücke Standardvorgaben zu machen, so daß die Arbeit des Programmierers unterstützt wird (vgl. hierzu [Beie88]). Andererseits aber ist es eine sinnvolle Methode, Programm-Invarianten beim Programmentwurf zu benutzen, um komplexe Algorithmen sauber zu implementieren; vgl. hierzu [Back89] und [Berl86].

4. Boolesche Algebra

Sein oder nicht Sein - das ist hier die Frage.
(W. Shakespeare, Hamlet)

4.1 Bedeutung der Booleschen Algebra

Die Theorie der Booleschen Algebren abstrahiert noch stärker als die Theorie der Aussagenlogik von den konkreten Formen der Aussagen. Diese Theorie hat außerdem weitere Anwendungsgebiete neben der Aussagenlogik (z.B. Schaltkreisentwurf, Mengenlehre, Zahlentheorie). Durch Analogiebildung und Vergleich dieser Anwendungsgebiete lassen sich bestimmte Sachverhalte übersichtlicher darstellen; z.B. Darstellung von Booleschen Funktionen durch sog. Venn-Diagramme, wodurch die anschauliche Betrachtungsweise der Mengenlehre auf die Logik übertragen wird.

Der Begriff "Boolesche Algebra" bezieht sich auf den englischen Mathematiker George Boole (1815..1864), der in seinem 1854 erschienenen Werk "*Investigations of the laws of thought in which are founded the mathematical theories of logic and probabilities*" die Gesetze des menschlichen Denkens in einer Weise beschrieben hat, die an die Symbole und Begriffe der Algebra anknüpft. Ernst Schröder (1841..1902) prägte den Begriff "Algebra der Logik". Der Begriff "Boolesche Algebra" existiert seit 1904 (zitiert nach [Krop69]).

Die Hauptaufgabe der Booleschen Algebren ist für uns die Beschreibung von äquivalenten Aussagen (vgl. Kapitel 3). Damit entfernen wir uns zwar vorübergehend von der Aufgabenstellung, Folgerungen aus Wissensbasen zu untersuchen; aber es zeigt sich, daß gewisse Aussageformen besser geeignet sind als andere, um Folgerungen zu finden. Wir lernen hier Umformungen kennen, die zur sog. "konjunktiven Normalform" führen, die die Voraussetzung der sog. "Resolventen-Methode" ist. Als Spezialfall lernen wir die Klasse der sog. "Hornklauseln" kennen, die die meisten relevanten Fälle abdeckt und die darüberhinaus ein effizienteres Entscheidungsverfahren zuläßt als die Klasse aller Aussagen.

4.1.1 Definition (Boolesche Algebra)

Eine Boolesche Algebra ist gegeben durch

- eine *Grundmenge* mit zwei Konstanten, die mit 0 und 1 bezeichnet werden,
- zwei zweistelligen Verknüpfungen, die mit $\wedge$ und $\vee$ bezeichnet werden, und
- einer einstelligen Verknüpfung $\neg$.

Es müssen die in der Abb. 4-1 angegebenen Gleichungen für alle Elemente x, y, z der Grundmenge gelten:

Assoziativgesetze:	$(x \wedge y) \wedge z = x \wedge (y \wedge z)$
	$(x \vee y) \vee z = x \vee (y \vee z)$
Kommutativgesetze:	$x \wedge y = y \wedge x$
	$x \vee y = y \vee x$
Idempotenzgesetze:	$x \wedge x = x$
	$x \vee x = x$
Absorptionsgesetze:	$x = x \vee (x \wedge y)$
	$x = x \wedge (x \vee y)$
Distributivgesetze:	$x \wedge (y \vee z) = (x \wedge y) \vee (x \wedge z)$
	$x \vee (y \wedge z) = (x \vee y) \wedge (x \vee z)$
Komplementärgesetze:	$x \wedge \neg x = 0$
	$x \vee \neg x = 1$

Abb. 4-1: Gesetze der Booleschen Algebra

Wir verzichten hier auf die Einschließung der Terme in Klammern - beachten Sie aber, daß Sie bei der Substitution von Termen diese immer in Klammern einschließen müssen und nur ggf. nachträglich die Klammern im Rahmen von "*Vorrangregeln*" entfernen können. In einigen der folgenden Beweise beziehen wir uns auf diese Gesetze durch die Abkürzungen "Ass", "Komm", Idem", "Abs", "Dist", "Komp".

Hinweise:

(1) Boolesche Algebren werden hier (ähnlich wie Gruppen, Ringe, Körper, Vektorräume) als Verknüpfungsgebilde (oder kurz "Algebren") betrachtet.

(2) Es ist nicht vorausgesetzt, daß die beiden Konstanten 0 und 1 verschiedene Elemente sind. Wir werden im Beispiel 4.1.3 eine Boolesche Algebra kennenlernen, in der (0) = (1) gilt; aber in 4.2.9 werden wir sehen, daß (bis auf Umbenennung) das die einzige Boolesche Algebra mit dieser Eigenschaft ist.

(3) = ist hier keine Operation, sondern gibt an, daß zwei Terme grundsätzlich dasselbe Element in einer Booleschen Algebra bezeichnen. = entspricht dem Symbol ≡ von Definition 3.1.3

4.1.2 Beispiel (2-elementige Boolesche Algebra)

Die im Kapitel 3 eingeführte Menge $\mathbb{B}$ mit den Operationen $\wedge$, $\vee$, $\neg$ ist eine Boolesche Algebra, die wir im folgenden mit B2 bezeichnen.

4.1.3 Beispiel (triviale Boolesche Algebra)

Sei B1 eine Menge mit einem Element (das hier mit æ bezeichnet werde), das sowohl die Rolle der 0 als auch die Rolle der 1 übernimmt. Die Operationen haben immer als Ergebnis æ, also æ $\wedge$ æ = æ, æ $\vee$ æ = æ und $\neg$æ = æ.

B1 ist eine Boolesche Algebra - die Gesetze gelten schon allein deshalb, da das Ergebnis jeder Operation æ ist und damit die Ergebnisse beliebiger zusammengesetzter Operationen auch nur æ sein können.

4.1.4 Beispiel (Potenzmenge)

Sei A eine beliebige Menge (endlich oder unendlich) Die Potenzmenge Pot(A) bildet mit folgenden Operationen eine Boolesche Algebra:

0 ---> $\varnothing$
1 ---> A
$x \wedge y$ ---> Durchschnittsmenge $x \cap y$
$x \vee y$ ---> Vereinigungsmenge $x \cup y$
$\neg x$ ---> Komplementärmenge $A - x$

4.1.5 Beispiel (Teiler von natürlichen Zahlen)

Sei T(30) die Menge der Teiler von 30, d.h.

T(30) = { 1, 2, 3, 5, 6, 10, 15, 30 }.

T(30) bildet mit folgenden Operationen eine Boolesche Algebra:

0 ---> 1,
d.h. die natürliche Zahl 1 übernimmt dieRolle der 0 der Booleschen Algebra

1 ---> 30
$x \wedge y$ ---> ggT(x,y),
d.h. größter gemeinsamer Teiler von x und y

$x \vee y$ ---> kgV(x,y),
d.h. kleinstes gemeinsames Vielfaches von x und y

$\neg x$ ---> 30 / x

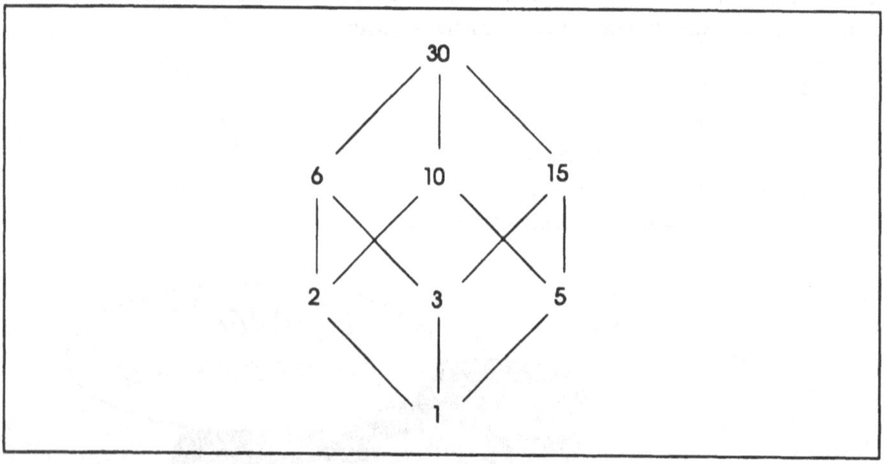

Abb. 4-2: Boolesche Algebra der Teiler von 30

Beachten Sie, daß z.B. T(2), T(3), T(5), T(6), T(7), T(10), T(11), T(15), T(21), T(210) unter entsprechenden Definitionen Boolesche Algebren sind - nicht aber T(4), T(8), T(9), T(12), da diese Quadratzahlen als Teiler enthalten und z.B. in T(12)

$2 \wedge \neg 2 = ggT(2,12/2) = ggT(2,6) = 2$ und

$2 \vee \neg 2 = kgV(2,12/2) = kgV(2,6) = 6$

gelten.

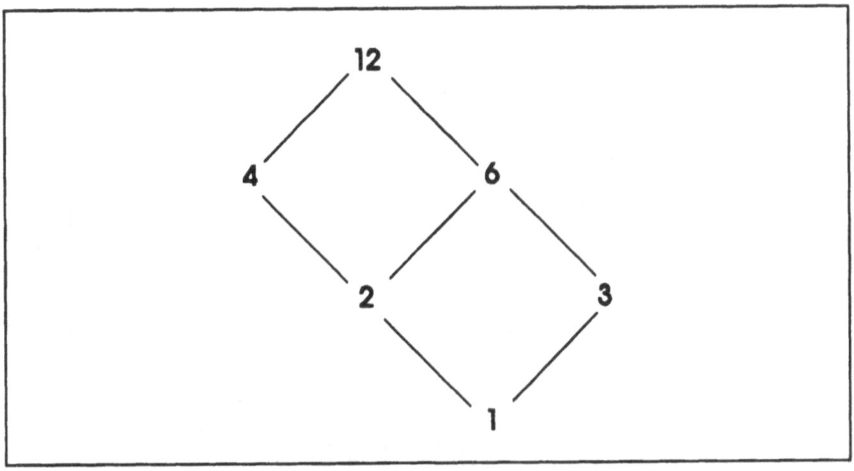

Abb. 4-3: Teiler von 12 - keine Boolesche Algebra

Leibniz (1646..1716) hat übrigens versucht, ein Modell der Aussagenlogik durch zahlentheoretische Begriffe (Primzahlen für Aussagen, kgV für die Konjunktion) zu erstellen (*Opuscules et fragmente inédits, ed. Couturat, Paris 1903, S. 326*, zitiert nach [Geri67]).

4.1.6 Beispiel (4-elementige Boolesche Algebra)

Sei B4 = {0, a, b, 1} und die Verknüpfungen ergeben sich aus der Abb. 4-4 in folgender Weise:

sei $x \wedge y$ das "niedere Element" oder
die "Verbindung nach unten",
$x \vee y$ das "höhere Element" oder
die "Verbindung nach oben",
$\neg x$ das "gegenüberliegende Element.

Diese Operationen sind in der Abb. 4-5 dargestellt. Hier sind die Verknüpfungen wie folgt zu lesen: Wir bekommen z.B. den Wert von $a \wedge b$, indem wir in der ersten Spalte den Wert a suchen und in der Zeile die Spalte suchen, die als Spaltenüberschrift b hat; in diesem Fall erhalten wir als Ergebnis den Wert 0. Die Menge B4 mit den angegebenen Operationen bildet eine Boolesche Algebra.

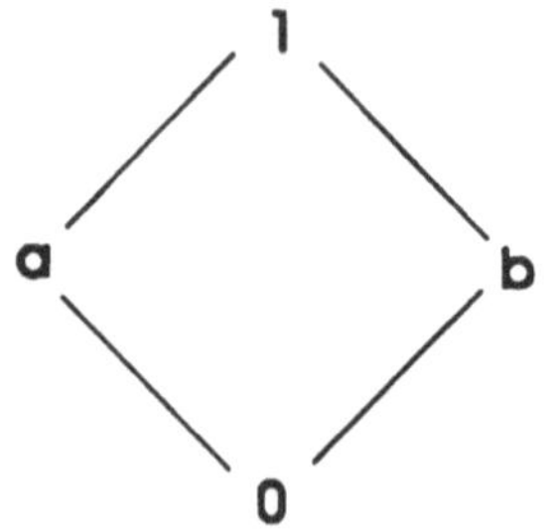

Abb. 4-4: Boolesche Algebra mit 4 Elementen

∧	0	a	b	1
0	0	0	0	0
a	0	a	0	a
b	0	0	b	b
1	0	a	b	1

∨	0	a	b	1
0	0	a	b	1
a	a	a	1	1
b	b	1	b	1
1	1	1	1	1

¬	
0	1
a	b
b	a
1	0

Abb. 4-5: Operations-Tafeln von B4

4.1.7 Beispiel (Bitketten)

Sei n eine natürliche Zahl und Bit(n) ::= 2^n die Menge aller Bitketten der Länge n, d.h. aller Folgen von n Elementen 0 und 1. Bit(n) wird zu einer Booleschen Algebra, wenn wir die Operationen ∧, ∨, ¬ komponentenweise durchführen, und als 0 die Bitkette aus lauter 0, als 1 die Bitkette aus lauter 1 nehmen.

Seien z.B. n = 8, dann ist 0 = [0 0 0 0 0 0 0 0],
und für x = [0 0 1 0 1 1 0 0],
y = [0 1 1 0 0 0 1 0],
sind x ∧ y = [0 0 1 0 0 0 0 0],
x ∨ y = [0 1 1 0 1 1 1 0],
¬x = [1 1 0 1 0 0 1 1].

4.1.8 Beispiel (Mischung von Grundfarben)

Sei Color die Menge der 8 Farben {schwarz, blau, grün, türkis, rot, magenta, gelb, weiß}, die auf einem Farb-Bildschirm dargestellt werden können. Diese Farben können wir auf folgende Weise eineindeutig auf die Potenzmenge der Menge {R, G, B} abbilden und von dort weiter auf die Menge Bit(3) und von da auf die Menge der Zahlen von 0 bis 7. (vgl. Abbildungen 4.6 und 4.7)

Diese Abbildungen haben jeweils eine Bedeutung:

Color ---> Pot({R,G,B}):
Darstellung der Farbe durch die drei Grundfarben (rot, grün, blau) für die die verschiedenen Rezeptoren auf der menschlichen Netzhaut jeweils maximal ansprechen.

Pot({R,G,B}) ---> Bit(3)
Codierung von Pot({R,G,B}) durch drei Bit durch Benutzung der charakteristischen Funktion.

Bit(3) ---> 0..7
Interpretation als Binärzahl.

Die zusammengesetzte Abbildung Color ---> 0..7 ist die übliche Codierung der Farben für Farb-Monitore (vielfach kommt davor noch ein 4. Bit, das sog. Intensitätsbit oder I-Bit, so daß wir dann Werte von 0 bis 15 erhalten).

Der Vereinigung entspricht die sog. additive Farbmischung (Prinzip der Farb-Bildröhre: RGB-System; aber auch der künstlerischen Methode des Pointilismus); dem Durchschnitt entspricht die subtraktive Farbmischung, die wir angenähert durch Farbmischung von Wasserfarben oder bei Tintenstrahldruckern erhalten. Bei Tintenstrahldruckern werden daher häufig die Farben türkis (C = cyan), magenta (M) und gelb (Y = yellow) benutzt (sog. CMY-System), aus denen wir alle Farben durch die Durchschnittsbildung (=Überlagerung) bekommen.

Falls wir dagegen beliebige Intensitäten bei den Farbkomponenten zulassen, ist die zugrunde liegende Struktur keine Boolesche Algebra mehr, sondern der Positivitätsbereich eines dreidimensionalen Vektorraumes. Die 0 entspricht dem absoluten Schwarz, während verschiedenen Graustufen durch ausgeglichene Farbmischungen dargestellt werden.

Color	Pot({R,G,B})	Bit (3)	0..7
blau	{B}	[0 0 1]	1
grün	{G}	[0 1 0]	2
türkis	{G, B}	[0 1 1]	3
rot	{R}	[1 0 0]	4
magenta	{R, B}	[1 0 1]	5
gelb	{R, G}	[1 1 0]	6
weiß	{R, G, B}	[1 1 1]	7

Abb. 4-6: Codierung von Farben

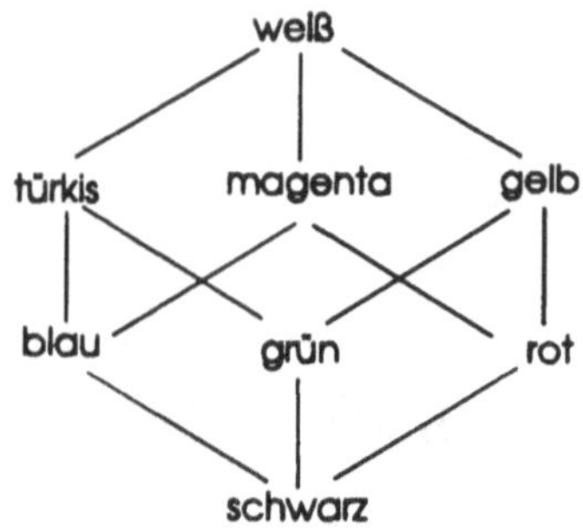

Abb. 4-7: Boolesche Algebra der Farben

Die oben benutzte Zuordnung Pot({R,G,B}) zu Bit(3) ist ein Spezialfall des folgenden Satzes, der auf der Verwendung der charakteristischen Funktion beruht.

4.1.9 Satz (Isomorphie von Bit(n) und Pot(n))

Für eine natürliche Zahl n ist die Boolesche Algebra Pot(n) isomorph zu Bit(n).

Beweis:

Die entsprechende umkehrbar eindeutige Funktion ist die in 2.2.9 eingeführte charakteristische Funktion. So wird der leeren Menge also die Kette aus lauter 0 zugeordnet und (für n = 8) der Menge {2,3,5} die Kette [0 0 1 1 0 1 0 0].

Die bitweise Konjunktion entspricht der Vereinigung, die bitweise Disjunktion dem Durchschnitt und die bitweise Negation dem Komplement bezüglich n. Ω

Die Implementierung des Datentyps BITSET in Modula-2 wird entsprechend dieser Isomorphie durch Bitketten realisiert, wobei die meisten Rechner bitweise Operationen als Maschineninstruktionen enthalten. In PL/I, C und im Assembler gibt es keine Mengen-Operationen, aber Bitketten-Operationen. Wir können mit deren Hilfe einen Datentyp für Teilmengen einer vorgegebenen (nicht zu großen) Menge implementieren.

Wir hatten schon gesehen, daß für endliches A Pot(A) und Bit(n) endliche Boolesche Algebren darstellen, die darüberhinaus isomorph sind, wenn A n Elemente hat. Die Boolesche Algebra Pot(A) bzw. Bit(n) hat 2^n Elemente.

Für n = 0 erhalten wir die degenerierte Boolesche Algebra mit einem Element - wo dementsprechend 0 = 1 gilt.

Für n = 1 erhalten wir die klassische Aussagenlogik mit 2 Elementen.

Für n = 2 erhalten wir die oben eingeführte Boolesche Algebra B4.

Man kann zeigen, daß jede endliche Boolesche Algebra isomorph zu Bit(n) ist für eine Zahl n: Als "*Atome*" bezeichnen wir Elemente, die "unmittelbar oberhalb von 0 liegen", d.h. x ist ein Atom, wenn $x \neq 0$ und für alle $y \neq x$ gilt $(y \wedge x) \in \{0,x\}$. Jede endliche Boolesche Algebra ist isomorph zu einer Booleschen Mengenalgebra über ihren Atomen. Diese Boolesche Algebra ist wiederum isomorph zu Bit(n), wobei n die Anzahl der Atome ist.

Für unendliche Boolesche Algebren kann man nur zeigen, daß jede Boolesche Algebra isomorph zu einer *Untermenge* einer Potenzmenge ist.

4.2 Weitere allgemeine Aussagen zu Booleschen Algebren

Wenn wir weitere allgemeingültige Aussagen über Boolesche Algebren ableiten wollen, können wir nicht wie im Fall der Aussagenlogik mit der Methode der Wahrheitstafeln verfahren, da es unendlich viele Boolesche Algebren gibt und auch unendliche Boolesche Algebren. Selbst im endlichen Fall erfordert z.B. die Überprüfung einer Aussage mit 3 Variablen in einer Booleschen Algebra mit 1024 Elementen über 1 Milliarde Zeilen und ist daher nicht praktikabel.

Wir können Folgerungen durch Argumente der Form

> "Wenn x ein Element einer Booleschen Algebra ist, dann ist $(x \vee 0) = (x \vee (x \wedge \neg x))$, da in allen Booleschen Algebren $x \wedge \neg x = 0$. Da für alle Elemente x und y $x \vee (x \wedge y) = x$ ist, ist also speziell für das Element $y = \neg x$ $x \vee (x \wedge \neg x) = x$ und somit gilt für alle x der Boolesche Algebra $x \vee 0 = x$.

Dieser Beweis wird üblich verkürzt dargestellt durch

$$(x \vee 0) = (x \vee (x \wedge \neg x)) = x,$$

wobei wir es dem Leser überlassen, immer die richtige Begründung für die einzelnen Umformungsschritte zu finden.

Dieses zeigt im übrigen ein Dilemma, in dem jede mathematische Beweisführung steckt: vollständig ausgeführte Beweise sind - selbst für einfache Sachverhalte - so lang, daß der Leser zwar die einzelnen Schritte nachvollziehen kann - aber den Überblick über den Zusammenhang verliert. Bei kürzeren Beweisen wird davon ausgegangen, daß der Leser selbständig die ausgelassenen Schritte neu findet. Das geht ganz gut, wenn der Leser mit der behandelten Materie gut vertraut ist, weil er dann die richtigen Schritte schnell findet; bei unbekannten Theorien ist das fast nie möglich. Die ausgelassenen Schritte können aber auch zu Fehlern führen, die in der mathematischen Literatur häufiger auftreten.

Im Rahmen der Booleschen Algebra haben wir es mit einer sog. "*Gleichungstheorie*" zu tun. Gleichungstheorien werden seit 1935 im Rahmen der "*Universal Algebra*" oder "*allgemeinen Algebra* untersucht. Es gibt hierzu inzwischen eine umfangreiche Literatur, z.B. [Cohn65], [Grät68], [Malc71], [Lugo76], [Wern78], [Burr81]. In einer Gleichungstheorie sind alle geforderten Gesetze einer untersuchten Klasse von Strukturen (hier Boolesche Algebren) von der Form $\alpha = \beta$, wobei α und β Terme sind. Im Falle der Booleschen Algebren werden die Terme über den zweistelligen Operatoren $\wedge$ und $\vee$, dem einstelligen Operator $\neg$, den Konstanten 0 und 1 sowie einer beliebigen Menge von Variablen-Bezeichnern gebildet. In 4.3.3 führen wir zusätzlich die Operatoren $\rightarrow$ und $\leftrightarrow$ ein.

Die in 3.1.2 definierten aussagenlogischen Terme können auch allgemein in Booleschen Algebren verwendet werden. Wir nennen sie daher auch allgemein "*Boolesche Terme*" oder "*Boolesche Aussagen*". Entsprechend kann die in 3.1.7 eingeführte Funktion

$$\text{wert} : \text{Term}(V) \times \mathbb{B}^V \text{--->} \mathbb{B}$$

ohne Änderung für jede beliebige Boolesche Algebra B erweitert werden zu

$$\text{wert}_B : \text{Term}(V) \times B^V \text{--->} B$$

Speziell betrachten wir für natürliche Zahlen n Terme aus Term(n), wobei wir aus konventionellen Gründen, und um die Booleschen Konstanten 0 und 1 von den Variablen 0 und 1 zu unterscheiden, die Variablen mit x_i statt mit i bezeichnen, also z.B.

$$(x_0 \wedge (x_1 \vee x_2)) \quad \text{für} \quad [0 \wedge [1 \vee 2]]$$

4.2.1 Definition (Termfunktionen)

Sei V eine Menge von Variablen und $t \in \text{Term}(V)$ ein Boolescher Term. Durch t wird für jede Boolesche Algebra B eine Abbildung induziert.

$$t_B : \begin{cases} B^V \text{--->} B \\ b \text{--->} \text{wert}_B(t,b) \end{cases}$$

Diese so induzierte Funktion nennen wir eine "*Termfunktion*". So wird z.B. in B2 durch den Term $(x_0 \wedge (x_1 \vee x_2))$ die in der Abb. 4-8 dargestellte Funktion f induziert.

	x_0	x_1	x_2	$f(x_0, x_1, x_2)$
0	0	0	0	0
1	0	0	1	0
2	0	1	0	0
3	0	1	1	0
4	1	0	0	0
5	1	0	1	1
6	1	1	0	1
7	1	1	1	1

Abb. 4-8: Boolesche Termfunktion

Der Term t ::= $(x_0 \wedge \neg x_1 \vee \neg x_0 \wedge x_1) \in$ Term(2) induziert in B2 die in Abb. 4-9 dargestellte Termfunktion, während die in B4 induzierte Termfunktion in Abb. 4-10 dargestellt wird.

Die in einer Potenzmenge von t induzierte Termfunktion liefert für jeweils zwei Mengen die sog. "*symmetrische Differenz*" $(X - Y) \cup (Y - X)$; vgl. hierzu Abb. 4-11.

Die Wahrheitstafeln in Kapitel 3 sind also im wesentlichen Darstellungen von Termfunktionen.

x_0	x_1	$t_{B2}(x_0, x_1)$
0	0	0
0	1	1
1	0	1
1	1	0

Abb. 4-9: Termfunktion $(x_0 \wedge \neg x_1 \vee \neg x_0 \wedge x_1)$ in B2

x_0	x_1	$t_{B4}(x_0, x_1)$
0	0	0
0	a	a
0	b	b
0	1	1
a	0	a
a	a	0
a	b	1
a	1	b
b	0	b
b	a	1
b	b	0
b	1	a
1	0	1
1	a	b
1	b	a
1	1	0

Abb. 4-10: Termfunktion $(x_0 \wedge \neg x_1 \vee \neg x_0 \wedge x_1)$ in B4

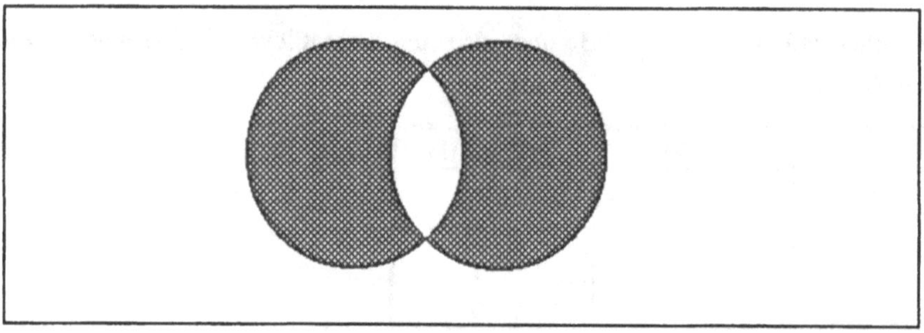

Abb. 4-11 symmetrische Differenz

Die Gültigkeit einer Gleichung in einer Menge mit den vorgegebenen Verknüpfungen $(\wedge, \vee, \neg, 0, 1)$ können wir somit auf zwei Weisen deuten, wie in der folgenden Definition dargestellt wird.

4.2.2 Definition (Gültigkeit von Gleichungen)

Seien $t, s \in \text{Term}(V)$ zwei Boolesche Terme. Die Gleichung $t = s$ gilt in einer Booleschen Algebra B, wenn die induzierten Termfunktionen t_B und s_B identisch sind.

Äquivalent zu dieser Bedingung ist folgende Bedingung:

Für alle Belegungen $x \in B^V$ ist wert(t,x) = wert(s,x)

Wenn wir uns die Gesetze der Booleschen Algebra in Abb. 4-1 ansehen, bemerken wir eine gewisse Symmetrie dieser Gesetze. Diese Symmetrie kann ausgenutzt werden, um von bewiesenen Sachverhalten auf weitere Sachverhalte zu schließen, wie in dem folgenden "*Dualitätsprinzip*" angegeben wird.

4.2.3 Dualitätsprinzip

Wenn wir folgende Vertauschungen vornehmen:

$0 \longleftrightarrow 1$,

$\vee \longleftrightarrow \wedge$,

gehen die in Abb. 4-1 eingeführten Gesetze der Booleschen Algebra ineinander über. Das hat zur Konsequenz, daß zu jeder bewiesenen Aussage über Boolesche Algebren auch die sog. "duale" Aussage (durch Anwendung der obigen Vertauschungen) beweisbar ist. Man muß nur in dem entsprechenden Beweis die entsprechenden Vertauschungen vornehmen.

Formal: der formale Beweis für eine Gleichung r = s wird durch
Subst[∧/∨;∨/∧;0/1;1/0] zu einem formalen Beweis für eine Gleichung
Subst[∧/∨;∨/∧;0/1;1/0](r) = Subst[∧/∨;∨/∧;0/1;1/0](s)

Nach dieser semantischen Definition der Gleichungen in einzelnen Algebren kommen wir zu einer syntaktischen Folgerung von Gleichungen aus Mengen von Gleichungen. Diese Ableitungsregeln beruhen im wesentlichen darauf, daß die Gleichheit eine Kongruenzrelation ist, was wir zuvor definieren werden.

Nach Leibniz sind zwei Dinge gleich, wenn sie sich in allen betrachteten Eigenschaften gleichen - oder anders ausgedrückt, wenn es keine "relevante" Eigenschaft gibt, in der sie sich unterscheiden. Gleichheit beruht somit auf einem Abstraktionsprozeß, der je nach interessierendem Kontext anders aussehen kann. Somit ist Gleichheit dialektisch zu definieren ("gleich" unter gewissen Gesichtspunkten, aber "ungleich" unter anderen Gesichtspunkten). Vergleichen Sie hierzu die folgenden Beispiele!

$$\frac{3}{8} = \frac{9}{24} \quad ?$$

'abc' = '*abc*' ?

Der Fluß, der zwischen Bremerhaven und Nordenham fließt = der Fluß, der durch Hameln fließt ?

Der Fluß, der durch Hameln fließt = der Fluß, der durch Kassel fließt?

Am letzten Beispiel sehen wir auch, daß bei der Festlegung der Gleichheit manchmal Willkür angewandt werden muß: (Warum fängt die Weser in Hannoversch-Münden an und nicht in der Werra oder der Fulda?).

> "Früher betrachtete man Werra und Weser als einen Fluß und sah in der Fulda lediglich einen Nebenfluß. Doch durch obrigkeitlichen Beschluß im Jahre 1927 wurde der Beginn der Weser in Münden 'legitimiert' und gleichzeitig eine Aufteilung in einzelne Flußabschnitte vorgenommen."
>
> (aus [Lohm74], S. 11)

Für die Gleichheit haben die im folgenden angegebenen Gesetze für eine Kongruenzrelation zu gelten. - Wie das obige Beispiel der Weser zeigt, ist die Transitivität der Gleichheit nicht immer unproblematisch zu lösen.

4.2.4 Definition (Äquivalenzrelation)

Eine zweistellige Relation $\equiv \subseteq A \times A$ heißt *Äquivalenzrelation*, wenn folgendes gilt:

Reflexivität: für alle x ist $x \equiv x$

Symmetrie: für alle x,y mit $x \equiv y$ gilt $y \equiv x$

Transitivität: für alle x, y, z mit $x \equiv y$ und $y \equiv z$ gilt $x \equiv z$

4.2.5 Definition (Kongruenzrelation)

Eine Äquivalenzrelation $\equiv$ auf einer Booleschen Algebra heißt "*Kongruenz*" oder "*Kongruenzrelation*", wenn $\equiv$ mit den Operationen der Booleschen Algebra verträglich ist, d.h.
wenn $x \equiv y$, dann gilt für alle z
$z \wedge x \equiv z \wedge y$ und $x \wedge z \equiv y \wedge z$,
$z \vee x \equiv z \vee y$ und $x \vee z \equiv y \vee z$ sowie
$\neg x \equiv \neg y$

Hieraus leiten sich die in Abb. 4-12 angegebenen Folgerungsregeln für Gleichungen ab.

Reflexivität: $\dfrac{}{r = r}$	für beliebige Terme r
Symmetrie: $\dfrac{r = s}{s = r}$	für beliebige Terme r, s
Transitivität: $\dfrac{\begin{array}{c} r = s \\ s = t \end{array}}{r = t}$	für beliebige Terme r, s, t
Einsetzung: $\dfrac{r = s}{\text{Subst}\,[x/r]\,(t) = \text{Subst}\,[x/s]\,(t)}$	für beliebige Terme r, s, t und eine Variable x
Substitution: $\dfrac{r = s}{\text{Subst}\,[f]\,(r) = \text{Subst}\,[f]\,(s)}$	für beliebige Terme r, s und eine beliebige Substitution f

Abb. 4-12: Folgerungen von Gleichungen

Die Regel "*Einsetzung*" könnten wir entsprechend 4.2.5 auf Terme der Form $(x \wedge \alpha)$, $(\alpha \wedge x)$, $(x \vee \alpha)$, $(\alpha \vee x)$ und $(\neg x)$ beschränken; dadurch würden aber die Beweise länger.

4.2.6 Beispiel (formale Ableitung von Gleichheit)

Boolesche_Algebra $\vdash x \vee 0 = x$	
L1: $0 = x \wedge \neg x$	; Sym, Kompl.
L2: $x \vee 0 = x \vee (x \vee \neg x)$	; Ein, $x \vee a$, L1
L3: $x \vee (x \wedge y) = x$	; Sym, Abs.
L4: $x \vee (x \wedge \neg x) = x$	; Subst $[y/(\neg x)]$ (L3)
ZZ: $x \vee 0 = x$	; Trans, L2, L4

In der praktischen Anwendung wird die Symmetrie jeweils stillschweigend vorausgesetzt (in obigem Beispiel wirkt die explizite Benutzung der Symmetrie auch reichlich pedantisch) und die Transitivität erfolgt z.B. durch die Schreibweise

$$t_1 = t_2 = t_3 = t_4,$$

um $t_1 = t_4$ zu zeigen, wobei $t_1 = t_2$, $t_2 = t_3$, und $t_3 = t_4$, verschiedene Anwendungen der Einsetzungs- und Substitutionsregel sind. Diese Schreibweise liefert naturgemäß kürzere Beweise - aber es ist nicht immer automatisch jedem Leser sofort klar, welche Begründung hinter den einzelnen Gliedern dieser "Kettenbeweise" steckt.

Diese so gewonnenen Gleichungen haben nur die Gesetze in Abb. 4-1 zur Grundlage. Sie gelten daher *für alle* Booleschen Algebren, nicht nur für B2. Wir werden diese Gleichungen allerdings im weiteren Verlauf in erster Linie auf B2, d.h. auf die Aussagenlogik anwenden.

Wir definieren eine *Tautologie* t als einen Booleschen Term, für den t = (1) gilt. Für B2 sind das die in Abschnitt 3.1 eingeführten Tautologien.

Im folgenden leiten wir einige wichtige Gesetze für Boolesche Algebren ab. Wegen der Assoziativgesetze und Kommutativgesetze der Konjunktion und Disjunktion können wir beliebige Folgen mit demselben Operator ($\wedge$ oder $\vee$) ohne Klammern schreiben, wobei die Reihenfolge der Operanden keine Rolle spielt und wegen des Idempotenzgesetzes jeder Operand nur einmal aufzutreten braucht. In einem solchen Ausdruck kommt es also nur auf die "Menge" der Operanden an und nicht auf die Reihenfolge oder Vielfachheit.

So ist z.B.

$$(x \vee y) \vee (x \vee z) = x \vee y \vee z \quad \text{und}$$
$$(x \wedge \neg y) \wedge (x \wedge (z \vee \neg y)) = x \wedge \neg y \wedge (z \vee \neg y)$$

Eine weitere Möglichkeit, Formeln zu systematisieren, ist durch die Distributivgesetze gegeben. Das kennen wir in ähnlicher Form aus dem Bereich der sog. "Ringe" (z.B.

ganze Zahlen, rationale Zahlen, reelle Zahlen, Polynome mit einer Unbekannten), wo etwa

$$(a + b) * (c + d + e)$$
$$= a * c + a * d + a * e + b * c + b * d + b * e$$

gilt.

Entsprechend gilt in Booleschen Algebren

$$(a \vee b) \wedge (c \vee d \vee e)$$
$$= a \wedge c \ \vee \ a \wedge d \vee a \wedge e \vee b \wedge c \vee b \wedge d \vee b \wedge e$$

4.2.7 Satz (Verallgemeinerte Distributivgesetze)

In Booleschen Algebren gilt

$$
\begin{aligned}
& ((x_1 \vee x_2 \vee \ldots \vee x_n) \wedge (y_1 \vee y_2 \vee \ldots \vee y_m)) \\
= \;& ((x_1 \wedge y_1) \vee (x_1 \wedge y_2) \vee \ldots \vee (x_1 \wedge y_m) \\
\vee \;& (x_2 \wedge y_1) \vee (x_2 \wedge y_2) \vee \ldots \vee (x_2 \wedge y_m) \\
& \ldots \\
\vee \;& (x_n \wedge y_n) \vee (x_n \wedge y_n) \vee \ldots \vee (x_n \wedge y_m))
\end{aligned}
$$

Es gilt ebenfalls das duale Gesetz:

$$
\begin{aligned}
& ((x_1 \wedge x_2 \wedge \ldots \wedge x_n) \vee (y_1 \wedge y_2 \wedge \ldots \wedge y_m)) \\
= \;& ((x_1 \vee y_1) \wedge (x_1 \vee y_2) \wedge \ldots \wedge (x_1 \vee y_m) \\
\wedge \;& (x_2 \vee y_1) \wedge (x_2 \vee y_2) \wedge \ldots \wedge (x_2 \vee y_m)) \\
& \ldots \\
\wedge \;& (x_n \vee y_1) \wedge (x_n \vee y_2) \wedge \ldots \wedge (x_n \vee y_m))
\end{aligned}
$$

Der Beweis wird hier weggelassen. Wir können uns den Satz für den Fall n=2, m=2 durch mehrfache Anwendung der Distributivgesetze klarmachen. Formal läuft der Beweis über vollständige Induktion, wobei wir allerdings vorher Ausdrücke wie $(x_1 \vee x_2 \vee \ldots \vee x_n)$ (d.h. mit den Auslassungspunkten "...") exakt formalisieren müssen. Es ist nicht schwierig, aber langwierig und würde hier zu weit vom Thema abführen.

4.2.8 Satz (Verknüpfungen mit 0 und 1)

In einer Booleschen Algebra gelten folgende Gleichungen :

(1) $x \vee 0 = x \qquad x \vee 1 = 1$
$x \wedge 1 = x \qquad x \wedge 0 = 0$

Wegen des Kommutativgesetzes haben wir auf die Formulierung der entsprechenden gespiegelten Gleichungen wie $(0 \vee x) = (x)$ verzichtet.

(2) $\neg 0 = 1$
$\neg 1 = 0$

Beweis:
Die angegebenen Gleichungen sind paarweise dual. Es reicht daher, jeweils nur die erste der Gleichungen zu beweisen. Es wird jeweils der Teil des Ausdrucks unterstrichen, der durch das rechts angegebene Gesetz umgeformt wird.

(1) $x \vee 0$; Komp
$= x \vee (x \wedge \neg x)$; Abs
$= x$
$x \vee 1$; Komp
$= x \vee (x \vee \neg x)$; Ass
$= (x \vee x) \vee \neg x$; Idem
$= x \vee \neg x$; Komp
$= 1$

(2) $\neg 0$;(1)
$= \neg 0 \vee 0$; Komp
$= 1$ Ω

Im Beispiel 4.1.3 hatten wird die triviale Boolesche Algebra B1 mit einem Element betrachtet und gesehen, daß dort (0) = (1) gilt. Der nächste Satz zeigt, daß das (bis auf Isomorphie, d.h. im wesentlichen Umbennenung der Elemente) die einzige Boolesche Algebra ist, in der diese Gleichung gilt.

4.2.9 Satz (Charakterisierung der trivialen B.A.)

In einer Booleschen Algebra sind die folgenden Aussagen äquivalent:
(i) es gibt ein x mit $x = \neg x$
(ii) $0 = 1$
(iii) für alle x, y ist $x = y$, d.h. die Algebra besteht aus einem Element.

Beweis:
Wenn (i) gilt, dann folgt
0 ; Komp.
$= x \wedge \neg x$; (i)
$= x \wedge x$; Idem.

$= x$; Idem.
$= x \vee x$; (i)
$= x \vee \neg x$; Komp.
$= 1$

Wenn (ii) gilt, dann folgt für ein beliebiges Element x
x ; ; 4.2.8
$= x \vee 0$; (ii)
$= x \vee 1$; 4.2.8
$= 1$

Dieses kann auch für y gezeigt werden, also ist $x = 1$ und $y = 1$ und somit $x = y$.

Wenn (iii) gilt, folgt es speziell für die Elemente x und $\neg x$ Ω

Der nächste Satz zeigt, daß nicht nur x und $\neg x$ die Komplementärgesetze erfüllen, sondern daß umgekehrt auch beliebige Paare von Elementen, die diese Gesetze erfüllen, im Verhältnis von Komplementen sind. M.a.W: in Booleschen Algebren gibt es zu jedem Element *genau ein Komplement* im Sinne der Erfüllung der beiden Komplementärgesetze. (Eine analoge Situation liegt vor bei Gruppen, wo durch $x + y = 0$ eindeutig festgelegt ist, daß $y = -x$ ist.)

Hierzu definieren wir zuvor auf eine Booleschen Algebra die zweistellige Relation kompl durch
kompl (x, y)
genau dann, wenn
$x \wedge y = 0$ und $x \vee y = 1$

Zu kompl (x, y) sagen wir auch "x ist komplemetär zu y". Wegen der Kommutativität von $\wedge$ und $\vee$ ist kompl offensichtlich symmetrisch. Speziell gilt für jedes x kompl (x, $\neg x$). Aus dem nächsten Satz folgt dann, daß wenn y komplementär zu x ist, schon $y = \neg x$ sein muß. Von daher können wir von *dem* Komplement von x reden.

4.2.10 Satz (Eindeutigkeit des Komplements)

In einer Booleschen Algebra ist kompl eine Funktion, d.h. wenn kompl (x, y_1) und kompl (x, y_2) gilt, dann ist $y_1 = y_2$

Beweis:
y_1 ; 4.2.8
$= y_1 \vee 0$; kompl (x, y_2)
$= y_1 \vee (x \wedge y_2)$; Dist

$$
\begin{aligned}
&= (y_1 \vee x) \wedge (y_1 \vee y_2) && ;\ \text{kompl}\ (y_1, x)\\
&= 1 \quad \wedge (y_1 \vee y_2) && ;\ \text{kompl}\ (x, y_2)\\
&= (x \ \vee y_2) \wedge (y_1 \vee y_2) && ;\ \text{Dist}\\
&= (x \ \wedge y_1) \vee y_2 && ;\ \text{kompl}\ (x, y_1)\\
&= 0 \ \ \vee y_2 && ;\ 4.2.8\\
&= y_2
\end{aligned}
$$

4.2.11 Satz (Gesetz der doppelten Negation)

In einer Booleschen Algebra gilt für jedes Element x, $\neg\neg x = x$

Beweis:
Offensichtlich ist kompl $(x, \neg x)$ und kompl $(\neg x, \neg\neg x)$.
Wegen der Symmetrie also kompl $(\neg x, x)$ und kompl $(\neg x, \neg\neg x)$.
Wegen des vorigen Satzes folgt damit $x = \neg\neg x$. Ω

Die Benennung der folgenden Gesetze erfolgt nach Augustus de Morgan (1806..1871) (vgl. [Krop69]).

4.2.12 Satz (de-Morgansche Gesetze)

In einer Booleschen Algebra gilt für alle Elemente x, y

$$\neg(x \vee y) = \neg x \wedge \neg y \quad \text{und}$$
$$\neg(x \wedge y) = \neg x \vee \neg y$$

Beweis:
Es gilt

$$
\begin{aligned}
& (x \vee y) \wedge (\neg x \wedge \neg y) && ;\ \text{Dist}\\
=\ & (x \wedge \neg x \wedge \neg y) \vee (y \wedge \neg x \wedge \neg y)\\
=\ & 0 \vee 0 = 0
\end{aligned}
$$

und

$$
\begin{aligned}
& (x \vee y) \vee (\neg x \wedge \neg y) && ;\ \text{Dist}\\
=\ & (x \vee y \vee \neg x) \wedge (x \vee y \vee \neg y)\\
=\ & 1 \wedge 1 = 1.
\end{aligned}
$$

Also sind $(x \vee y)$ und $(\neg x \wedge \neg y)$ komplementär und somit nach Satz 4.2.10 $(\neg(x \vee y)) = (\neg x \wedge \neg y)$.

Die zweite Aussage ist hierzu dual und braucht daher nicht extra gezeigt zu werden. Ω

Es gibt hierzu n-stellige Varianten, die in der Praxis häufig angewandt werden:

$$(\neg(x_1 \wedge \ldots \wedge x_n)) = (\neg x_1 \vee \ldots \vee \neg x_n)$$

und

$$(\neg(x_1 \vee \ldots \vee x_n)) = (\neg x_1 \wedge \ldots \wedge \neg x_n)$$

4.3 Boolesche Funktionen und Normalformen

In 4.2.1 hatten wir Termfunktionen kennengelernt. Wir stellen jetzt die umgekehrte Frage, ob eine vorgegebene n-stellige Funktion in einer Booleschen Algebra durch einen Term induziert werden kann.

4.3.1 Satz (Vollständigkeit von B2)

In der Booleschen Algebra B2 ist jede n-stellige Funktion $f: \mathbb{B}^n \dashrightarrow B$ eine Termfunktion.

Beweisskizze:
Darstellung der Funktion durch eine Tabelle wie in Abb. 4-8. Falls für alle $[x_0,\ldots,x_{n-1}] \in \mathbb{B}^n$ $f(x_0,\ldots,x_{n-1}) = 0$ ist, ist die Funktion durch den Booleschen Ausdruck (0) darstellbar.

Für jede Belegung $b \in \mathbb{B}^n$ mit $f(b) = 1$ bilden wir den Term $(\tau x_0 \wedge \ldots \wedge \tau x_{n-1})$, wobei τx_i der Term (x_i) ist, falls $b(x_i) = 1$ und $(\neg x_i)$ falls $b(x_i) = 0$. Die so erhaltenen Zeilen sind mit $\vee$ zu verknüpfen. Ω

4.3.2 Beispiel (Boolescher Ausdruck)

Das Beipiel von Abb. 4-8 wird dann durch den Booleschen Ausdruck

$$\underbrace{(x0 \wedge \neg x1 \wedge x2)}_{\text{Zeile 5}} \vee \underbrace{(x0 \wedge x1 \wedge \neg x2)}_{\text{Zeile 6}} \vee \underbrace{(x0 \wedge x1 \wedge x2)}_{\text{Zeile 7}}$$

dargestellt.

Eine große Bedeutung hat der Satz 4.3.1 für die Schaltalgebra: Jede gewünschte Funktion $\mathbb{B}^n$ ---> $\mathbb{B}$ läßt sich mit Hilfe von Schaltelementen für $\wedge$, $\vee$ und $\neg$ realisieren (oder durch eine andere kleine Menge von Grundfunktionen).

Da eine 2-stellige Termfunktion eine Funktion 2^2 ---> 2 ist, also ein Elemenent von $2^{(2^2)}$, gibt es $2^{(2^2)} = 2^4 = 16$ verschiedene Termfunktionen in B2, die in Abb. 4-13 dargestellt sind nebst induzierenden Termen und allgemeiner Bezeichnung.

Der Satz 4.3.1 läßt sich nicht für Boolesche Algebren mit mehr als 2 Elementen verallgemeinern; so ist etwa in B4 die einstellige Funktion f mit

$f(0) = 0, f(a) = b, f(b) = a, f(1) = 1$

keine Termunktion. Alle einstelligen Booleschen Terme sind nämlich jeweils gleich zu einem der 4 folgenden Terme:

(0), (1), (x), (¬x)

Bei der Definition der Booleschen Algebra haben wir keine Operation für die Implikation und Äquivalenz definiert. Wir führen hier - wie im 3.1.4 für B2 gezeigt - diese Operationen auf Booleschen Operationen zurück.

0	f(0,0)	f(0,1)	f(1,0)	f(1,1)	Darstellung	Bezeichnung	Schreibweise
0	0	0	0	0	0	Widerspruch	0
1	0	0	0	1	$x \wedge y$	Konjunktion	$x \wedge y$
2	0	0	1	0	$x \wedge \neg x$	Differenz	$x - y$
3	0	0	1	1	x	Identität	x
4	0	1	0	0	$\neg x \wedge y$	Differenz	$y - x$
5	0	1	0	1	y	Identität	y
6	0	1	1	0	$x \wedge \neg y \wedge \neg x \wedge y$	EXOR	$x + y$
7	0	1	1	1	$x \wedge y$	Disjunktion	$x \wedge y$
8	1	0	0	0	$\neg x \wedge \neg y$	NOR	$x \overline{\vee} y$
9	1	0	0	1	$x \wedge y \vee x \wedge \neg y$	Äquivalenz	$x \leftrightarrow y$
10	1	0	1	0	$\neg y$	Negation	$\neg y$
11	1	0	1	1	$x \vee \neg y$	Implikation	$y \rightarrow x$
12	1	1	0	0	$\neg x$	Negation	$\neg x$
13	1	1	0	1	$\neg x \vee y$	Implikation	$x \rightarrow y$
14	1	1	1	0	$\neg x \vee \neg y$	NAND	$x \overline{\wedge} y$
15	1	1	1	1	1	Tautologie	1

Abb. 4-13: Liste aller 2-stelligen Termfunktionen

4.3.3 Definition (Implikation, Äquivalenz)

In einer Booleschen Algebra definieren wir die Operationen Implikation und Äquivalenz durch die folgenden Booleschen Terme:

$$x \to y ::= (\neg x \vee y)$$
$$x \leftrightarrow y ::= ((x \to y) \wedge (y \to x))$$

Im Falle der Booleschen Algebra B2 stimmt dieses mit der in Kapitel 3 gegebenen Definition überein, wie wir leicht mithilfe der Methode der Wahrheitstafeln verifizieren können.

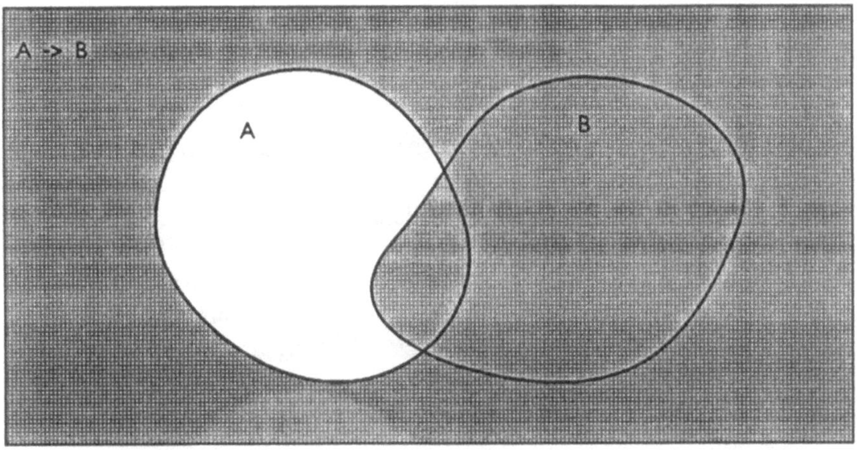

Abb. 4-14: Darstellung von A → B für die Potenzmenge

4.3.4 Satz (Gleichungen für Implikation)

In einer Booleschen Algebra gelten für die Implikation folgende Gleichungen:

(1) $x \to y \quad = \neg y \to \neg x$
(2) $\neg x \quad = x \to 0$
(3) $(x \wedge y \to z) \quad = \neg x \vee \neg y \vee z$
(4) $(x \wedge y \to z) \quad = x \to (y \to z)$
(5) $x \vee y \quad = \neg x \to y$

<u>Beweis:</u>
Die Beweise ergeben sich direkt durch Einsetzen der Definitionen von → und ↔, wie am Beispiel der Identität (1) gezeigt wird:

$$
\begin{aligned}
&x \to y\\
= &\neg x \vee y\\
= &\ y \vee \neg x\\
= &\neg(\neg y) \vee \neg x\\
= &\neg y \to \neg x
\end{aligned}
$$

Übungsaufgabe 4.1

Zeigen Sie die Identitäten (2) - (5).

4.3.5 Anwendungsbeispiel

Der Beweis in 3.3.11 wird kürzer, wenn wir die Unterbeweise durch Umformungen der Booleschen Algebra ersetzen:

Tierreich ⊢ ¬(ist Hai ∧ ist Warmblüter)		
L1:	M0: ist Hai ∧ ist Warmblüter ⊢ 0	
	M1: ist Warmblüter	; ∧ - aus, M0
	M2: ist Hai	; ∧ - aus, M0
	M3: ist Fisch	; → - aus, M2, T8
	M4: ist Warmblüter → (ist Vogel ∨ ist Säugetier)	; ↔ - aus, T4
	M5: ist Vogel ∨ ist Säugetier	; → - aus M1, M4
	M6: ¬ist Vogel ∨ ¬ist Fisch	; De-Morgan, T5
	M7: ist Vogel → ¬ist Fisch	; → - Def, M6
	M8: ¬ist Säugetier ∨ ¬ist Fisch	; De-Morgan, T6
	M9: ist Säugetier → ¬ist Fisch	; → - Def, M8
	M10: ¬ist Fisch	; ∨ - aus,M5,M7,M9
	ZZZ: 0	; 0 - ein, M3, M10
L2: ¬(ist Hai ∧ ist Warmblüter)		; ¬ - ein, L1

Es werden also einige Unterbeweise eingespart. Außerdem können wir das jetzt gewonnene Faktum unmittelbar umformen zu

¬(ist Hai ∧ ist Warmblüter)
=¬ist Hai ∨ ¬ist Warmblüter
= ist Hai → ¬ist Warmblüter

Wenn eine Menge A mehr als ein Element enthält, sind für die Boolesche Algebra Pot(A) nicht alle Funktionen Termfunktionen. So kann z.B. für Pot({a,b}) keine Funktion f mit f({a,b}) = {a} eine Boolesche Funktion sein, da die Menge {a,b}, eingesetzt in die Operationen Vereinigung, Durchschnitt und Komplement nur die Mengen {a,b} und Ø ergeben.

Das ist auch eine Folgerung aus dem Normalform-Theorem, das im folgenden abgeleitet werden soll. Dazu sind zuvor einige Begriffe zu definieren.

Der Begriff "Term" ist hier in einer eingeschränkteren Bedeutung benutzt als in wir ihn im übrigen Teil des Buches benutzen. Um keine Verwechslungen herbeizuführen, schreiben wir diesen Begriff im folgenden als Tërm.

4.3.6 Definition (disjunktive Normalform)

Ein *Atom* ist eine Variable oder negierte Variable.

Ein *Tërm* ist eine Konjunktion von Atomen.

Ein Boolescher Term ist in *disjunktiver Normalform* (kurz DNF), wenn er eine Disjunktion von Tërmen ist.

Ein Boolescher Term ist also in disjunktiver Normalform wenn er sich aus folgender Syntax ableiten läßt (vgl. Anhang A):

```
dnf   ::= 0 | 1 | term { ∨ term };

term ::= atom | ( atom { ∧ atom } ) ;

atom ::= variable | ¬variable;
```

Unter systematischer Beachtung, daß ∧ stärker bindet als ∨, können wir die 2. Regel auch schreiben als

```
term ::= atom { ∧ atom } ;
```

Beachten Sie, daß die Syntax für DNF-Ausdrücke regulär ist (d.h. keine rekursiv definierten Konstrukte enthält).

In der Theorie der Ringe (z.B. ganze Zahlen mit Addition, Subtraktion, Multiplikation und 0) entsprechen den Formeln in DNF die Polynome, ein Term ist dabei ein Produkt von Potenzen von Variablen; vgl. z.B.

$(x^2 - 2xy + y^2)$ oder $(x * x + (-2 * x * y) + y * y)$ mit

$(x \vee \neg x \wedge y \vee y)$.

Die Ausdrücke in DNF sind einfacher als Polynome, da wegen der Idempotenzgesetze Terme der Form (x∧x) zu (x) zusammengefaßt werden können.

Die DNF spielt eine gewisse Rolle bei der Synthese von logischen Schaltungen. Eine Konsequenz des folgenden Satzes ist, daß sich jede Termfunktion durch eine zweistufige Folge von ∧- und ∨-Gattern mit negierten und unnegierten Eingängen darstellen läßt. (Das gilt nicht nur für die zweielementige Boolesche Algebra)

4.3.7 Satz (disjunktive Normalform)

Für jeden Booleschen Ausdruck t gibt es einen Booleschen Ausdruck d in DNF, so daß $t = d$ gilt.

Beweis:
Sei ein beliebiger Ausdruck gegeben. Man kann den Ausdruck in mehreren Schritten umwandeln, bis er die gewünschte Form hat:

(1) Eine Negation vor einer Klammer können wir durch die de-Morganschen Gesetze in die Klammer ziehen (vgl. 4.2.12);

(2) Doppelte Negationen sind zu entfernen (vgl. 4.2.11);

(3) Konjunktionen von Disjunktionen werden durch mehrfache Anwendung der Distributivgesetze zu einer Disjunktion von Konjunktionen (vgl. 4.2.7);

(4) mehrfach vorkommende Variable in einer Konjunktion können wir durch jeweils eine Variable ersetzen (Idempotenzgesetz);

(5) Falls in einer Konjunktion eine Variable sowohl negiert als auch unnegiert auftritt, können wir die ganze Konjunktion weglassen (vgl. Komp. und 4.2.8);

(6) Die Konstanten 0 und 1 können wir wegen der Gesetze 4.2.8 entfernen.

Nach Schritt (1) ist das Negationszeichen nur noch vor Variablen - ggf. mehrfach. Die weiteren Umformungen ändern nichts an diesem Sachverhalt. Nach Schritt (2) kommt vor Variablen das Negationszeichen nur noch höchstens einfach vor. Die weiteren Umformungen ändern nichts an diesem Sachverhalt. Nach Schritt (3) haben wir einen Ausdruck in DNF - ggf. kann allerdings 0 oder 1 innerhalb einer Formel auftreten. In den folgenden Schritten werden die Formeln weiter vereinfacht und 0 und 1 werden entfernt, wenn sie nicht ganz alleine stehen. Ω

Eine weitere Reduktion, die noch vorgenommen werden kann, ist die Beschränkung auf sog. "Minterme". Minterme sind in dem Sinne minimal, daß sie in keinem anderen Term in dem Ausdruck enthalten sind. So ist z.B. der Term (x∧y∧z) in (x∧y∧z ∨ x∧y ∨ x∧z)

kein Minterm und kann aufgrund des Absorptionsgesetzes wegen
$((x \wedge y) \wedge z) \vee (x \wedge y) = (x \wedge y)$ entfallen.

4.3.8 Beispiel (Umformung in DNF)

Die Regel T4 der Wissensbasis "Tierreich" (vgl. Abschnitt 3.2) wird wie folgt in DNF umgeformt:

$$
\begin{array}{lll}
 & \text{ist Warmblüter} \leftrightarrow (\text{ist Vogel} & \vee\ \text{ist Säugetier}) \\
 & & \\
= & \text{ist Warmblüter} \rightarrow (\text{ist Vogel} & \vee\ \text{ist Säugetier}) \\
\wedge & (\text{ist Vogel} \vee \text{ist Säugetier}) & \rightarrow \text{ist Warmblüter} \\
 & & \\
= & (\neg\text{ist Warmblüter} \vee (\text{ist Vogel} \vee \text{ist Säugetier})) & \\
\wedge & (\neg(\text{ist Vogel} \vee \text{ist Säugetier}) & \vee\ \text{istWarmblüter}) \\
 & & \\
= & (\neg\text{ist Warmblüter} \vee \text{ist Vogel} & \vee\ \text{ist Säugetier}) \\
\wedge & ((\neg\text{ist Vogel} \wedge \neg\text{ist Säugetier}) & \vee\ \text{ist Warmblüter}) \\
 & & \\
= & \neg\text{ist Warmblüter} & \wedge\ (\neg\text{ist Vogel} \wedge \neg\text{ist Säugetier}) \\
\vee & \text{ist Vogel} & \wedge\ (\neg\text{ist Vogel} \wedge \neg\text{ist Säugetier}) \\
\vee & \text{ist Säugetier} & \wedge\ (\neg\text{ist Vogel} \wedge \neg\text{ist Säugetier}) \\
\vee & \neg\text{ist Warmblüter} & \wedge\ \text{ist Warmblüter} \\
\vee & \text{ist Vogel} & \wedge\ \text{ist Warmblüter} \\
\vee & \text{ist Säugetier} & \wedge\ \text{ist Warmblüter} \\
 & & \\
= & \neg\text{ist Warmblüter} & \wedge\ \neg\text{ist Vogel} \wedge \neg\text{ist Säugetier} \\
\vee & \text{ist Vogel} & \wedge\ \text{ist Warmblüter} \\
\vee & \text{ist Säugetier} & \wedge\ \text{ist Warmblüter}
\end{array}
$$

Dieser Ausdruck ist wie folgt zu interpretieren: für ein gegebenenes Tier gibt es - bezogen auf die Variablenmenge {istWarmblueter, istVogel, istSaeugetier} - drei Möglichkeiten:

(1) es ist weder ein Warmblüter noch ein Vogel noch ein Säugetier (also z.B. ein Fisch, eine Schnecke oder ein Insekt)

(2) es ist ein Vogel und ein Warmblüter

(3) es ist ein Säugetier und ein Warmblüter

Ausgeschlossen ist also z.B. "Vogel $\wedge$ $\neg$Warmblueter", da diese Kombination mit allen drei Möglichkeiten im Widerspruch steht. Es ist aber aus dieser Regel nicht ausgeschlossen, daß "Vogel ∧ Saeugetier" gilt, da das zu (2) und auch zu (3) konsistent ist.

4.3.9 Beispiel

$$\begin{aligned} & (A3 \vee A4) \rightarrow A5 \\ = \; & \neg(A3 \vee A4) \vee A5 \\ = \; & \neg A3 \wedge \neg A4 \vee A5 \end{aligned}$$

$$\begin{aligned} & (A3 \rightarrow A5) \wedge (A4 \rightarrow A5) \\ = \; & (\neg A3 \vee A5) \wedge (\neg A4 \vee A5) \\ = \; & \neg A3 \wedge \neg A4 \vee \neg A3 \wedge A5 \vee A5 \wedge \neg A4 \vee A5 \wedge A5 \\ = \; & \neg A3 \wedge \neg A4 \vee \neg A3 \wedge A5 \vee A5 \wedge \neg A4 \vee A5 \\ = \; & \neg A3 \wedge \neg A4 \vee A5 \end{aligned}$$

Damit haben wir ein weiteres Mal die Äquivalenz von

$(A3 \vee A4) \rightarrow A5$

und

$(A3 \rightarrow A5) \wedge (A4 \rightarrow A5)$

bewiesen.

4.3.10 Beispiel

In Abb. 4-15 wird die Fläche dargestellt, die von einem Rechteck übrigbleibt, wenn der Anteil eines zweiten Rechtecks herausgenommen wird. Diese Menge wird durch folgende Bedingung beschrieben (Rechteck_1 - Rechteck_2):

$$\begin{aligned} & 10 \leq x \wedge x \leq 30 \wedge 3 \leq y \wedge y \leq 12 && ;\ \text{Rechteck}_1 \\ \wedge \; & \neg(20 \leq x \wedge x \leq 40 \wedge 7 \leq y \wedge y \leq 15) && ;\ \text{Rechteck}_2 \end{aligned}$$

Eine Umformung in DNF wird im folgenden durchgeführt:

$$\begin{aligned} & 10 \leq x \wedge x \leq 30 \wedge 3 \leq y \wedge y \leq 12 \\ \wedge \; & \neg(20 \leq x \wedge x \leq 40 \wedge 7 \leq y \wedge y \leq 15) && ;\ \text{De Morgan} \end{aligned}$$

$$\begin{aligned} = \; & 10 \leq x \wedge x \leq 30 \wedge 3 \leq y \wedge y \leq 12 \\ \wedge \; & (\neg 20 \leq x \vee \neg x \leq 40 \vee 7 \leq y \vee \neg y \leq 15) && ;\ \text{numerische Umformungen} \end{aligned}$$

$$\begin{aligned} = \; & 10 \leq x \wedge x \leq 30 \wedge 3 \leq y \wedge y \leq 12 \\ \wedge \; & (x < 20 \vee 40 < x \vee y < 7 \vee 15 < y) && ;\ \text{Distributiv-Gesetze} \end{aligned}$$

=	$10 \leq x \wedge x \leq 30 \wedge 3 \leq y \wedge y \leq 12 \wedge x < 20$	; $x < 20 \leq 30$
$\vee$	$10 \leq x \wedge x \leq 30 \wedge 3 \leq y \wedge y \leq 12 \wedge 40 < x$	; FALSE wegen ; $40 < x \leq 30$
$\vee$	$10 \leq x \wedge x \leq 30 \wedge 3 \leq y \wedge y \leq 12 \wedge y < 7$	; $y < 7 \leq 12$
$\vee$	$10 \leq x \wedge x \leq 30 \wedge 3 \leq y \wedge y \leq 12 \wedge 15 < y$	; FALSE wegen ; $15 < y \leq 12$

$$= \quad 10 \leq x \wedge x < 20 \wedge 3 \leq y \wedge y \leq 12$$
$$\vee \quad 10 \leq x \wedge x \leq 30 \wedge 3 \leq y \wedge y < 7$$

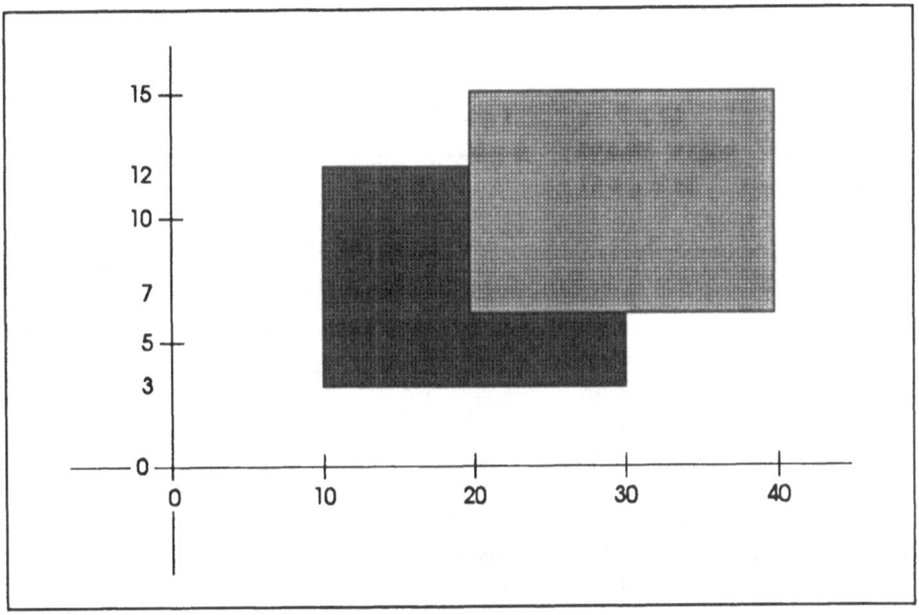

Abb. 4-15: Differenz zweier Rechtecke

Grundsätzlich ist die DNF nicht eindeutig festgelegt - selbst wenn wir uns auf Ausdrücke beschränken, die nur Minterme enthalten. So ist die in Abb. 4-16 dargestellte Menge sowohl durch

$$x_1 \wedge x_2 \vee x_1 \wedge x_3 \vee x_2 \wedge x_3$$

als auch durch

$$x_1 \wedge x_2 \wedge x_3 \vee x_1 \wedge x_2 \wedge \neg x_3 \vee x_1 \wedge \neg x_2 \wedge x_3 \vee \neg x_1 \wedge x_2 \wedge x_3$$

darstellbar.

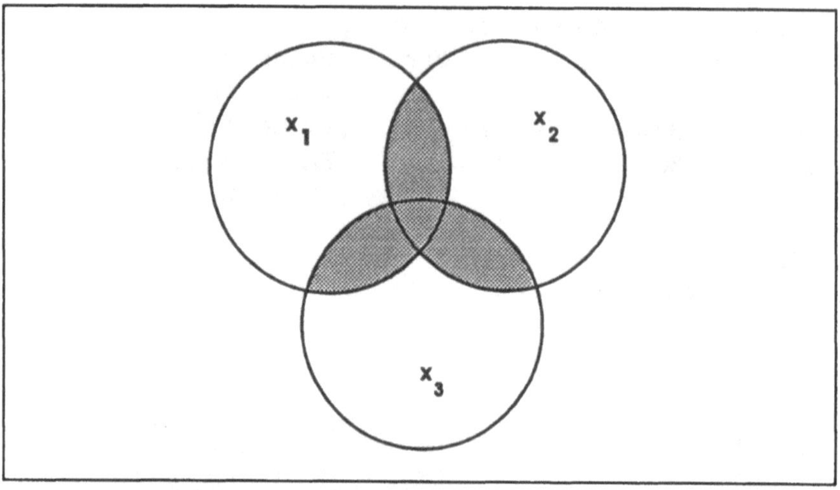

Abb. 4-16: Venn-Diagramm einer Menge.

Diese hier dargestellte zweite Form heißt "kanonische disjunktive Normalform" (kurz kDNF). In der kDNF tritt in jeder Konjunktion jede Variable genau einmal (negiert oder unnegiert) auf. Für n Variable gibt es 2^n solche Konjunktionen und die verschiedenen Funktionen unterscheiden sich nur darin, welche Konjunktionen enthalten sind.

Hinweis:
Die Konstruktion im Satz 4.3.1 liefert einen Ausdruck in kDNF.

Man bekommt die kDNF aus der DNF, wenn Terme, die eine Variable nicht enthalten, nach folgendem Muster aufgespalten werden:

$$x1 \wedge x3 = (x1 \wedge x2 \wedge x3) \vee (x1 \wedge \neg x2 \wedge x3)$$

Wenn mehr als eine Variable fehlt (etwa n Variable), dann ergibt die Aufspaltung 2^n Terme.

Zwei Boolesche Ausdrücke sind genau dann gleich , wenn ihre kDNF - nach Sortierung der Terme - gleich sind. Damit ist die Frage der Identität von Booleschen Ausdrücken (durch einen Computer) entscheidbar. Dieser Entscheidungs-Algorithmus löst das Entscheidungsproblem der Aussagenlogik als Spezialfall, geht aber darüber hinaus, da er für Boolesche Ausdrücke für alle (endlichen und unendlichen) Booleschen Algebren gilt.

Exkurs:
Das ist keineswegs selbstverständlich und gilt in vielen anderen algebraischen Theorien nicht. So gibt es zum Beispiel Gruppen, wo $(x + x) = (0)$ gilt und es gibt Gruppen, wo das nicht der Fall ist.

Durch die Umformungen in kDNF sind auch andere Entscheidungsfragen zu lösen:

(1) $\vdash \alpha$,
wenn die kDNF von α alle 2^n möglichen Terme enthält.

(2) $\alpha \vdash 0$,
wenn die kDNF von α keinen Term enthält.

(3) $\alpha_1,\ldots,\alpha_n \vdash \beta$,
wenn der Durchschnitt der Terme der kDNF von $\alpha_1,\ldots,\alpha_n$ eine Teilmenge der Terme der kDNF von β ist.

Da die Anzahl der möglichen Terme in der kDNF 2^n ist, ist die Komplexität dieser Verfahren im Allgemeinfall nicht besser als die in Kapitel 3 eingeführte Methode der Wahrheitstafeln.

Neben der disjunktiven Normalform gibt es eine konjunktive Normalform (KNF).

4.3.11 Definition (konjunktive Normalform)

Ein *Atom* ist eine Variable oder negierte Variable.

Eine *Klausel* ist eine Disjunktion von Atomen.

Ein Boolescher Ausdruck ist in *konjunktiver Normalform* (kurz KNF), wenn er eine Konjunktion von Klauseln ist.

Ein Boolescher Ausdruck ist also in konjunktiver Normalform, wenn er sich aus folgender Syntax ableiten läßt (vgl. Anhang A):

```
knf     ::= 0 | 1 | klausel { ∧ klausel };
klausel ::= atom | ( atom { ∨ atom } );
atom    ::= variable | ¬variable;
```

Wegen der der Definition 4.3.12 zu 4.3.6 ist der folgende (zu 4.3.7 duale) Satz nicht gesondert zu beweisen.

4.3.12 Satz (konjunktive Normalform)

Jeder Boolesche Ausdruck ist gleich einem Booleschen Ausdruck in KNF.

Die KNF wird verwendet, um Aussagen in Wissensbasen darzustellen:
- Eine Aussage ist eine Konjunktion von Klauseln;
- Die Klauseln werden als einzelne Regeln geschrieben, die implizit mit ∧ verknüpft werden.

4.3.13 Beispiel (Umformung einer Regel in KNF)

Die Regel T4 der Wissensbasis "Tierreich" wird wie folgt in KNF umgeformt:

ist Warmblüter ↔ (ist Vogel ∨ ist Säugetier)

= ist Warmblüter → (ist Vogel ∨ ist Säugetier)
∧ (ist Vogel ∨ ist Säugetier) → ist Warmblüter

= (¬ist Warmblüter ∨ (ist Vogel ∨ ist Säugetier))
∧ (¬(ist Vogel ∨ ist Säugetier) ∨ ist Warmblüter)

= (¬ist Warmblüter ∨ ist Vogel ∨ ist Säugetier)
∧ ((¬ist Vogel ∧ ¬ist Säugetier) ∨ ist Warmblüter)

= (¬ist Warmblüter ∨ ist Vogel ∨ ist Säugetier)
∧ (¬ist Vogel ∨ ist Warmblüter)
∧ (¬ist Säugetier ∨ ist Warmblüter)

Die Interpretation ist hier eine andere als bei 4.3.8: Jede Klausel stellt eine Regel dar:

(1) Jeder Warmblüter ist ein Vogel oder ein Säugetier;

(2) Jeder Vogel ist ein Warmblüter;

(3) Jedes Säugetier ist ein Warmblüter.

4.3.14 Beispiel

$$
\begin{aligned}
& (A3 \vee A4) \rightarrow A5 \\
= \; & \neg(A3 \vee A4) \vee A5 \\
= \; & (\neg A3 \vee A5) \wedge (\neg A4 \vee A5)
\end{aligned}
$$

$$
\begin{aligned}
& (A3 \rightarrow A5) \wedge (A4 \rightarrow A5) \\
= \; & (\neg A3 \vee A5) \wedge (\neg A4 \vee A5)
\end{aligned}
$$

4.3.15 Beispiel

$$
\begin{aligned}
& 10 \leq x \wedge x \leq 30 \wedge 3 \leq y \wedge y \leq 12 \\
& \wedge \quad \neg(20 \leq x \wedge x \leq 40 \wedge 7 \leq y \wedge y \leq 15) \\
= \; & 10 \leq x \wedge x \leq 30 \wedge 3 \leq y \wedge y \leq 12 \\
& \wedge \quad (\neg 20 \leq x \vee \neg x \leq 40 \vee \neg 7 \leq y \vee \neg y \leq 15) \\
= \; & 10 \leq x \\
& \wedge \quad x \leq 30 \\
& \wedge \quad 3 \leq y \\
& \wedge \quad y \leq 12 \\
& \wedge \quad (x < 20 \vee 40 < x \vee y < 7 \vee 15 < y)
\end{aligned}
$$

Die Wissensbasis "Tierreich" sieht in KNF wie folgt aus:

T1:	(¬istVogel	∨	istWirbeltier)
T2:	(¬istSaeugetier	∨	istWirbeltier)
T3:	(¬istFisch	∨	istWirbeltier)
T4a:	(¬istWarmblueter	∨	istVogel ∨ istSaeugetier)
T4b:	(¬istVogel	∨	istWarmblueter)
T4c:	(¬istSaeugetier	∨	istWarmblueter)
T5:	(¬istFisch	∨	¬istVogel)
T6:	(¬istFisch	∨	¬istSaeugetier)
T7:	(¬istVogel	∨	¬istSaeugetier)
T8:	(¬istHai	∨	istFisch)
T9:	(¬istSchlange	∨	istKriechtier)
T10:	(¬istUhu	∨	istVogel)
T11:	(¬istAdler	∨	istVogel)
T12:	(¬istPinguin	∨	istVogel)
T13:	(¬istTiger	∨	istSaeugetier)
T14:	(¬istPottwal	∨	istSaeugetier)
T15:	(¬istWirbeltier	∨	hatWirbelsaeule)
T16:	(¬istVogel	∨	kannFliegen)
T17:	(¬istVogel	∨	legtEier)
T18:	(¬istSaeugetier	∨	¬legtEier∨ istSchnabeltier)

Abb. 4-17: Wissensbasis in KNF

Wenn wir die Implikation entspr. Definition 4.3.3

$(\neg x \vee y)$ ---> $(x \rightarrow y)$

$(\neg x \vee \neg y)$ ---> $(\neg(x \wedge y))$ ---> $((x \wedge y) \rightarrow 0)$,

verwenden, können wir diese Aussagen wie folgt schreiben:

T1: (istVogel	→ istWirbeltier)
T2: (istSaeugetier	→ istWirbeltier)
T3: (istFisch	→ istWirbeltier)
T4a: (istWarmblueter	→ (istVogel ∨ istSaeugetier))
T4b: (istVogel	→ istWarmblueter)
T4c: (istSaeugetier	→ istWarmblueter)
T5: ((istFisch ∧ istVogel)	→ 0)
T6: ((istFisch ∧ istSaeugetier)	→ 0)
T7: ((istVogel ∧ i stSaeugetier)	→ 0)
T8: (istHai	→ istFisch)
T9: (istSchlange	→ istKriechtier)
T10: (istUhu	→ istVogel)
T11: (istAdler	→ istVogel)
T12: (istPinguin	→ istVogel)
T13: (istTiger	→ istSaeugetier)
T14: (istPottwal	→ istSaeugetier)
T15: (istWirbeltier	→ hatWirbelsaeule)
T16: (istVogel	→ kannFliegen)
T17: (istVogel	→ legtEier)
T18: ((istSaeugetier ∧ legtEier)	→ istSchnabeltier))

Abb. 4-18: Wissensbasis in implikativer Schreibweise

Diese zweite Schreibweise bezeichnen wir als "*implikative Schreibweise*" für Klauseln, während die erstere die "*disjunktive Schreibweise*" ist.

4.3.16 Satz (implikative Schreibweise der KNF)

Jede Menge von aussagenlogischen Formeln kann durch eine äquivalente Menge von Formeln dargestellt werden, die jeweils eine der folgenden Formen haben (mit $n \geq 1$, $m \geq 1$):

$$(x_1 \wedge \dots \wedge x_n) \rightarrow (y_1 \vee \dots \vee y_m)$$

$$(x_1 \wedge \dots \wedge x_n) \rightarrow 0$$

$$(y_1 \vee \dots \vee y_m)$$

$$0$$

(Wir können den 2. und 4. Fall als Sonderfall mit m=0 sowie den 3. und 4. Fall als Sonderfall mit n=0 ansehen. Der 4. Fall ist genau dann notwendig, wenn die Menge der aussagenlogischen Formeln widersprüchlich ist)

Beweis:
Wir bringen jede Formel der Menge in eine konjunktive Normalform. Die Klauseln können dann auf die obige Form gebracht werden, wobei n die Anzahl der negierten und m die Anzahl der unnegierten Atome ist - die Aussage (0) ergibt die vierte Form, während die Aussage (1) eine leere Menge von Formeln ergibt. Die Umformung ergibt sich aus den de-Morganschen Gesetzen und der Definition der Implikation nach folgendem Muster:

$$\begin{aligned} & ((\neg x_1 \vee \ldots \vee \neg x_n) \vee (y_1 \vee \ldots \vee y_m)) \\ = & (\neg(x_1 \wedge \ldots \wedge x_n) \vee (y_1 \vee \ldots \vee y_m)) \\ = & ((x_1 \wedge \ldots \wedge x_n) \rightarrow (y_1 \vee \ldots \vee y_m)) \end{aligned}$$

Ω

In der Informatik-Literatur über logische Kalküle für die Aussagenlogik (und Prädikatenlogik) überwiegt die disjunktive Schreibweise der Klauseln wegen der im folgenden Kapitel dargestellten Resolventen-Methode und da in Programm-Systemen die KNF einfacher zu benutzen ist. Ich meine aber, daß die implikative Schreibweise anschaulicher ist und werde sie im folgenden der disjunktiven vorziehen.

Bei der Aufstellung von Aussagen für Wissensbasen können auch Disjunktionen in der Prämisse und Konjunktionen in der Konklusion auftreten. Diese können wir direkt in die Klausel-Form bringen:

$$((x \vee y) \rightarrow z) = ((x \rightarrow z) \wedge (y \rightarrow z))$$
$$(x \rightarrow (y \wedge z)) = ((x \rightarrow y) \wedge (x \rightarrow z))$$

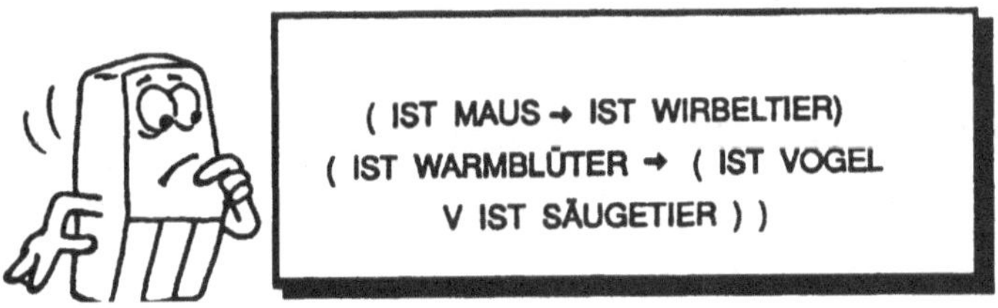

4.4 Hornklauseln

Wir werden in diesem Abschnitt eine Klasse von aussagenlogischen Sätzen betrachten, die für Wissenssysteme eine große Rolle spielen: Die sog. "Hornklauseln".

Die Klasse der Hornklauseln enthält nicht alle aussagenlogischen Klauseln; die meisten Klauseln in KNF, die in konkreten Systemen vorkommen, sind aber Hornklauseln. In unserem Beispiel "Tierreich" läßt sich lediglich die Regel

T4: (ist Warmblueter $\leftrightarrow$ (ist Vogel $\vee$ ist Saeugetier))

nicht äquivalent durch Hornklauseln darstellen, da die Klausel T4a zwei nichtnegierte Variable enthält. Diese Regel ist absichtlich in die Sammlung aufgenommen worden, um überhaupt ein Beispiel einer Aussage zu haben, die sich nicht durch Hornklauseln darstellen läßt.

4.4.1 Definition (Hornklauseln)

Hornklauseln sind Klauseln, die höchstens ein unnegiertes Atom enthalten. In implikativer Schreibweise sind Hornklauseln Implikationen mit höchstens einer Konklusion.

Die Hornklauseln haben also immer genau eine Form:

Aus einer (möglicherweise leeren Folge) von Prämissen folgt entweder genau eine Konsequenz oder ein Widerspruch.

4.4.2 Satz (Klassifizierung von Hornklauseln)

Entsprechend Satz 4.3.16 gibt es vier Klassen von Hornklauseln (Setzen Sie hierzu jeweils m = 1):

(1) *Regeln* haben die Form

$(x_1 \wedge ... \wedge x_n) \rightarrow y$ mit $n \geq 1$

(2) *Ableitungen von Widersprüchen* haben die Form

$(x_1 \wedge ... \wedge x_n) \rightarrow 0$ mit $n \geq 1$

(3) *Fakten* haben die Form

y

und stellen somit den Sonderfall von Regeln mit $n = 0$ dar.

(4) Der *Widerspruch* hat die Form

$$0$$

Der Widerspruch spielt als Hilfsmittel eine gewisse Rolle: Um

$$\alpha_1,\ldots,\alpha_n \vdash \beta$$

abzuleiten, wird entsprechend Satz 3.2.7 versucht,

$$\alpha_1,\ldots,\alpha_n, \neg\beta \vdash 0$$

abzuleiten.

Widersprüche sollten in Wissensbasen nicht auftreten (zumindest nicht beabsichtigt). Daher ist ein Bedarf für die Darstellung des Widerspruchs in wissensbasierten Systemen nicht gegeben.

4.4.3 Beispiel (Klauseln in Prolog)

Diesen drei Klassen von Hornklauseln entsprechen in der Programmiersprache Prolog etwa die folgenden Prolog-Klauseln:

(1) *Regeln* haben die Form

$y :- x_1, \ldots, x_n.$ mit $n \geq 1$

(2) *Abfragen* haben die Form

$?- x_1, \ldots, x_n.$ mit $n \geq 1$

(3) *Fakten* haben die Form

y.

Die Bedeutung der Hornklauseln liegt in zwei Tatsachen begründet:

(1) Die meisten Regeln in der Praxis haben die Form von Hornklauseln.

(2) Für die Klasse der Hornklauseln gibt es ein effizientes Entscheidungsverfahren, das nicht exponentiell von der Anzahl der Variablen abhängt, sondern nur die Komplexität

Anzahl_der_Regeln * Anzahl_der_Variablen

hat (vgl. Abschnitt 5.4).

5. Kalküle und Algorithmen

Wer zählt die Völker, nennt die Namen,
Die gastlich hier zusammenkamen?
Von Theseus' Stadt, von Aulis' Strand,
Von Phokis, vom Spartanerland,
Von Asiens entlegner Küste,
Von allen Inseln kamen sie ...

(Friedrich Schiller, Die Kraniche des Ibykus)

5.1 Berechenbare Funktionen

Algorithmen, d.h. festgelegte Methoden, mit denen bestimmte formale (mathematische) Probleme gelöst werden, gibt es seit der Antike, z.B. Methoden zur Lösung von quadratischen Gleichungen. Der Begriff *"Algorithmus"* ist eine Latinisierung des Namens des arabischen Wissenschaftlers "Al-Khwarazmi", der im 9. Jahrhundert in Spanien wirkte. Um 1300 entwickelt Raymundus Lullus in Spanien die Ars Magna, in der versucht wird, "alle Wahrheiten" mit kombinatorischen Mitteln abzuleiten (vgl. [Herm78] und [Künz91]).

Seit etwa 1930 versucht man, eine exakte Definition des Begriffes "*Berechenbarkeit*" zu schaffen. Das heißt, man will zu einer gegebenen Funktion

F : A ---> B

die Aussage formulieren können "Es gibt einen Algorithmus, der F berechnet".

Dazu ist als erstes klar, daß die Mengen A und B eine Form haben müssen, die eine symbolische Behandlung des Problems möglich macht. So ist z.B. die Funktion

$\sqrt{} : \mathbb{R}^+$ ---> $\mathbb{R}^+$,

die jeder positiven reellen Zahl die positive Quadratwurzel zuordnet, nicht symbolisch berechenbar, da nicht jede reelle Zahl eine endliche Beschreibung besitzt. Wir könnten hier statt dessen etwa die Funktion

sqrt : RZ x $\mathbb{N}$ ---> RZ

betrachten, die für eine (endliche) Zifferndarstellung einer reellen Zahl diejenige Zifferndarstellung mit vorgegebener Zahl von Nachkommastellen findet, für die die Abweichung von der reellen Wurzel am kleinsten ist. Zum Beispiel ergibt sqrt(2.00, 4) den Wert 1.4142

Hierbei ergibt sich folgendes Problem: bekannte Algorithmen (z.B. zum Rechnen im Bereich der natürlichen Zahlen, zum Lösen von Gleichungssystemen, zum Entscheiden einer logischen Folgerung aus einer Menge von aussagenlogischen Formeln) können wir leicht als Algorithmen erkennen, da wir sie praktisch anwenden können. Um aber die Frage zu behandeln, ob es für eine vorgegebene effektiv formulierte Funktion einen Algorithmus gibt, der diese Funktion berechnet, müssen wir den Begriff der Berechenbarkeit einer Funktion in einem mathematisch exakten Sinne beschreiben, so daß wir die *Menge aller Algorithmen* über einer bestimmten Problemklasse formal untersuchen können. Dann haben wir ggf. die Möglichkeit, zu zeigen, daß es für ein bestimmtes Problem keinen Algorithmus (in dieser Klasse) geben kann.

Es gibt mehrere - voneinander unabhängige - Ansätze Klassen von Algorithmen zu definieren.

- Turing-Maschine (A. Turing, 1937)
- μ-rekursive Funktionen (S.C. Kleene, 1936)
- λ-K-Kalkül (A. Church, 1936)
- partiell-rekursive Funktionen (S.C. Kleene, 1938)
- Markovsche Algorithmen (A.A. Markov, 1951)

Alle Definitionen erwiesen sich als äquivalent. Außerdem ist bisher keine effektiv berechenbare Funktion bekannt geworden, die nicht berechenbar im Sinne des o.a. Algorithmen-Begriffes ist.

Somit postulierte Alonzo Church 1936 in [Chur36] die nach ihm benannte "Churchsche These" (vgl. hierzu weitere Ausführungen in [Herm78]):

"Der intuitiv gegebene, allgemein gebräuchliche Begriff der berechenbaren arithmetischen Funktion ist identisch mit dem exakt definierten Begriff der allgemein-rekursiven Funktion."

Abb. 5-1: Die Churchsche These.

Durch Post (1943) und Markov (1951) wurden diese Begriffe und Theorien von der Zahlentheorie auf beliebige Zeichenketten übertragen. Diese Algorithmenklassen bauen auf primitiven Konzepten auf, mit denen man jedoch alle bekannten Algorithmen formulieren konnte (vgl. hierzu [Herm78]).

Wir beschreiben im folgenden einen anderen Ansatz, der zu den o.a. Begriffen äquivalent ist und der an Begriffe anknüpft, die aus der Programmierung bekannt sind.

Hierzu betrachten wir eine sog. "universelle Programmiersprache" mit den in Definition 5.1.1 vorhandenen Eigenschaften. In dieses Konzept fallen unter anderem die Maschinensprachen sowie die Programmiersprachen Assembler, Fortran, Cobol, Lisp, Snobol 4, Algol 68, Pascal, C, PL/I, Prolog, Modula-2 und weitere, wobei ggf. lange

Zeichenketten auf Dateien (z.B. Magnetbänder) abzubilden sind. Wir definieren die Berechenbarkeit dann bezogen auf diese Programmiersprache.

Nicht universell sind dagegen Spezialsprachen wie z.B. SQL (relationale Datenbank-Abfragesprache) oder CSMP (kontinuierliche Simulation) - obwohl wir mit solchen Aussagen vorsichtig sein müssen, da durch Hinzufügen einer Wiederholungsschleife oder Einführung von Rekursion in SQL oder von diskreten Variablen in CSMP diese Sprachen universell gemacht werden können.

In der Definition der "Turing-Funktion" tritt der Begriff "Zeichensatz" auf. Ein Zeichensatz ist eine endliche Menge mit mindestens zwei Elementen, von denen ein Element als "Leerzeichen" bezeichnet wird. In konkreten Fällen betrachten wir den Zeichensatz eines bestimmten Computers, z.B. ASCII, EBCDIC.

Wir führen die Berechenbarkeit über spezielle Prozeduren der Programmiersprache Modula-2 ein. Es kann hier der Leser auch seine ihm vertraute Sprache einsetzen; es müssen die Eigenschaften der Abmachung 5.1.1 erfüllt sein, die dort für Modula-2 formuliert werden. An einer Stelle erweitern wir allerdings den Sprachumfang von Modula-2 durch Einführung eines Datentyps STRING, der Zeichenketten beliebiger Länge enthält und wir fordern, daß auch CARDINAL in der Lage ist, *alle* natürlichen Zahlen darzustellen. Dieses stellt aber keine echte Erweiterung dar, da wir zum einen STRING durch Dateien darstellen können und es auch möglich ist, über verkettete Listen Zahlen beliebiger Länge mit den entsprechenden Operationen zur Verfügung zu stellen. Außerdem erlauben wir, daß STRING als Ergebnis einer Funktionsprozedur auftritt - wir müßten genau genommen diese Ergebnisse als Variablen-Parameter aufnehmen; durch diese Erweiterung können wir aber auf Variablen-Parameter verzichten und uns auf Funktionen beschränken, die nur Eingabe-Parameter und einen Ergebnis-Parameter haben.

5.1.1 Abmachung (universelle Programmiersprache)

Wir nennen die Programmiersprache Modula-2 mit folgenden Erweiterungen:

(a) Der Datentyp CARDINAL ist nicht auf einen endlichen Zahlbereich beschränkt,

(b) Der Datentyp STRING kann auch als Ergebnis einer Prozedur auftreten kann,

eine *universelle Programmiersprache*, da sie die folgenden Eigenschaften (1) bis (4) erfüllt.

(1) Darstellung von IN:
Es gibt einen Datentyp "CARDINAL" mit einer Konstanten 0, den Operationen Nachfolger und Vorgänger (Vorgänger nur für Argumente $\neq 0$);

(2) Darstellung von Strings:
Es gibt eine Datenstruktur "STRING" , die folgende Eigenschaften hat:

a) Jede Zeichenkette z hat eine Länge Length(z) : CARDINAL;

b) Es gibt eine Funktionsprozedur
AddChar : STRING X CHAR ---> STRING,
die einen String um ein Zeichen verlängert;

c) Für z : STRING und n : CARDINAL mit $0 \leq n <$ Length(z) kann das Zeichen z[n] bestimmt werden und durch ein anderes Zeichen ersetzt werden.

(3) Programme sind Strings:
Die Sprache ist in ihrem eigenen Zeichensatz formulierbar, d.h. eine (durch eine formale Syntax definierte) Teilmenge von STRING beschreibt Programme dieser Sprache;

(4) Universelle universelle Turing-Funktionen:
Für jedes Paar von Datentypen T1, T2 gibt es eine Funktionsprozedur
PROCEDURE UT1T2 (proc:STRING; arg:T1) : T2;
so daß für jede durch die Zeichenkette proc dargestellte Prozedur Proc und für jedes Argument arg gilt: UT1T2(proc,arg) liefert genau dann ein Ergebnis, wenn Proc(arg) ein Ergebnis liefert und die beiden Ergebnisse sind identisch; wenn dagegen Proc(arg) nicht terminiert ("in einer Endlosschleife hängt"), dann terminiert UT1T2 (proc, arg) auch nicht.

Die in (4) angegebene universelle Turing-Funktion können wir durch Techniken des Compiler-Baus realisieren (vgl. hierzu z.B. [Wirt77]).

5.1.2 Definition (Turing-Funktion)

Eine Funktion einer universellen Programmiersprache bezeichnen wir als "*Turing-Funktion*". Eine Turing-Funktion wird durch

```
PROCEDURE Fun (arg1 : T1 ; ... ; argn : Tn) : T;
```

beschrieben und terminiert nicht oder liefert einen Wert

```
Fun(wert1, ..., wertn) ∈ T,
```

wenn jeweils $wert_i \in T_i$ gilt.

Als Typen betrachten wir
CHAR (Zeichen)
BOOLEAN (Wahrheitswerte)
STRING (beliebig lange Zeichenketten) und
CARDINAL (natürliche Zahlen).

In konkreten Programmiersprachen sind die angegebenen Datentypen ggf. durch Datentypen der entsprechenden Sprachen zu simulieren, z.B. STRING durch Dateien oder Listen.

Wenn im folgenden z (erster Buchstabe klein) für eine syntaktisch korrekte *Beschreibung einer Turing-Funktion* steht, bezeichnen wir die entsprechende *Turing-Funktion* durch Z (erster Buchstabe groß). Z kann dann auf entsprechende Argumente angewandt werden. So ist in Modula-2 etwa für

```
prog ::= "PROCEDURE doppel(x:CARDINAL): CARDINAL;
          BEGIN RETURN x + x END doppel;"
```

Prog die Funktion, die eine natürliche Zahl verdoppelt; als Beispiel ergibt Prog(3) den Wert 6.

Für eine beliebige Zeichenkette s und beliebige Argumente $x_1,...,x_n$ ist $S(x_1,...,x_n) = u$, falls die Bedingungen (1) bis (4) erfüllt sind:

(1) s stellt die syntaktisch korrekte Beschreibung einer Prozedur dar,

(2) diese Prozedur hat n Argumente und $x_1,...,x_n$ haben jeweils die korrekten Datentypen,

(3) diese Prozedur, angewandt auf die Argumente $x_1,...,x_n$, terminiert nach endlicher Zeit und

(4) liefert das Ergebnis u.

Mit diesen Begriffen sind wir jetzt in der Lage, den Begriff der Berechenbarkeit zu definieren. Da hierin die Turing-Funktionen benutzt werden, die wiederum durch

Zeichenketten beschreibbar sind, haben wir damit auch die Möglichkeit, die *Menge aller berechenbaren Funktionen* zu untersuchen.

5.1.3 Definition (Berechenbarkeit)

Sei

$$f: \begin{cases} T_1 \times T_2 \times \ldots \times T_n \quad \text{--->} \quad T \\ [x_1, x_2, \ldots, x_n] \text{--->} f(x_1, x_2, \ldots, x_n) \end{cases}$$

eine Funktion, wobei T_i jeweils einen der in Definition 5.1.2 angegebenen Datentypen bezeichnet.

f heißt "berechenbar", wenn es eine Turing-Funktion

```
PROCEDURE f(x1 : T1; x2 : T2; ...; xn : Tn) : T;
```

gibt, so daß für beliebige zulässige Argumente $a_i \in T_i$ diese Prozedur nach endlicher Zeit das Ergebnis $f(a_1,a_2,\ldots,a_n)$ liefert.

Wichtig ist also, daß der Algorithmus mit Sicherheit *nach endlicher* Zeit das Ergebnis liefert.

Beispiele sind neben den in der Algebra bekannten Funktionen z.B. auch die Funktion

```
PROCEDURE Auswertung (ausdruck : STRING;
                      x,y,z    : BOOLEAN) : BOOLEAN;
```

die für einen - als Zeichenkette codierten - aussagenlogischen Ausdruck über der Variablenmenge {x, y, z} und eine Belegung dieser Variablen den Wert dieses Ausdrucks unter der Belegung liefert.

So liefert z.B.

```
Auswertung("(x OR (NOT y AND z) OR (y AND NOT z))",
           FALSE, FALSE, TRUE)
```

den Wert TRUE.

Verwandt mit dem Begriff der Berechenbarkeit ist die Entscheidbarkeit, die auf die Berechenbarkeit zurückgeführt werden kann.

5.1.4 Definition (Entscheidbarkeit)

Sei $R \subseteq S$ eine Teilmenge (S = CARDINAL oder S = STRING).

$R \subseteq S$ heißt "*entscheidbar*", wenn die charakteristische Funktion von R (vgl. 2.2.9)

χ_R : S -----> B

berechenbar ist.

Im folgenden sind einige entscheidbare Mengen angegeben. Entsprechende Algorithmen kann jeder in seiner "Lieblingssprache" formulieren.

5.1.5 Beispiele (entscheidbare Mengen)

(1) alle endlichen Mengen;
in einer Fallunterscheidung wird für jedes Element der Menge positiv festgestellt, daß es zur Menge gehört - im ELSE-Teil wird FALSE zurückgemeldet.

(2) die Menge der Primzahlen;

(3) die Menge aller geraden Zahlen, die Summe von zwei Primzahlen sind;

(4) die Menge aller Zeichenketten, die in einer bestimmten Programmiersprache syntaktisch korrekt reelle Zahlen darstellen;

(5) die Menge aller syntaktisch korrekten Programme einer vorgegebenen Programmiersprache;

(6) die Menge aller Beschreibungen von Turing-Funktionen mit einem Argument vom Typ STRING, die angewandt auf die leere Zeichenkette spätestens nach Ausführung von 1000 Anweisungen ein Ergebnis liefern.

Um die in (6) angegebene Funktion zu realisieren, müssen wir die in 5.1.1 (4) angegebene universelle Turing-Funktion geringfügig modifizieren, so daß nach jeder Anweisung ein Zähler erhöht wird und das Programm spätestens bei Erreichen der vorgegebenen Grenze verlassen wird. Programm-Debugger leisten zum Teil diese Aufgabe.

Nach so vielen positiven Beispielen der Entscheidbarkeit werden wir im nächsten Beispiel den Beweis antreten, daß es auch Mengen gibt, die nicht entscheidbar sind.

5.1.6 Satz (Nicht-Entscheidbarkeit von STOPP)

Sei STOPP die Menge aller derjenigen Zeichenketten z, die folgendes erfüllen:

1. z stellt eine Turing-Funktion Z dar, die genau einen STRING als Argument hat und als Ergebnis den Datentyp BOOLEAN hat.

2. Die durch z dargestellte Turing-Funktion Z, angewandt auf den STRING z als Argument, stoppt nach endlicher Zeit und liefert den Wert FALSE.

Kurz: STOPP ::= {z : STRING | Z(z) = FALSE }

Behauptung:
STOPP ist nicht entscheidbar (sog. "spezielles Halteproblem").

Beweis:
Wir führen die Annahme, daß STOPP entscheidbar ist, auf eine Widerspruch.

Annahme, STOPP sei entscheidbar. Dann gibt es nach Definition der Entscheidbarkeit eine Turing-Funktion Pp, so daß

Pp(z) = TRUE falls z ∈ STOPP
= FALSE falls z ∉ STOPP

Pp liefert für alle z : STRING nach endlicher Zeit ein Ergebnis, also auch für den String pp, der Pp darstellt. Es ist dann entweder

Pp(pp) = TRUE,
dann ist pp ∈ STOPP nach Definition von Pp und
pp ∉ STOPP nach Definition von STOPP

oder

Pp(pp) = FALSE,
dann ist pp ∉ STOPP nach Definition von Pp
und pp ∈ STOPP nach Definition von STOPP.

In beiden Fällen haben wir einen Widerspruch. Ω

Der hier verwendete Beweis steckt in ähnlicher Form auch im Beweis der Widersprüchlichkeit der Russelschen Menge (vgl. Kapitel 2), die schließlich die "Menge aller Mengen" ausschließt. Es gibt weitere ähnliche Beweise; z.B. wird die Nichtabzählbarkeit der reellen Zahlen zurückgeführt auf die Nichtexistenz der Folge aller Zifferfolgen.

Die Herleitung des Widerspruchs zur Entscheidbarkeit der Menge STOPP sagt *nicht*, daß STOPP nicht wohldefiniert ist, sondern, daß es Programme gibt, wo wir grundsätzlich nicht in der Lage sind, zu entscheiden, ob diese Programme, angewandt auf ein bestimmtes Argument, auch tatsächlich ein Ergebnis liefern. Die Verantwortung, nur Programme zu schreiben, die auch die gewünschten Ergebnisse liefern, liegt also weiterhin beim Software-Ingenieur und kann nicht (vollständig) vom Computer übernommen werden.

Die Nicht-Entscheidbarkeit von STOPP wird im nächsten Satz benutzt, um ein relevantes Problem der Informatik als nicht entscheidbar zu beweisen. Zuvor zur Demonstration einige Mengen, die in STOPP liegen und einige, die nicht in STOPP liegen. Der Zeilenumbruch spielt dabei keine Rolle. Die Syntax lehnt sich dabei an Modula-2 an.

5.1.7 Beispiele (Elemente von STOPP)

```
"PROCEDURE kurz (s:STRING) : BOOLEAN;
 BEGIN RETURN Length(s) < 20 END kurz"

"PROCEDURE NichtProc (s:STRING) : BOOLEAN;
 BEGIN
    RETURN (s[0]<>'P') OR
           (s[1]<>'R') OR
           (s[2]<>'O') OR
           (s[3]<>'C') OR
           (s[4]<>'E') OR
           (s[5]<>'D') OR
           (s[6]<>'U') OR
           (s[7]<>'R') OR
           (s[8]<>'E')
 END NichtProc"
```

5.1.8 Beispiele (Elemente aus dem Komplement von STOPP)

```
"Bremerhaven"
```
(keine Prozedur)

```
"PROCEDURE Summe(a,b:CARDINAL):CARDINAL;
 BEGIN RETURN a+b END Summe"
```
(unzulässige Parameter)

```
"PROCEDURE Endlos (s:STRING);
 BEGIN
 REPEAT UNTIL FALSE;
 RETURN FALSE
 END Endlos"
```
(kein Ergebnis nach endlicher Zeit)

```
"PROCEDURE AuchEndlos (s:STRING);
 VAR i : CARDINAL;
 BEGIN
 i := 0;
 WHILE i < 20 DO
    IF i = 10 THEN
       i := 0
    ELSE
       i := i + 1
    END
 END;
 RETURN FALSE
 END AuchEndlos"
```
(kein Ergebnis nach endlicher Zeit)

```
"PROCEDURE lang(s:STRING):CARDINAL;
 BEGIN RETURN Length(s) > 20 END lang"
```
(Ergebnis = TRUE)

5.1.9 Satz (Allgemeines Halteproblem ist nicht entscheidbar)

Sei

STOP $\subseteq$ STRING x STRING

die Menge derjenigen Paare von Zeichenketten (z, s), die folgendes erfüllen:

1. z stellt eine syntaktisch richtige Turing-Funktion dar mit genau einem Argument vom Datentyp STRING

2. Die durch z dargestellte Turing-Funktion, angewandt auf das Argument s stoppt nach endlicher Zeit.

STOP ist nicht entscheidbar.

Beweis:

Wir zeigen, daß aus der Entscheidbarkeit von STOP ein Entscheidungsalgorithmus für STOPP ableitbar ist, womit ein Widerspruch zu Satz 5.1.6 hergestellt wird

Annahme:

STOP ist entscheidbar. Es gibt dann eine Prozedur

```
PROCEDURE TestStop (p, z : STRING) : BOOLEAN;
```

die prüft, ob eine Zeichenkette p ein Programm darstellt, das angewandt auf z nach endlicher Zeit stoppt.

Hieraus konstruieren wir unter Verwendung einer n Turing-Funktion Universell ein Programm, das das spezielle Halteproblem löst.

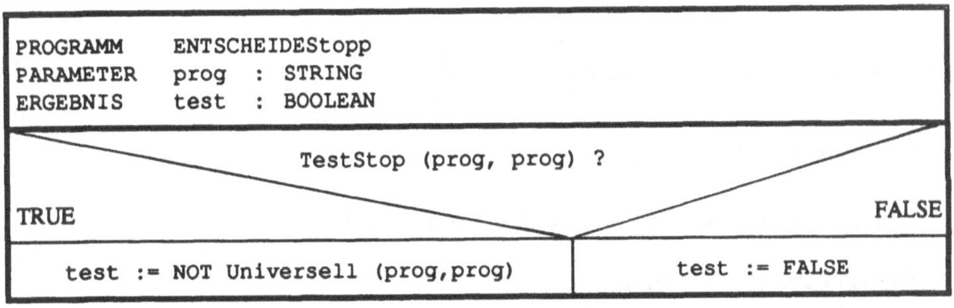

5.2 Aufzählbare Mengen

Neben dem Begriff der Entscheidbarkeit spielt der etwas schwächere Begriff der "*Aufzählbarkeit* " eine wichtige Rolle. Dabei geht es um die Frage, ob alle Elemente einer gegebenen Menge ($\subseteq$ STRING oder $\subseteq$ N) automatisch erzeugt werden können - ohne damit notwendigerweise ein Entscheidungskriterium zu haben, ob ein vorgegebenes Element (irgendwann) erzeugt wird. Die Frage, ob ein gegebenes Element zu der Menge gehört, ist durch das Aufzählverfahren nicht entscheidbar. Zwar bekommen wir im positiven Falle nach endlicher Zeit die positive Antwort; im negativen Falle dagegen bekommen wir keine definitive Antwort - was aber zu jedem konkreten Zeitpunkt heißen könnte, daß die positive Antwort noch aussteht.

Umgekehrt sind alle entscheidbaren Mengen aufzählbar: man erzeuge nacheinander alle natürlichen Zahlen (bzw. Zeichenketten) und wende auf alle jeweils das Entscheidungsverfahren an. Damit erhält man alle Elemente der Menge.

Der Begriff "aufzählbar" kann auf verschiedene Weise definiert werden. Vorher müssen wir erläutern, was ein *Kalkül* ist (im Gegensatz zum Algorithmus).

Ein Kalkül ist ein Verfahren, das aus vorgegebenen "zulässigen" Zeichenketten neue "zulässige" Zeichenketten generiert. Ein Kalkül besteht aus mehreren Regeln, wobei die Anwendbarkeit und das Ergebnis jeder Regel exakt definiert sind. (Wir können Kalküle auch für Zahlen statt für Zeichenketten einführen.)

Was nicht definiert ist, ist die Reihenfolge, in der die Regeln angewandt werden. Wenn wir dagegen eine Vorschrift hinzufügen, welche Regel jeweils anzuwenden ist, haben wir einen Algorithmus.

<u>Anmerkung:</u>
Die sog. Markovschen Algorithmen sind im wesentlichen Kalküle, wo zusätzlich festgelegt ist, in welcher Reihenfolge die Anwendbarkeit der Regeln zu testen ist und

daß die erste anwendbare Regel zu benutzen ist - wenn keine Regel anwendbar ist, terminiert der Algorithmus; vgl. hierzu [Brau68].

5.2.1 Beispiel (zerlegbare Zahlen)

Das folgende Beispiel steht in ähnlicher Form in [Hofs85].

Das Alphabet bestehe aus den Zeichen

```
{ |, *, = }
```

und folgenden Regeln:

```
r1:                 ===> v "*|=" v ;
r2: v "*" w "=" u   ===> v "*" w "|=" u v ;
r3: v "|*" w "|=" u ===> u
```

Hierbei sind v, w, u beliebige nichtleere Folgen des Elementes | (zu interpretieren als die entprechende positive ganze Zahl).

Die Regeln können wie folgt angewandt werden: nach Regel r1 können wir beliebige Zeichenketten der dort angegebenen Form hinschreiben; nach Regel r2 und r3 können wir die rechte Seite hinschreiben, falls vorher schon die linke Seite erzeugt worden ist.

Die Zeichenfolgen u, die wir nach Regel r3 hinschreiben dürfen, nennen wir "zerlegbare Zahlen" (Komplementärmenge zu den Primzahlen).

Beispiel für eine Ableitungen für "|||||||||||||||" (=15):

```
A1: "|||||*|=|||||"                ; r1
A2: "|||||*||=||||||||||"          ; r2, A1
A3: "|||||*|||=|||||||||||||||"    ; r2, A2
A4: "|||||||||||||||"              ; r3, A3
```

Beachten Sie, daß dieser Kalkül *kein Entscheidungsalgorithmus* für die Zerlegbarkeit von Zahlen ist. Er kann aber jede zerlegbare Zahl nach einer gewissen Zeit erzeugen, sofern die richtigen Schritte vorgenommen werden. Wenn wir trotzdem in der Lage sind, jede beliebige zerlegbare Zahl zielgerichtet mit dem Algorithmus zu erzeugen, so liegt das daran, daß wir einen Entscheidungsalgorithmus außerhalb dieses Kalküls anwenden, um eine Zahl zu faktorisieren und dann diese Faktorisierung benutzen, um die Zahl kalkülmäßig zu erzeugen. Insbesondere gibt es keine *einfache* Möglichkeit, den Kalkül so zu modifizieren, daß er die Komplementärmenge, also die Menge der Primzahlen erzeugt. (vgl. hierzu [Hofs85]).

5.2.2 Beispiel (EBNF):

Die Formale Syntax einer Programmiersprache stellt einen Kalkül dar. Dieses sei hier am Beispiel einer Syntax für die Schreibweisen von reellen Zahlen der Programmiersprache Pascal dargestellt. Dieser Kalkül wird auch als "erweiterte Backus-Naur-Form" bezeichnet - kurz EBNF (vgl. [Däßl83] und [Scow80]): Die hier benutzte Variante der EBNF wird im Anhang A beschrieben.

```
ziffer
  ::= 0 | 1 | 2 | 3 | 4 | 5 | 6 | 7 | 8 | 9;

ziffernfolge
  ::= ziffer {ziffer};

ganze_zahl
  ::= [ + | - ] ziffernfolge;

reelle_zahl
  ::= ganze_zahl [. ziffernfolge] [E ganze_zahl];
```

Diese Regeln können in folgender Weise als Kalkül aufgefaßt werden, daß den sog. "*metasprachlichen Variablen*" auf der linken Seite Werte zugeordnet werden, die sich durch die Formel auf der rechten Seite ergeben. Dabei bedeuten die "metasyntaktischen" Satzzeichen folgendes:

Hintereinanderschreiben :
  die entsprechenden Konstruktionen werden als Zeichenketten verknüpft;

Senkrechter Strich :
  eine der Alternativen ist auszuwählen

Klammern:
  das in Klammern geschriebene Konstrukt ist einzusetzen, und zwar
    genau einmal bei ( ),
    keinmal oder einmal bei [ ],
    keinmal, einmal oder mehrmals bei { }

Beispiel für eine Ableitung für "32E+6":

B1: ziffer	→ "3";	
B2: ziffer	→ "2";	
B3: ziffernfolge	→ "32"	nach B1 {B2};
B4: ganze_zahl	→ "32"	nach [] B3;
B5: ziffer	→ "6"	
B6: ziffernfolge	→ "6"	nach B5;

B7: ganze_zahl → "+6" nach ["+"] B6;
B8: reelle_zahl → "32E+6" nach B4 [E B7];

Ein weiteres Beispiel ist das in Abschnitt 3.3 eingeführte Deduktionssystem für die Aussagenlogik nach Gentzen und das im folgenden zitierte System nach Novikow (vgl. [Novi59]). Es hat gegenüber dem Gentzenschen System den Nachteil, daß die Regeln nicht so einleuchtend sind und auch die Ableitungen schwieriger zu finden sind. Ein Vorteil ist allerdings, daß die Regeln im Sinne eines Kalküls einfacher zu formulieren sind.

5.2.3 Fallstudie (Deduktionssystem nach Novikov)

Es sind folgende Tautologien vorgegeben:

I1: $(x \to (y \to x))$
I2: $((x \to (y \to z)) \to ((x \to y) \to (x \to z))$
II1: $((x \wedge y) \to x)$
II2: $((x \wedge y) \to y)$
II3: $((x \to y) \to ((x \to z) \to (x \to (y \wedge z))))$
III1: $(x \to (x \vee y))$
III2: $(y \to (x \vee y))$
III3: $((x \to z) \to ((y \to z) \to ((x \vee y) \to z)))$
IV1: $((x \to y) \to (\neg y \to \neg x))$
IV2: $(x \to \neg\neg x)$
IV3: $(\neg\neg x \to x)$

Es sind folgende Schlußregeln gegeben:

Einsetzungsregel:
Wenn α eine Tautologie ist, ist für eine Variable u und einen Term β Subst[u/β](α) eine Tautologie.

Abtrennungsregel (modus ponens):
Wenn α und $(\alpha \to \beta)$ Tautologien sind, ist auch β eine Tautologie; Schreibweise: MP(α,$(\alpha \to \beta)$) .

5.2.4 Beispiel:

Es sei $((x \wedge y) \to (y \wedge x))$ zu beweisen.

T1: $(((x \wedge y) \to y) \to (((x \wedge y) \to z) \to ((x \wedge y) \to (y \wedge z))))$; Subst[x/(x∧y)](III3)

T2: $(((x \wedge y) \to y) \to (((x \wedge y) \to x) \to ((x \wedge y) \to (y \wedge x))))$;Subst[z/x](T1)

T3: $(((x \wedge y) \to x) \to ((x \wedge y) \to (y \wedge x)))$; MP(II2,T2)

T4: $((x \wedge y) \to (y \wedge x))$; MP(II1,T3)

Ein weiterer Kalkül wird im Abschnitt 5.3 eingeführt: die sog. Resolventen-Methode.

Bevor wir zu einer Formalisierung des Begriffs "Aufzählbarkeit" kommen, führen wir im folgenden sog. "nicht-deterministische Prozeduren" bzw. "Generatoren" ein.

5.2.5 Definition (nicht-deterministische Prozeduren).

Wir erweitern unsere Turing-Sprache durch eine weitere Konstruktion, die "*nicht-deterministische Kontrollvariable*": An jeder Stelle, an der ein logischer Ausdruck stehen kann, darf statt dessen ein Fragezeichen stehen, z.B. in

```
IF ? THEN RETURN 0 ELSE RETURN 1 END
```

oder in

```
n := 0;
WHILE ? DO INC(n) END
```

oder in den Wertzuweisungen

```
BoolVar1 := ? AND (a <10)
BoolVar2 := ? OR  (a<10)
```

Der Wert des Booleschen Ausdrucks ? ist nicht festgelegt - es können beide möglichen Werte auftreten und damit unterschiedliche Aktionen stattfinden. Wenn in dem letzteren Beispiel a den Wert 5 hat, kann die Boolesche Variable `BoolVar1` beide möglichen Wahrheitswerte annehmen, `BoolVar2` nimmt immer den Wert `TRUE` an. Wenn a den Wert 12 hat, hat `BoolVar1` immer den Wert `FALSE` und `BoolVar2` kann beide möglichen Wahrheitswerte annehmen.

Statt des langen Begriffs "nicht-deterministische Prozedur" verwenden wir im folgenden synonym den Begriff "Generator". Entsprechend benutzen wir bei nicht-deterministischen Prozeduren das Schlüsselwort GENERATOR statt PROCEDURE.

Ein Generator kann für gegebene Argumente mehrere Ergebnisse liefern. Es ist hier begrifflich zu unterscheiden zwischen nicht-deterministisch und stochastisch (=zufällig). Während bei einem stochastischen Prozeß für jeden möglichen Eintritt eines Ergebnisses eine Wahrscheinlichkeit verbunden ist, kommt es hier nur darauf an, welche Ergebnisse überhaupt möglich sind.*)

Drei spezielle sehr einfache Generatoren werden wir im folgenden noch benötigen und definieren sie hiermit jeweils durch ein Programm:

5.2.6 Beispiele (Generatoren)

```
GENERATOR Cardinal : CARDINAL;
(* erzeugt alle natürlichen Zahlen *)
   VAR n : CARDINAL;
BEGIN
   n := 0;
   WHILE ? DO INC(n) END;
   RETURN n
END Cardinal;

GENERATOR Char : CHAR;
(* erzeugt alle Zeichen eines Zeichensatzes *)
   VAR c : CARDINAL;
BEGIN
   c := MIN (CHAR);
   WHILE ? AND (c < MAX (CHAR)) DO INC(c) END;
   RETURN c
END Char;

GENERATOR String : STRING;
(* erzeugt alle Zeichenketten über dem durch Char      *)
(* generierten Zeichensatz                             *)
```

*) Eine Betrachtung von nicht-deterministischen Kontrollstrukturen spielt eine gewisse Rolle bei parallelverarbeitenden Systemem. Auch dort spielt die Wahrscheinlichkeit keine Rolle, sondern es ist das Murphysche Gesetz "Jedes (unangenehme) Ereignis, das eintreten kann, tritt mit Sicherheit irgendwann ein" zu berücksichtigen. Hier hat z.B. Dijkstra (vgl. [Dijk75]) folgende Kontrollstrukturen eingeführt:

```
   IF bed1 → anweisung...
   [] bed2 → anweisung...
     ...
   [] bedn → anweisung...
   FI
und
   DO bed1 → anweisung...
   [] bed2 → anweisung...
     ...
   [] bedn → anweisung...
   OD
```

Hierbei muß in der IF-Anweisung sichergestellt sein, daß immer eine der Bedingungen erfüllt ist; die DO-Anweisung ist eine Schleife, die solange durchgeführt wird, wie mindestens eine der Bedingungen erfüllt ist.

```
   VAR s : STRING;
BEGIN
   s := '';
   WHILE ? DO AddChar(s, Char) END;
   RETURN s
END String;
```

Wir kommen jetzt zur Definition des Begriffs "Aufzählbarkeit".

5.2.7 Definition (Aufzählbarkeit)

Sei A eine Menge von Elementen vom Typ S, wobei S = CARDINAL oder S = STRING. A ist aufzählbar, wenn eine der folgenden (äquivalenten) Bedingungen vorliegt:

(A1) Es gibt einen Generator

GENERATOR Gen :S;

und es ist A die Menge derjenigen Elemente, die von Gen generiert werden können.

(A2) Es gibt eine Turing-Funktion

PROCEDURE Try (a : S);

und A ist die Menge derjenigen Argumente, für die diese Turing-Funktion nach endlicher Zeit stoppt.

(A3) Es ist A = ∅ oder es gibt eine Turing-Funktion

PROCEDURE Calc (n : CARDINAL) : S;

mit A = {Calc(n) | n ∈ CARDINAL}

Hinweis:

In (A1) und (A3) ist es zulässig, daß ein Element ggf. mehrfach erzeugt wird.

Beweis der Äquivalenz der drei Definitionen:

Wir zeigen folgende Implikationen:

(A1) → (A3) → (A2) → (A1)

und haben damit die Äquivalenz gezeigt. Wegen der Einfachheit der Beziehung zeigen wir zusätzlich (A3) → (A1) unmittelbar.

(A1) → (A3)

Wenn A = ∅, sind wir fertig.

Andernfalls benötigen wir ein Element a ∈ A, das als Ersatz für "nicht gefundene Ergebnisse" dient. Des weiteren benötigen wir eine Funktion, die die nicht-deterministischen Entscheidungen des Generators aufgrund einer natürlichen Zahl trifft. Diese Funktion "Delphi" beruht im Wesentlichen darauf, daß jeder Ablauf eines Generators, der mit einem Ergebnis abschließt, durch eine Folge von 0 und 1 beschrieben werden kann, die wir als natürliche Zahl interpretieren können. Umgekehrt können wir jeder natürlichen Zahl eine endliche Folge von Nullen und Einsen zuordnen, indem wir ihre Binärdarstellung rückwärts erzeugen (wir müssen die Darstellung rückwärts interpretieren, da sonst keine Folge mit 0 anfangen kann, außerdem ist der Algorithmus dann einfacher).

Die Funktion Delphi ist wie folgt definiert:

```
PROCEDURE Delphi (VAR zahl : CARDINAL) : CARDINAL;
(* Erzeugt aus einer Zahl eine Folge von 0 und 1 und     *)
(* schließt diese Folge mit  2  ab.                      *)
   VAR rest : CARDINAL;
BEGIN
   IF zahl = 0 THEN
      RETURN 2
   ELSE
      rest := zahl MOD 2;
      zahl := zahl DIV 2;
      RETURN rest
   END
END Delphi;
```

Sei Gen gegeben. Wir modifizieren Gen, indem wir den Prozedurkopf durch

```
PROCEDURE Calc (n : CARDINAL) : S;
   VAR zahl : CARDINAL;
       delf : CARDINAL;
```

ersetzen. Nach `BEGIN` ist die Anweisung `zahl := n;` einzufügen. Dynamisch vor jede Anweisung mit dem Fragezeichen sind folgende Anweisungen einzufügen:

```
    delf := Delphi(zahl);
    IF delf = 2 THEN RETURN a;
```

Das Fragezeichen selber ist zu ersetzen durch die Abfrage `delf = 1`.

Calc erzeugt genau dieselben Elemente wie Gen, indem es jedes Element, das Gen erzeugt, für mindestens die Zahl mit der entsprechenden Ziffernfolge erzeugt. Für Ziffernfolgen, denen kein Ergebnis entspricht, wird vorzeitig das Ergebnis a ausgegeben, das nach Voraussetzung in A liegt.

(A3) $\rightarrow$ (A2):

Wenn $A = \emptyset$, löst etwa folgende Prozedur das Problem:

```
PROCEDURE Try (x : S);
BEGIN
   WHILE TRUE DO END
END Try;
```

Andernfalls kann die Prozedur Try unter Zuhilfenahme von Calc definiert werden:

```
PROCEDURE Try (x : S);
   VAR n : CARDINAL;
BEGIN
   n := 0;
   WHILE Calc(n) <> x DO INC(n) END
END Try;
```

Falls $x \in A$, terminiert diese Prozedur, wenn sie x gefunden hat - andernfalls sucht sie unendlich lange.

(A2) $\rightarrow$ (A1):

Der Generator Gen kann unter Zuhilfsnahme von Try definiert werden - hierbei steht TGen je nach Datentyp von S für die in Definition 5.2.6 definierten Generatoren Cardinal bzw. String.

```
PROCEDURE Gen : S;
   VAR x : S;
BEGIN
   x := TGen;
   Try (x);
   RETURN x
END Gen;
```

TGen erzeugt hier jeweils ein Element aus A und ruft Try mit diesem Argument auf. Wenn Try terminiert, liefert Gen das Element als Ergebnis, sonst liefert es für diesen Durchlauf kein Ergebnis.

(A3) $\rightarrow$ (A1)

Falls $A = \emptyset$, kann man etwa folgende Prozedur nehmen:

```
GENERATOR Gen : S;
BEGIN
   WHILE TRUE DO END
END Gen;
```

Andernfalls kann Gen unmittelbar aus Calc unter Benutzung des Generators Cardinal aufgebaut werden:

```
GENERATOR Gen : S;
BEGIN
   RETURN Calc(Cardinal)
END Gen;
```

Gen erzeugt in beiden Fällen dieselben Elemente wie Calc. Ω

Der Zusammenhang zwischen "aufzählbar" und "entscheidbar" ergibt sich aus folgendem Satz:

5.2.8 Satz (Zusammenhang zwischen Aufzählbarkeit und Entscheidbarkeit)

Eine Menge A ist genau dann entscheidbar, wenn A und das Komplement von A aufzählbar sind.

Beweis:

A ist entscheidbar → A ist aufzählbar nach (A2):

Sei

PROCEDURE f(s:STRING) : BOOLEAN

die Entscheidungsfunktion. Dann terminiert die folgende Funktion genau für die Elemente aus A:

```
PROCEDURE TryIt (s : STRING);
BEGIN REPEAT UNTIL f(s) END TryIt;
```

A ist entscheidbar → Komplement von A ist aufzählbar nach (A2):

wie oben, in der Entscheidungsfunktion ist nur Bedingung zu negieren :

```
PROCEDURE TryIt (s : STRING);
BEGIN REPEAT UNTIL NOT f(s) END TryIt;
```

A und Komplement von A sind aufzählbar nach (A3)→ A ist entscheidbar:

Wenn A = ∅ oder A = S, ist die Aussage bewiesen.

Wenn dieser Fall nicht gegeben ist, seien Calc1 und Calc2 Aufzählungsfunktionen für A bzw. das Komplement von A entsprechend Definition (A3). Die folgende Prozedur liefert ein Entscheidungsverfahren:

```
PROCEDURE isInA(x : S) : BOOLEAN;
   VAR n : CARDINAL;
BEGIN
   n := 0;
   LOOP
      IF Calc1(n) = x THEN RETURN TRUE  END;
      IF Calc2(n) = x THEN RETURN FALSE END;
      INC(n)
   END
END Try;
```

Da für jedes x für irgend ein $n \in \mathbb{N}$ entweder Calc1(n) = x oder Calc2(n) = x ist, muß die Prozedur nach endlich vielen Schritten mit dem richtigen Ergebnis terminieren. Ω

Es gibt Mengen, die nicht aufzählbar sind, z.B. die Menge aller wahren Aussagen der Arithmetik. Dieses ist im Wesentlichen der Satz von Gödel in [Göde31]. Die Abhandlung [Hofs85] befaßt sich sehr ausführlich mit diesem Problem und stellt es in einen Zusammenhang mit anderen Problemen mit "Selbstbezogenheit". Es ist z.B. unbekannt - vielleicht nie bekannt - ob die Goldbachsche Vermutung
"Jede gerade Zahl ≥ 4 ist die Summe zweier Primzahlen" richtig ist.

Der scheinbare Widerspruch zwischen Beispiel 5.1.5 (3) und der Unsicherheit bezüglich der Goldbachschen Vermutung löst sich folgendermaßen auf: Für eine vorgegebene Zahl z können wir testen, ob z gerade ist und ob z die Summe zweier Primzahlen ist: dazu müssen wir schlimmstenfalls unter allen ungeraden Zahlen von 3 bis z/2 suchen, ob sich darunter eine Zahl x findet, so daß x und z-x Primzahlen sind. Falls die Goldbachsche Vermutung richtig ist, gibt es einen sehr viel einfacheren Algorithmus: wir müßten dann nämlich nur prüfen, ob die Zahl z gerade und ≥ 4 ist.

5.3 Resolventen-Methode

Auf der konjunktiven Normalform beruht der Kalkül der "Resolution" (auch "Resolventen-Methode" genannt; vgl. etwa [Kowa79], [Bibe84], [Niem87], [Schö87]).

5.3.1 Definition (Resolventen-Regel)

Um aus einer Menge von Aussagen weitere Aussagen zu gewinnen, sei einzig folgende Regel angegeben:

$$\frac{\begin{array}{c}\alpha \vee z\\ \beta \vee \neg z\end{array}}{\alpha \vee \beta}$$

wobei für α und β beliebige Klauseln stehen und für z eine Variable. Es wird also z sozusagen herausgekürzt.

5.3.2 Satz (Korrektheit der Resolventen-Regel - bezogen auf das Gentzensche Deduktionssystem)

Für beliebige Terme α und β und eine Variable z läßt sich nach dem in Kapitel 3.3 eingeführten Deduktionssystem aus $(\alpha \vee z)$ und $(\beta \vee \neg z)$ der Term $(\alpha \vee \beta)$ ableiten.

Beweis:

P1: $\alpha \vee z$, P2: $\beta \vee \neg z$	$\vdash \alpha \vee \beta$	
K1: L0:	$z \vdash \alpha \vee \beta$	
K1: L1: M0:	$\neg\beta \vdash 0$	
K1: L1: M1: N0:	$\beta \vdash 0$	
K1: L1: M1: ZZ:	0	; 0- ein, N0, M0
K1: L1: M2:	$\beta \rightarrow 0$	; →- ein, M1
K1: L1: M3: N0:	$\neg z \vdash 0$	
K1: L1: M3: ZZ:	0	; 0- ein, L0, N0
K1: L1: M4:	$\neg z \rightarrow 0$	; →- ein, M3
K1: L1: ZZ:	0	; ∨- aus, P2, M2, M3
K1: L2:	β	; 0- aus, L1
K1: ZZ:	$\alpha \vee \beta$	; ∨- ein, L2
K2:	$z \rightarrow (\alpha \vee \beta)$	; →- ein, K1
K3: L0:	$\neg z \vdash \alpha \vee \beta$	
K3: L1: M0:	$\neg\alpha \vdash 0$	
K3: L1: M1: N0:	$\alpha \vdash 0$	
K3: L1: M1: ZZ:	0	; 0- ein, N0, M0
K3: L1: M2:	$\alpha \rightarrow 0$	; →- ein, M1
K3: L1: M3: N0:	$z \vdash 0$	
K3: L1: M3: ZZ:	0	; 0- ein, N0, L0
K3: L1: M4:	$z \rightarrow 0$	; →- ein, M3
K3: L1: ZZ:	0	; ∨- aus, P2, M2, M3
K3: L2:	α	; 0- aus, L1
K3: ZZ:	$\alpha \vee \beta$	; ∨- ein, L2
K4:	$\neg z \rightarrow (\alpha \vee \beta)$	; →- ein, K3
K5:	$z \vee \neg z$	; Satz 3.3.9
ZZ:	$\alpha \vee \beta$	; ∨- aus, K5, K2, K4

Hiermit haben wir folgendes gezeigt: Wenn sich b aus A nach der Resolventen-Methode ableiten läßt, dann auch nach dem Gentzenschen Deduktionssystem ; zusammen mit Satz 3.3.14 ist b dann eine semantische Folgerung aus A. Des weiteren kann man zeigen, daß jede semantische Folgerung, die sich auf Klauseln bezieht, durch die Resolventen-Methode beweisen läßt (vgl. z.B. [Berg77] oder [Schö87]). Insgesamt ist damit der folgende Satz gezeigt worden.

5.3.3 Satz
(Äquivalenz von semantischer Folgerung, Ableitung im Deduktionssystem und nach der Resolventen-Methode)

Wenn A eine Menge von Klauseln ist und b eine Klausel, dann sind äquivalent:

(1) b ist eine semantische Folgerung von A

(2) b läßt sich aus A mit dem Gentzenschen Deduktionssystem ableiten

(3) b läßt sich aus A nach der Resolventen-Methode ableiten.

Diesen Satz können wir auf beliebige Aussagen verallgemeinern, wenn wir die Existenz der konjunktiven Normalform benutzen.

Wir können die Resolventen-Regel auch auffassen als die Einsetzung einer Konklusion einer Regel in die Prämisse einer zweiten Regel. Wenn wir die Regel graphisch durch ein Kästchen darstellen, das die Prämissen (negierte Variable) als Eingänge und die Folgerungen (nichtnegierte Variable) als Ausgänge hat, können wir die Resolventen-Regel als Verknüpfung zweier solcher Kästchen dartellen und erhalten ein neues Kästchen, das die Vereinigung der Eingänge und die Vereinigung der Ausgänge - jeweils ohne die verknüpften - enthält.

5.3.4 Beispiel (Diagramm-Darstellung der Resolution)

So ergibt die Verknüpfung von

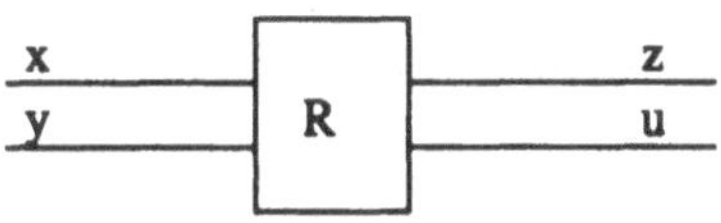

und

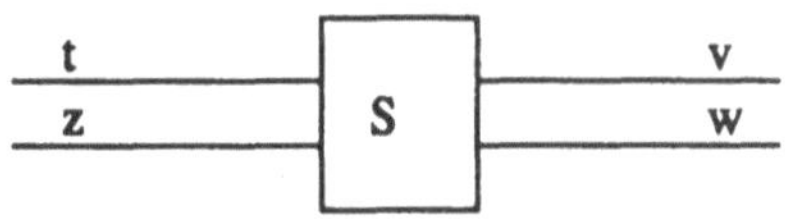

das folgende Diagramm

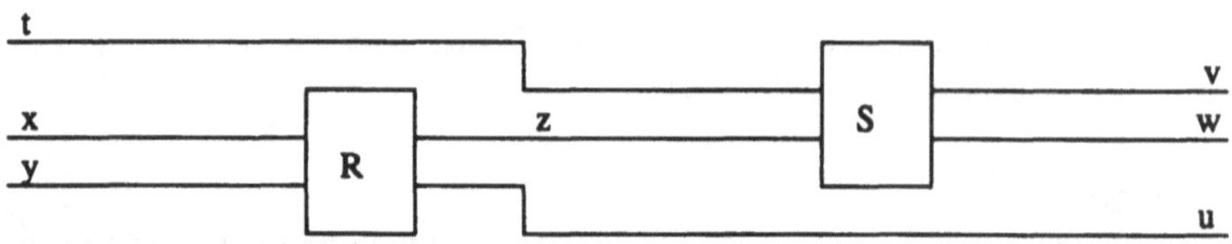

oder verschmolzen:

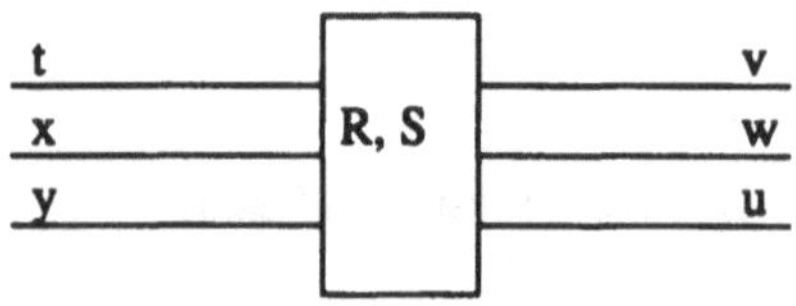

In Formeln:

$\neg x \lor \neg y \lor z \lor u$
$\neg t \lor \neg z \lor v \lor w$

$\neg x \lor \neg y \lor u \lor \neg t \lor v \lor w$

oder

$(x \land y) \to (z \lor u)$
$(t \land z) \to (v \lor w)$

$(x \land y \land t) \to (u \lor v \lor w)$

5.3.5 Klassifizierung der Diagramme

In dieser Diagramm-Schreibweise bedeuten die Diagramme speziell:

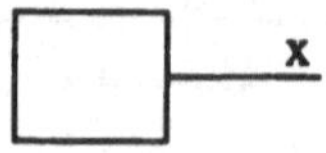

Faktum
(es gilt immer x)

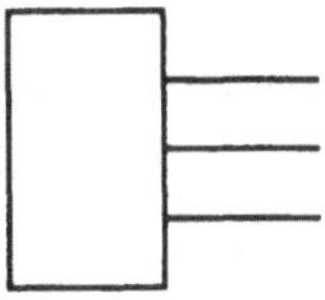

bedingtes Faktum
(Eine der Bedingungen an den Ausgängen ist immer gültig)

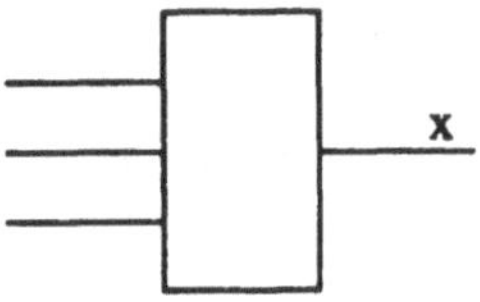

Regel
(Wenn alle Bedingungen an den Eingängen gelten, dann gilt x)

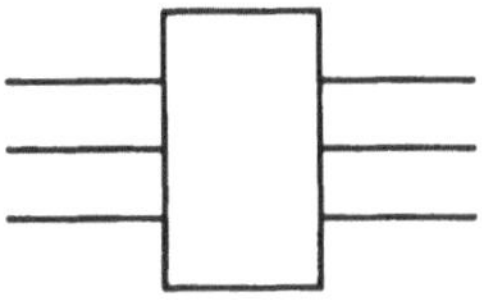

bedingte Regel
(Wenn alle Bedingungen an den Eingängen gelten, dann gilt mindestens eine der Bedingungen an den Ausgängen)

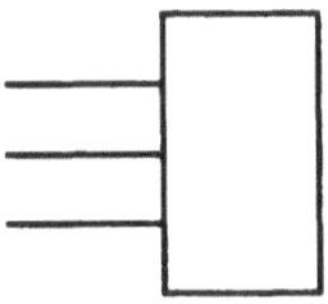

Ableitung eines Widerspruchs
oder
gegenseitiger Ausschluß
(Es können nicht alle Bedingungen an den Eingängen gleichzeitig gültig sein)

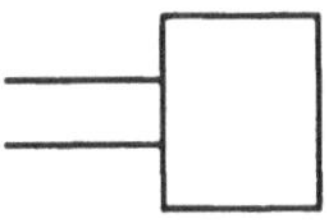

Widerspruch

Es wird hier nach der Anzahl der Ein- und Ausgänge unterschieden, wobei 3 Eingänge bedeuten: "1 oder mehr Bedingungen", 3 Ausgänge bedeuten: "2 oder mehr Bedingungen".

Der Widerspruch spielt eine Rolle in Beweisen: entsprechend Satz 3.2.7 können wir die Ableitbarkeit einer Aussage auf die Suche eines Widerspruchs unter der Annahme der Negation der Aussage zurückführen.

5.3.6 Zulässigkeit der Verknüpfungen

Es dürfen folgende Verknüpfungen an Diagrammen vorgenommen werden:

1. Zusammenfassung eines Ausgangs eines Diagramms mit dem Eingang eines zweiten Diagramms, sofern die Bedingungen identisch sind; (vgl. Beispiel 5.3.4)

2. Aufspalten eines Ausgangs auf zwei identische Bedingungen;

3. Zusammenfassung zweier identischer Bedingungen zu einem Eingang.

Insbesondere dürfen zwei Diagramme nicht an mehr als einer Bedingung verknüpft werden - auch nicht, wenn eines dieser Diagramme aus der Verschmelzung mehrerer Diagramme entstanden ist. Eine Verletzung dieser Regel würde z.B. zu folgendem *falschen* Beispiel führen:

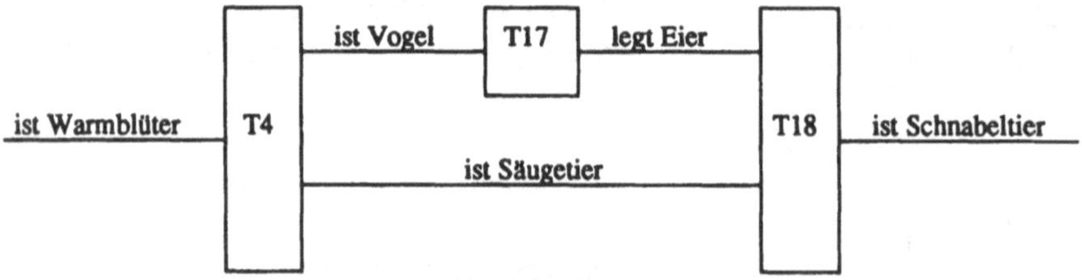

Diese Ableitung ist bis zu folgendem Diagramm korrekt:

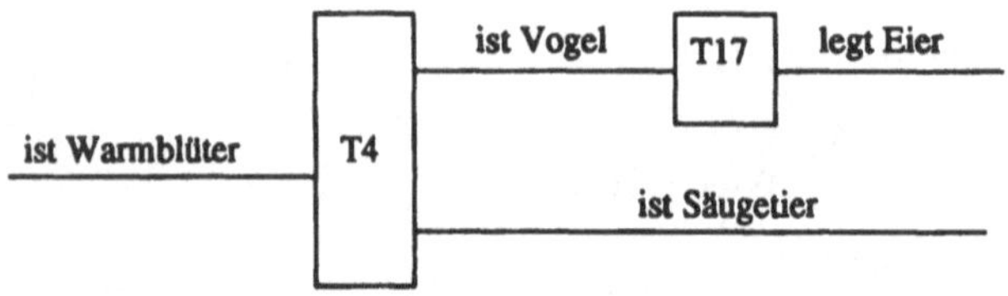

Dieses Diagramm bedeutet:

"Jeder Warmblüter legt Eier *oder* ist ein Säugetier".

Die Anwendbarkeit für die Regel T18 setzt aber voraus:

"...legt Eier *und* ist ein Säugetier".

Dagegen ist folgende Ableitung korrekt:

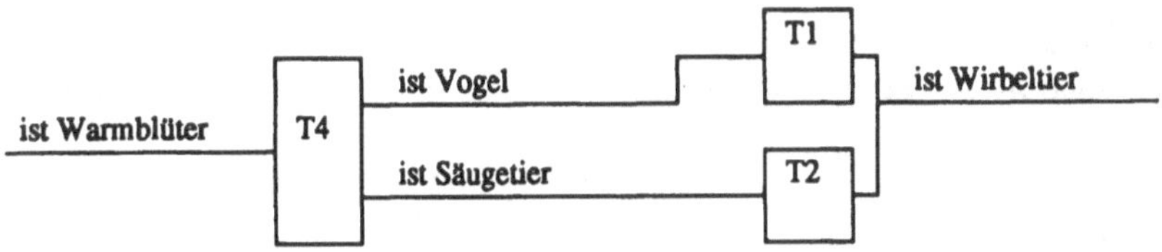

Diese Ableitung veranschaulicht im übrigen die Regel $\vee$-aus in Abschnitt 3.3.

Der Vorteil der Resolventen-Methode liegt in ihrer (mechanischen) Einfachheit. Daher eignet sich diese Methode insbesondere für maschinelle Verfahren. Das Deduktionssssystem nach Gentzen dagegen hat mehr Regeln - spiegelt aber ziemlich genau die menschliche Beweismethodik der Mathematik wider und ist daher besser geeignet zur Formulierung von Beweisen, die von Menschen zu verarbeiten sind.

5.4 Anwendung der Resolution auf Hornklauseln

Wir werden in diesem Abschnitt die im vorigen Abschnitt eingeführte Resolventen-Methode auf Mengen von Hornklauseln beziehen.

Im Falle von Hornklauseln können wir durch mehrfache Anwendung der Resolventenregel zu der in Abb. 5-2 dargestellten Verallgemeinerung des modus ponens kommen.

$$
\begin{array}{l}
(x_1 \wedge \ldots \wedge x_n) \rightarrow z \\
(y_{11} \wedge \ldots \wedge y_{1m}) \rightarrow x_1 \\
\quad \ldots \\
(y_{n1} \wedge \ldots \wedge y_{nm}) \rightarrow x_n \\
\hline
(x_{11} \wedge \ldots \wedge x_{1m} \wedge \ldots \wedge y_{n1} \wedge \ldots \wedge y_{nm}) \rightarrow z
\end{array}
$$

Abb. 5-2: Rückwärts-Verkettung

Dieses stellt sozusagen den Top-Down-Ansatz zur Ableitung von Folgerungen dar: Um z zu zeigen, müssen wir die Voraussetzungen von z zeigen. Dadurch werden ggf. aber die Mengen der zu zeigenden Aussagen noch größer.

Eine weitere Interpretation, die z.B. in Prolog eine gewisse Rolle spielt, besteht darin, daß eine Hornklausel $((x_1 \wedge \ldots \wedge x_n) \rightarrow z)$ als Prozedur z interpretiert wird. Um z zu erfüllen, müssen $x_1 \ldots x_n$, die Komponenten der Prozedur z, erfüllt werden. Dieser Ansatz wird auch als "Ergebnis-orientiert" bezeichnet Dieses Verfahren kann relativ einfach durch sich gegenseitig aufrufende Prozeduren z.B. auch in Modula-2 implementiert werden. Eine weitere Bezeichnung für diesen Ansatz ist "Rückwärts-Verkettung".

Der umgekehrte Ansatz geht von den bekannten Fakten aus und leitet aus diesen weitere Fakten ab. Wenn wir Fakten als "Ereignisse" betrachten, die in einem System auftreten können, kommen wir hiermit zum "Ereignis-orientierten" Ansatz. Für ein auftretendes Ereignis (z.B. eine neue Diagnose) werden Fakten bestimmt, die daraus abzuleiten sind. Die Ableitungen erfolgen durch "Vorwärts-Verkettung".

Da die Suchräume sehr groß sein können, ist nicht immer gewährleistet, daß durch diese beiden Ansätze die gewünschten Folgerungen effizient abgeleitet werden können. Daher kommen wir zu einem dritten Verfahren, das die "Suche in der Breite durchführt". Hier werden systematisch *alle* Fakten bestimmt, die sich ableiten lassen.

Bei der Vorwärts-Verkettung werden also nur folgende Schlüsse verwendet:

$$\begin{array}{l}(x_1 \wedge \ldots \wedge x_n) \rightarrow z \\ x_1 \\ \ldots \\ x_n \\ \hline z\end{array}$$

Abb. 5-3: Vorwärts-Verkettung

Offensichtlich sind die Schlüsse der Vorwärts-Verkettung Spezialfälle der Schlüsse der Rückwärts-Verkettung. Wir können jedoch alle Schlüsse einzig mit der Vorwärts-Verkettung erhalten. Das sehen wir dadurch ein, indem wir eine Ableitung mit Rückwärts-Verkettung analysieren. Diese Ableitung ist ein gerichteter Graph, der mit den in 5.3.4 eingeführten Diagrammen immmer zu einem Baum führt, in dem das zu beweisenden Faktum die Wurzel ist (hier ist die Wurzel entgegen aller Gewohnheit der Informatiker nicht oben oder links, sondern auf der rechten Seite) und die vorgegebenen Fakten die Blätter sind, vgl. Abb. 5-5. Wenn wir von den Blättern zur Wurzel aufsteigen, benutzen wir nur die Regeln der Vorwärts-Verkettung.

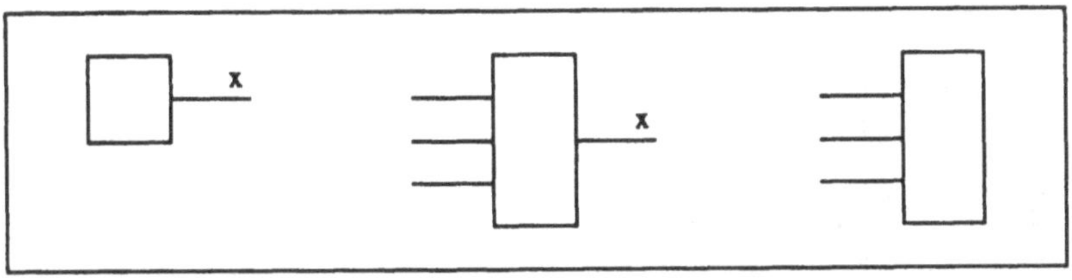

Abb. 5-4: Diagramme für Hornklauseln

Im Falle der Aussagenlogik führen diese Verfahren immer zu einem Ergebnis - im Falle der Prädikatenlogik, die wir im Kapitel 7 behandeln werden, ist das nicht immer der Fall.

Eine Abfrage (als Hornklausel) können wir dadurch bearbeiten, indem wir (temporär) die Negation der Abfrage zu der Regelmenge hinzugefügen und anschließend versuchen, einen Widerspruch abzuleiten (vgl. Satz 3.2.7).

Die Negation einer Hornklausel hat die Form

$$\begin{aligned} & \neg((x_1 \wedge \ldots \wedge x_n) \rightarrow z) \\ = & \neg(\neg(x_1 \wedge \ldots \wedge x_n) \vee z) \\ = & \neg\neg(x_1 \wedge \ldots \wedge x_n) \wedge \neg z \\ = & \ (x_1 \wedge \ldots \wedge x_n) \wedge \neg z \end{aligned}$$

Dieses entspricht im Fall $z \neq 0$ den n+1 Hornklauseln

$x_1, \ldots, x_n$ und $\neg z$,

Im Fall z = 0 entfällt die letztere Klausel.

5.4.1 Beispiel

Die Aussage

Tierreich, P1: istHai $\vdash$ ¬istAdler

wird zu

Tierreich, P1: ist Hai, NK: ist Adler $\vdash$ 0	
L1: ist Fisch	; T8, P1
L2: ist Vogel	; T11, NK
L3: ist Vogel $\rightarrow$ 0	; L1, T5
ZZ: 0	; L3, L2

Eine graphische Darstellung folgt in Abb. 5-5

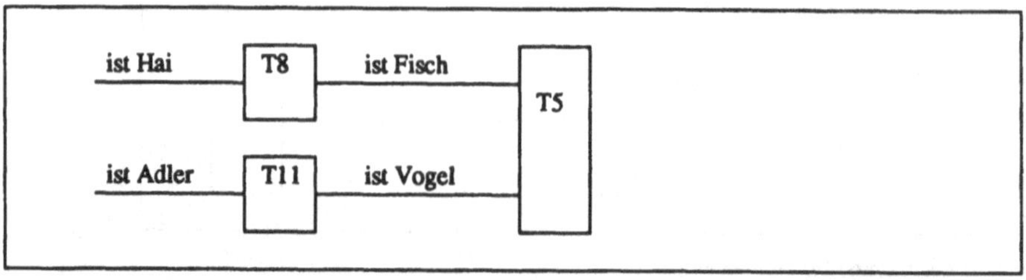

Abb. 5-5: graphischer Beweis

Im folgenden wollen wir zeigen, daß das Entscheidungsproblem für Hornklauseln effizient lösbar ist - die Anzahl der notwendigen Schritte beträgt höchstens $m * n$, wobei m die Anzahl der Regeln und n die Anzahl der Variablen ist (im Gegensatz zu $m * 2^m$ im Allgemeinfall).

Wir benötigen hierzu eine endliche Menge V von Variablen und eine endliche Menge R von Regeln. Sei $V_0 ::= V + \{0\}$; dann läßt sich jede Regel beschreiben durch ein Paar $[p,k] \in Pot(V) \times V_0$ mit der Bedeutung: aus einer (möglicherweise leeren) Menge von Prämissen ist eine Konklusion oder ein Widerspruch herleitbar. So wird die Regel $(x \wedge y \wedge z) \rightarrow a$ durch das Paar $[\{x,y,z\}, a]$ repräsentiert; ein Faktum b wird durch $[\emptyset,b]$ repräsentiert und eine Ableitung des Widerspruchs $(x \wedge y \wedge z) \rightarrow 0$ durch $[\{x,y,z\}, 0]$.

Das Programm in Abb. 5-6 prüft die Menge von Hornklauseln in der Paar-Darstellung auf einen ableitbaren Widerspruch. Dazu werden solange weitere Fakten bewiesen, bis kein neues Faktum aus den schon abgeleiteten Fakten und Regeln abgeleitet werden kann. Abschließend haben wir nur zu prüfen, ob der Widerspruch in den abgeleiteten Fakten enthalten ist.

5.5 Nichtmonotones Schließen

Durch einen Kalkül über einer Menge A (A ist üblicherweise eine Menge von Zeichenketten oder Zahlen) ist eine Funktion

$$Abl : \begin{cases} Pot(A) \dashrightarrow Pot(A) \\ X \dashrightarrow \{z \in A \mid X \vdash z\} \end{cases}$$

definiert, die für jede Teilmenge von A die Menge der ableitbaren Konsequenzen angibt.

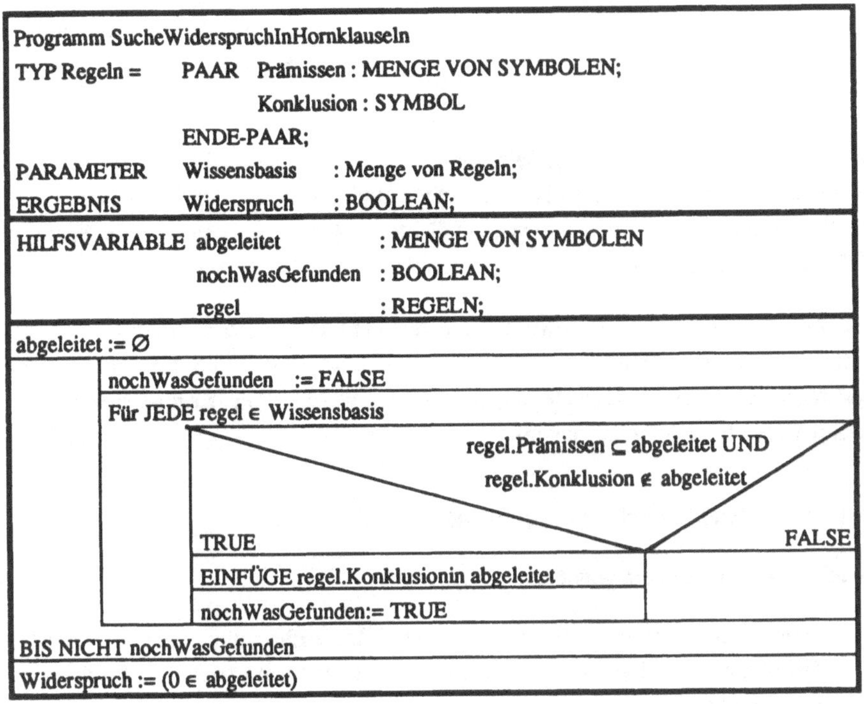

Abb. 5-6: Algorithmus für Ableitungen in Hornklauseln

Eine Modula-2-Implementierung dieses Algorithmus findet sich in Anhang D.2

5.5.1 Satz (Eigenschaften der Ableitungsfunktion von Kalkülen)

Für die oben definerte Funktion Abl gelten folgende Eigenschaften:

Reflexivität:	$X \subseteq Abl(X)$
Monotonie:	$X \subseteq Y \rightarrow Abl(X) \subseteq Abl(Y)$
kumulative Transitivität:	$Abl(Abl(X)) = Abl(X)$
Kompaktheit:	$Abl(X) = \cup \{Abl(Y) \mid Y \subseteq X, Y \text{ endlich}\}$

Die *Reflexivität* sagt aus, daß alle Elemente der Voraussetzung ableitbar sind. Die *Monotonie* sagt aus, daß durch neu gewonnene "Fakten" die Menge der abgeleiteten Folgerungen nicht verkleinert werden kann. Nach der *kumulativen Transitivität* können die abgeleiteten Fakten gleichberechtigt zu den Voraussetzungen gestellt werden. Die *Kompaktheit* sagt u.a. aus, daß bei einer unendlichen Menge von Voraussetzungen jede

Ableitung nur von endlich vielen Voraussetzungen Gebrauch macht; die Kompaktheit soll uns im weiteren nicht interessieren. Im übrigen hat die Kompaktheit die Monotonie zur Folge.

Diese Voraussetzungen an eine Ableitungsfunktion sind aber nicht in allen Anwendungsbereichen gültig. So müssen im juristischen Bereich, in der Verwaltung oder auch in der Wissenschaft durch neu auftretende Fakten als gültig angenommene Schlüsse nachträglich revidiert werden.

Hierbei bleibt weiterhin die Reflexivität und die kumulative Transitivität gültig - die Monotonie wird aber verletzt, d.h. es gibt Fälle, wo durch die Erweiterung der Wissensbasis schon bekannte Ableitungen ungültig werden. Die Krimi-Leser können sicher mit vielen Beispielen beisteuern.

5.5.2 Beispiel (Nichtmonotones Schließen)

Es seien folgende Regeln gegeben:

R1: Wenn bei einem Fahrzeug eine Überschreitung der zulässigen Höchstgeschwindigkeit um mehr als 40 km/h gemessen wird, kommt es zu einer Anzeige.

R2: Sonderfahrzeuge im Einsatz dürfen die Höchstgeschwindigkeit überschreiten.

Folgende Fakten seien bekannt:

F1: Bei dem Fahrzeug mit dem Kennzeichen "XY-Z 007" wurde eine Geschwindigkeit von 97 km/h gemessen.

F2: Die zulässige Höchstgeschwindigkeit beträgt 50 km/h

Aus diesen Angaben kommt es zu einer Anzeige.

Bei folgenden neuen Fakten unterbleibt dagegen die Anzeige:

F3: Das Fahrzeug mit dem Kennzeichen "XY-Z 007" ist ein Sonderfahrzeug.

F4: Das Fahrzeug mit dem Kennzeichen "XY-Z 007" war im Einsatz.

Dieses ist nur ein sehr kleines Beispiel für die Bedeutung von nicht-monotonem Schließen ("*non-monotonic reasoning*"). Nun kann man einwenden, daß die Regeln R1 und R2 nicht getrennt zu behandeln sind, sondern daß es nur eine Regel gibt der Form

RO: Wenn bei einem Fahrzeug eine Überschreitung der zulässigen Höchstgeschwindigkeit um mehr als 40 km/h gemessen wird und dieses Fahrzeug kein Sonderfahrzeug im Einsatz ist, kommt es zu einer Anzeige.

In der Realität treten aber Regelsysteme auf, bei denen die Sammlung der Ausnahmen sehr groß ist, so daß es nicht immer sinnvoll ist, diese Ausnahmen unmittelbar in die Regeln aufzunehmen. Außerdem kann es sein, daß die Überprüfung der einzelnen Ausnahmefälle sehr aufwendig ist und daher nicht in jedem Einzelfall möglich. Im Rechtswesen hat man daher auch für jede Seite eine Rechtsvertretung, die die entsprechenden Regeln und Fakten für die jeweilige Partei sucht. Des weiteren sind die einzelnen Sachverhalte nicht immer so eindeutig zugeordnet, daß eine Entscheidung, ob eine bestimmte Regel anwendbar ist, auch nicht ohne weiteres endgültig getroffen werden kann.

Wir können zu Regeln der Form kommen

$$\frac{\begin{array}{l}\alpha \\ \not\vdash \beta\end{array}}{\delta}$$

die bedeuten: wenn α gilt und β nicht ableitbar ist, dann ist δ ableitbar. Natürlich können wir hier bei ungeschickter Wahl von β und δ (z.B. wenn $\delta \vdash \beta$) zu widersprüchlichen Zirkelschlüssen kommen. Aber das ist kein grundsätzliches Argument gegen diese Art von Schlüssen, da solche Zirkelschlüsse in der Realität auch auftreten können, wie folgendes Beispiel zeigt:

REGEL: ALLE MÄUSE LIEBEN KÄSE

$$\frac{\begin{array}{l}\text{Es gibt eine Party}\\ \nvdash \text{Herr X. kommt zu dieser Party}\end{array}}{\text{Frau Y. kommt zu dieser Party}}$$

$$\frac{\begin{array}{l}\text{Es gibt eine Party}\\ \nvdash \text{Frau Y. kommt zu dieser Party}\end{array}}{\text{Herr X. kommt zu dieser Party}}$$

Dieses Beispiel enthält einen inhärenten Konflikt: Herr X. will Frau Y unbedingt auf der Party treffen - sie will aber nichts mit ihm zu tun haben. Die folgende Variante dagegen ist in dem Sinne widersprüchlich, daß sie zwei sich gegenseitig ausschließende Möglichkeiten enthält:

$$\frac{\begin{array}{l}\text{Es gibt eine Party}\\ \nvdash \text{Herr X. kommt zu dieser Party}\end{array}}{\text{Frau Y. kommt zu dieser Party}}$$

$$\frac{\begin{array}{l}\text{Es gibt eine Party}\\ \nvdash \text{Frau Y. kommt zu dieser Party}\end{array}}{\text{Herr X. kommt zu dieser Party}}$$

In diesem Fall ist die Antipathie gegenseitig. Es gibt verschiedene Vorschläge, wie solche Fälle zu behandeln sind: eine Möglichkeit geht davon aus, daß nur solche Aussagen ableitbar sein sollen, die unter allen konsistenten Zuständen ableitbar sind (dann geht weder Frau Y. noch Herr X. zur Party). Ein anderer Ansatz läßt im Prinzip alle konsistenten Folgerungen zu (dann geht Herr X. zur Party oder Frau Y. - aber nicht beide).

Dieses Problem des nicht-monotonen Schließens ist also im Alltag eher der Normalfall. Wir sind dauernd gezwungen, Entscheidungen zu treffen, ohne ein genaues Wissen darüber zu haben, ob nicht Gründe gegen diese Entscheidung bestehen. Hierin steckt dann auch die Verantwortung des Handelnden. Wenn man Entscheidungen auf einen Rechner überträgt, wird es allerdings sehr viel problematischer; ein Rechner kann zwar sehr viel schneller Handlungsalternativen abwägen - er kann jedoch keine Verantwortung für sein (möglicherweise falsches) Handeln übernehmen.

Eine weitergehende Einführung in dieses Thema ist zum Beispiel in [Brew88]. Weitere Information ist in [Rein89], [Smet88] enthalten.

Nach [Maki89] werden an ein System für Schlußfolgerungen folgende Bedingungen gestellt:

Reflexivität: $X \subseteq Abl(X)$

Kumulation: $X \subseteq Y \subseteq Abl(X) \rightarrow Abl(X) = Abl(Y)$

Die Bedingung der Kumulation hat (zusammen mit der Reflexivität) die Bedingung der kumulativen Transitivität zur Folge, da wegen der Reflexivität

$X \subseteq Abl(X) \subseteq Abl(X)$

und somit wegen der Kumulation

$Abl(X) = Abl(Abl(X))$.

In monotonem Schlußsystemen ist die Kumulation gültig: Aus

$X \subseteq Y \subseteq Abl(X)$

folgt wegen der Monotonie

$Abl(Y) \subseteq Abl(Abl(X)) = Abl(X)$,

und

$Abl(X) \subseteq Abl(Y)$.

Die Interpretation der Kumulation ist dieselbe, wie oben für die kumulative Transitivität ausgeführt: Es können die abgeleiteten Fakten gleichberechtigt zu den Voraussetzungen gestellt werden.

Auch in monotonen Schlußsystemen könnten wir die Bedingung der kumulativen Transitivität durch die Bedingung der Kumulation ersetzen - nur ist das in 5.5.1 eingeführte System einfacher zu handhaben und spielt im übrigen in vielen anderen mathematischen Bereichen (z.B. Algebra, Topologie) eine große Rolle in der Form von sog. "*Hüllensystemen*".

6. Funktionen und Relationen in der Programmierung

... ich habe nie einen bloßen Mathematiker gefunden, dessen Behauptungen man, wenn sie sich nicht auf seine Wurzeln und Gleichungen bezogen, Glauben schenken konnte - keinen, dem es im geheimen nicht Dogma gewesen wäre, daß x^2+px absolut und unbedingt gleich q wäre. Wenn es Sie interessiert, so sagen Sie nur einem dieser Herren, daß Sie einen Fall für möglich hielten, in dem x^2+px nicht gleich q wäre, und wenn der betreffende Sie verstanden hat, so verziehen Sie sich möglichst schnell aus seinem Bereich, denn ohne Zweifel wird er Anstalten machen, Sie zu prügeln

(aus: Edgar Allan Poe, Der entwendete Brief)

6.1 Lambda-Notation

Wir haben Funktionen in Definition 2.2.6 kennengelernt. Als Schreibweise für Funktionen haben wir dort die folgende zweidimensionale Schreibweise

$$f: \begin{cases} D \text{ --------> } E \\ x \text{ --------> } f(x) \end{cases}$$

sowie die Lambda-Notation eingeführt.

Diese Schreibweisen sind exakter als die häufig anzutreffende Schreibweise "die Funktion f(x)" - oder in konkreten Zusammenhängen etwa "die Funktion $x^2 + y^2$". Spätestens bei Angaben wie "die Funktion $x^2 + px$" ist nicht mehr aus der Schreibweise zu sehen, daß das eine Funktion sein soll, die nur von x abhängt, während p ein Parameter ist, d.h. eine Größe, die jeweils als konstant vorausgesetzt wird. Die exakte Schreibweise wäre hier

$$f: \begin{cases} \text{REAL ------> REAL} \\ x \text{ ------> } x^2 + px \end{cases}$$

Diese Beschreibung von Funktionen enthält fünf Informationen:
- den Namen der Funktion,
- den Definitionsbereich,
- den Wertebereich,
- die Angabe der Variablen
- die Vorschrift zur Bestimmung des Funktionswertes für die Variablen

Diese Schreibweise hat einen wesentlichen Nachteil: sie ist unhandlich und kann daher auch nicht mit weiteren Funktionsdefinitionen verknüpft werden.

Die Lambda-Notation stellt eine handlichere Methode zur Beschreibung von Funktionen dar, wo allerdings drei der o.a. Angaben fehlen: der Name der Funktion (kann durch eine Funktions-Definition explizit eingeführt werden), der Definitionsbereich der Argumente und der Wertebereich (ist in der Regel implizit in der Rechenvorschrift enthalten - auf der anderen Seite ist es nicht so wichtig, ob z.B der Wertebereich für die Funktion, die jeder reellen Zahl ihr Quadrat zuordnet, der Bereich der reellen Zahlen ist oder der Bereich der nicht negativen reellen Zahlen.

Das Fehlen des Definitionsbereiches ist nur dann unproblematisch, wenn in dem betrachteten Anwendungsgebiet nur ein Definitionsbereich gegeben ist. So betrachten wir in der Arithmetik nur $\mathbb{N}$, in der Theorie der reellen Zahlen nur $\mathbb{R}$, in der Programmiersprache Lisp, in der die Sprachobjekte jeweils eine Markierung für ihren Datentyp tragen, nur die "Lisp-Objekte".

Der (typ-freie) Lambda-Kalkül ist 1932/33 von Alonzo Church als Versuch zur Lösung der Grundlagenkrise der Mathematik geschaffen worden. Dieser erste Versuch erwies sich als widersprüchlich, wie 1935 durch Kleene und Rosser gezeigt wurde. 1942 schuf Church dann eine konsistente Teiltheorie seines ursprünglichen Systems (zitiert nach [Bare84]).

Der Lambda-Kalkül wurde als ein formaler Kalkül entwickelt, der unabhängig von einer (mengentheoretischen) Interpretation existiert. Genauso wie wir in Kapitel 2 natürliche Zahlen, Wahrheitswerte und Funktionen durch Mengen dargestellt haben (z.B. $0 ::= \varnothing$, $1 ::= \{0\}$, $2 ::= \{0,1\}$), ist man in der Lage, spezielle Objekte des Lambda-Kalküls zu konstruieren, die als natürliche Zahlen, Wahrheitswerte, logische Operatoren, arithmetische Operatoren zu interpretieren sind (vgl. hierzu [Glas84]).

Wir betrachten dagegen die *"Lambda-Notation"*, die Funktionen im Rahmen der in Kapitel 2 eingeführten Mengentheorie beschreibt. *"Lambda-Ausdrücke"* können neben der Beschreibung einer Funktion in Lambda-Notation auch Argumente zur Auswertung der Funktion enthalten. Der *"Lambda-Kalkül"* läßt sich daraus ableiten, wenn wir die Umformungsregeln für Lambda-Ausdrücke von Satz 6.1.4 zur Grundlage eines Kalküls machen.

Wir beginnen die Einführung in die Lambda-Notation durch einige Beispiele von Lambda-Ausdrücken. Entgegen dem üblichen Brauch, möglichst wenige Klammern zu setzen, schreiben wir hier alle relevanten Klammern mit, da dann der Gültigkeitsbereich des Lambda-Operators sich besser überblicken läßt als durch die übliche Regel "so weit wie möglich".

6.1.1 Beispiele (Lambda-Ausdrücke)

(1) $\lambda\, x\, .\, (x + x)$
beschreibt die Funktion, die eine gegebene Zahl verdoppelt.

(2) $\lambda\, x\, .\, (x^2{+}2x{+}1)$
beschreibt die Funktion, die das Argument quadriert und das Doppelte des Arguments plus 1 darauf addiert.

(3) $\lambda\, x\, .\, ((x{+}1) * (x{+}1))$
beschreibt die Funktion, die das um eins erhöhte Argument quadriert.

Wir wissen, daß dieser Lambda-Ausdruck *dieselbe Funktion* wie der in (2) definierte Lambda-Ausdruck beschreibt - er beschreibt aber eine andere *Rechenvorschrift*.

(4) $\lambda\, x\, .\, (x + y)$
beschreibt die Funktion, die zu einer Zahl den Wert y addiert. Der Wert von y muß sich hierbei aus dem Kontext ergeben.

(5) $\lambda\, y\, .\, (x + y)$
beschreibt die Funktion, die zu einer Zahl den Wert x addiert. Der Wert von x muß sich hierbei aus dem Kontext ergeben. Diese Funktion ist nicht identisch mit der Funktion von (4).

(6) λ z . (x + y)
beschreibt die Funktion, die unabhängig von ihrem Argument den Wert x+y ergibt, wobei x und y sich wiederum aus dem Zusammenhang ergeben müssen.

(7) λ x, y . (x + y)
beschreibt die Funktion, die zwei Zahlen addiert.

(8) λ a, b . (SQRT(a*a + b*b))
beschreibt die Funktion, die für ein rechtwinkliges Dreieck mit den Katheten a und b die Hypotenuse berechnet (Satz des Pythagoras)

Die Bezeichner hinter dem Lambda-Operator bezeichnen wir als "*formale Parameter*".

Wir können in der Definition von Lambda-Ausdrücken selber wieder Lambda-Ausdrücke verwenden, um z.B. Funktionen als Ergebnis zu erhalten.

6.1.2 Beispiele (Lambda-Ausdrücke)

(1) λ x . (λ y . (x + y))
beschreibt die Funktion, die für eine gegebene Zahl x die Funktion erzeugt, die zu einer gegebenen Zahl y den Wert x addiert.

(2) λ f, g . (λ x . (f(x) + g(x)))
beschreibt die Funktion, die zwei Funktionen komponentenweise addiert

(3) λ f, g . (λ x . (f(g(x))))
beschreibt die Komposition zweier Funktionen (vgl. hierzu 2.2.7)

Wir haben in 2.2.5 die in der Mathematik übliche Schreibweise zur Anwendung einer Funktion auf ein "Argument" kennengelernt: f(x) ist der Wert, der sich durch Anwendung der Funktion f auf das Argument x ergibt. Diese Schreibweise ist auch in vielen Programmiersprachen üblich (z.B in Fortran, Algol 60, Algol 68, PL/I, Pascal, Modula-2, C, Icon).

Im Rahmen der Lambda-Notation wird eine andere Schreibweise verwendet: die Funktion und das "*Argument*" werden nebeneinandergestellt, also "f x" statt "f(x)". Falls syntaktische Zweideutigkeiten zu befürchten sind, können Klammern um den Funktionsausdruck oder um das Argument gesetzt werden.

6.1.3 Beispiele (Anwendung von Lambda-Ausdrücken)

(1) λ x . (x + x) 3
ergibt den Wert 6.

(2) λ x, y . (x + y) 3 5
ergibt den Wert 8

(3) λ x . (λ y . (x + y)) 3
ergibt die Funktion, die zu einer reellen Zahl y den Wert 3 addiert.

(4) λ x . (λ y . (x + y)) 3 5
ergibt somit den Wert 8.

Der Vergleich von (2) und (4) im letzten Beispiel ist kein Zufall, sondern die Anwendung eines Satzes von Schönfinkel (1924): jede Anwendung einer zweistelligen Funktion kann durch zwei Anwendungen von einstelligen Funktionen ersetzt werden, wobei die Anwendung der ersten Funktion auf das erste Argument als Ergebnis eine Funktion hat, die auf das zweite Argument angewandt das Gesamt-Ergebnis liefert. Aus diesem Grunde kann man sich in theoretischen Betrachtungen über den Lambda-Kalkül auf Funktionen mit einem Argument beschränken. Für die Praxis der Programm-Entwicklung ist es allerdings günstig, Funktionen mit mehreren Argumenten zur Verfügung zu haben

Lambda-Ausdrücke sind Bindungs-Terme im Sinne von Definition 2.3.8. So wäre z.B.
λ x y . (SQRT(x^2+y^2))
als
[Lambda [x y] [SQRT[[x*x]+[y*y]]]]
zu schreiben.

Im folgenden Satz beschreiben wir die Umformungsmöglichkeiten von Lambda-Ausdrücken. Wenn wir die Lambda-Ausdrücke rein syntaktisch einführen, dienen diese Regeln als Grundlage zur Definition des Lambda-Kalküls (vgl. [Glas84]).

6.1.4 Satz (Umformungsregeln für Lambda-Ausdrücke)

$\alpha \equiv \beta$ bedeutet im folgenden, daß bei vorgegebenem Definitions- und Wertebereich α und β dieselbe Funktion definieren.

(1) *Substitutionsregel*:
Wenn $y \notin$ Frei(F), ist $\lambda\, x\, .\, (F) \equiv \lambda\, y\, .\, (\text{Subst}[x/y](F))$

(2) *Funktions-Applikation*
Wenn F den Lambda-Operator $\lambda\, x$ nicht enthält, ist $(\lambda\, x\, F)\, G \equiv \text{Subst}[x/G](F)$

(3) *Funktions-Abstraktion*
Wenn $x \notin$ Frei(F), ist $\lambda\, x\, .\, (F\, x) \equiv F$

(4) *Einsetzung*
Wenn $F \equiv G$, ist $\lambda\, x\, .\, F \equiv \lambda\, x\, .\, G$

6.1.5 Beispiel (Umformung von Lambda-Ausdrücken)

(a) $\lambda\, y\, .\, (x^2 + y^2)$; Subst[y/b]
$\equiv \lambda\, b\, .\, (x^2 + b^2)$

(b) $\lambda\, x\, .\, (\lambda\, y\, .\, (x^2 + y^2))$; Einsetzung (a)
$\equiv \lambda\, x\, .\, (\lambda\, b\, .\, (x^2 + b^2))$; Subst[x/a]
$\equiv \lambda\, a\, .\, (\lambda\, b\, .\, (a^2 + b^2))$

(c) $\lambda\, x\, .\, (\lambda\, y\, .\, (x^2 + y^2))\; 3\; 5$; Fu-Applikation
$\equiv \lambda\, y\, .\, (3^2 + y^2)$; Fu-Applikation
$\equiv 3^2 + 4^2$; Auswertung
$\equiv 25$

(d) $\lambda\, x\, (\sin x) \equiv \sin$; Fu-Abstraktion

6.2 Ablaufsteuerung in Programmiersprachen

In vielen prozeduralen Programmiersprachen (z.B. Fortran, Algol 60, Algol 68, Pascal, Modula-2) gibt es einen Datentyp BOOLEAN (z.T. anders bezeichnet) mit zwei Wahrheitswerten, der für die Kontrollstrukturen (Fallunterscheidung, Schleife) zuständig ist. D.h. der Test, ob eine gewisse Relation erfüllt ist, wird durch Anwendung einer (Booleschen) Funktion durchgeführt. In einigen anderen Programmiersprachen, in denen es keinen eigenständigen Booleschen Datentyp gibt, müssen Ausdrücke anderer Datentypen zur Ablaufsteuerung herhalten, vgl. hierzu folgende Beispiele

6.2.1 Beispiele (nicht-Boolesche Ablaufsteuerung)

Fortran II :
INTEGER oder REAL;
3-wertige Unterscheidung (wert < 0, wert = 0, wert > 0)

PL/I :
Bitketten;
'00...0'B entspricht FALSE,
sonstige Werte entsprechen TRUE

Cobol :
beliebiger Datentyp;
die relevanten Werte sind in der DATA DIVISION mit der Stufen-Nr. 88 festzulegen und entsprechen TRUE, alle anderen Werte entsprechen FALSE

C :
int;
0 entspricht FALSE, sonstige Werte entsprechen TRUE

Lisp:
Listen,
NIL entspricht FALSE, sonstige Werte entsprechen TRUE

In einigen wenigen prozeduralen Programmiersprachen, erfolgt die Ablaufsteuerung nicht durch Auswertung eines Booleschen Ausdrucks (oder Ausdruck in einem anderen Datentyp - s.o.), sondern es wird der Erfolg oder Mißerfolg ("Success" oder "Failure") einer Anweisung, Folge von Anweisungen oder Prozedur ausgewertet. Diese Sprachen haben auch jeweils die Kontrollstrukturen des Backtracking, d.h. es können Probleme formuliert werden, bei denen die Problemstellung - nicht aber der genaue Lösungsweg - formuliert werden. Zu diesen Sprachen gehören

- Prolog (seit etwa 1970)
- Snobol 4 (seit etwa 1970)
- Icon (seit etwa 1981)

Im folgenden steht etwa ein vollständiges Icon-Programm zum Kopieren einer Datei:

6.2.2 Beispiel (Ablaufsteuerung durch Erfolg/Mißerfolg)

```
procedure main()
# Icon-Programm zum Kopieren einer Datei
if eingabe := open("EINGABE.ICN", "r") &
   ausgabe := open("AUSGABE.TXT", "w") then {
   while zeile := read(eingabe) do
      write(ausgabe, zeile)
   close (eingabe)
   close (ausgabe)
   }
else
   write("Eingabedatei oder Ausgabedatei ",
         "konnte nicht eröffnet werden")
end # main
```

Hier dient etwa die Anweisung

```
zeile := read(eingabe)
```

nicht nur zum Lesen des nächsten Satzes in die Variable "zeile", sondern gleichzeitig zur Steuerung der while-Schleife, die solange läuft, wie das Lesen erfolgreich ist, d.h. in der Regel bis zum Datei-Ende. Der Mißerfolg einer Funktion vererbt sich, wenn eine Funktion als Argument einer anderen Funktion oder in einer Wertzuweisung auftritt. So vererbt sich - genau genommen - der Mißerfolg der Funktion "read" am Dateiende auf die Wertzuweisung und der Erfolg oder Mißerfolg der Wertzuweisung steuert die while-Schleife. Somit kann das Programm weiter verkürzt werden zu:

6.2.3 Beispiel (Vererbung von Erfolg/Mißerfolg)

```
procedure main()
# Icon-Programm zum Kopieren einer Datei
if eingabe := open("KOPIERE.ICN", "r") &
   ausgabe := open("AUSGABE.TXT", "w") then {
   while write(ausgabe, read(eingabe)) # Arbeitsschleife
   close (eingabe)
   close (ausgabe)
   }
else
   write("Eingabedatei oder Ausgabedatei ",
         "konnte nicht eröffnet werden")
end # main
```

Die while-Anweisung enthält hier keinen eigenen Körper mehr (der nach "do" zu stehen hat), sondern wird vollständig in der "Bedingung" abgearbeitet.

"Funktionen" sind hier also - wie auch in vielen anderen Fällen in der Programmierung - in Wirklichkeit partielle Funktionen. Der "Erfolg" eines Funktionsaufrufes ist die Existenz eines Ergebnisses.

Steuerung durch Erfolg oder Mißerfolg ist in gewisser Hinsicht *relational*, da festgestellt wird, ob "etwas geht", oder ob "es nicht geht". Steuerung durch Boolesche Ausdrücke dagegen ist *funktional*, da hier eine Funktion ausgewertet wird.

Im übrigen sind Elemente einer Ablaufsteuerung durch Erfolg/Mißerfolg etwa auch in Cobol oder PL/I vorhanden. Vergleichen Sie hierzu die folgenden Programm-Ausschnitte zur Datei-Verarbeitung:

6.2.4 Beispiel (Ablaufsteuerung durch Erfolg/Mißerfolg in Cobol und PL/I)

Cobol:

```
DATA DIVISION.
WORKING-STORAGE SECTION.
01  EOF-BIT          PICTURE IS 9.
88  NOCH-EIN-SATZ    VALUE 0.
88  EOF              VALUE 1.

 PROCEDURE DIVISION.
 TU-WAS.
 MOVE 0 TO EOF-BIT.
 PERFORM KOPIEREN UNTIL EOF.
     ...

 KOPIEREN.
 READ EINGABE-DATEI;
     AT END MOVE 1 TO EOF-BIT.
 IF NOCH-EIN-SATZ
     WRITE AUSGABE-DATEI FROM EINGABE-SATZ.
```

PL/I:

```
ON ENDFILE(EINGABE_DATEI)
   EOF_BIT = '1'B;

   ...

EOF_BIT = '0'B;
DO WHILE NOT EOF_BIT;
   READ FILE(EINGABE_DATEI) INTO(EINGABE_SATZ);
   IF NOT EOF_BIT THEN
      WRITE FILE(AUSGABE_DATEI) FROM(EINGABE_SATZ);
   END;
```

Die AT-END-Klausel in Cobol sowie die ON-ENDFILE-Bedingung in PL/I stellen eine Programmsteuerung durch Erfolg/Mißerfolg dar.

Im folgenden betrachten wir das Problem, daß bei der Programm-Ablauf-Steuerung neben den beiden logischen Werten TRUE und FALSE im Grunde ein weiterer Wert

"Abbruch" existiert. Wie wir verhindern können, daß dieser "Wert" unnötigerweise eintritt, dazu werden wir zwei neue Verknüpfungen der logischen Werte kennenlernen.

6.2.5 Beispiel (PROGRAM WatIs)

Was passiert in folgendem Pascal-Programm (Standard-Pascal, d.h. mit eingeschalteter Bereichs-Überprüfung) ?

```
PROGRAM WatIs
VAR feld   : ARRAY [1..10] OF CHAR;
    laenge : INTEGER;
    ind    : INTEGER;

BEGIN
FOR ind: = 1 TO 10 DO Read (feld [ind]);

ind: = 1;
WHILE (ind <= 10) AND (feld [ind] <> ' ') DO
   ind: = ind + 1;
laenge: = ind -1;
Write(laenge)
END.
```

<u>Antwort</u>:
Falls `ind > 10` wird, wird die Abfrage `feld[ind] <> ' '` zu einem Abbruch führen - obwohl wegen `(ind<=10)` = FALSE schon klar ist, daß das Resultat der Konjunktion unabhängig von der Ausführung der zweiten Abfrage den Wert FALSE haben wird. Bei der logischen Verknüpfung AND ist es aber (in Standard-Pascal) notwendig, daß beide Operanden ausgewertet werden.

Weitere Beispiele:

IF (y <> 0) AND (x/y < 10.0) ...

IF (y = 0) OR (x/y > 10.0) ...

Wie haben hier also 3 Werte für die Programmsteuerung:

0, 1, K (K = Katastrophe)

mit den in Abb. 6-1 angegebenen Verknüpfungstafeln.

AND	0	1	K
0	0	0	K
1	0	1	K
K	K	K	K

OR	0	1	K
0	0	0	K
1	1	1	K
K	K	K	K

NOT	
0	1
1	0
K	K

Abb. 6-1: Verknüpfungstafeln der Katastrophenlogik

Um die obigen Ausdrücke ohne unnötigen Zusatzaufwand korrekt darstellen zu können, definieren wir zwei zusätzliche Funktionen "CAND" und "COR" (=*conditional AND* und *conditional OR*), die in Abb. 6-2 eingeführt werden. Beachten Sie hierbei, daß CAND und COR nicht symmetrisch sind.

CAND	0	1	K
0	0	0	0
1	0	1	K
K	K	K	K

COR	0	1	K
0	0	1	K
1	1	1	1
K	K	K	K

Abb. 6-2: Verknüpfungstafeln für CAND und COR

<u>Genauer</u>:
Wenn bei CAND der erste Parameter FALSE ist, wird der zweite nicht mehr ausgewertet, sondern das Ergebnis auf FALSE gesetzt. Wenn bei COR der erste Parameter TRUE ist, wird der zweite nicht mehr ausgewertet, sondern das Ergebnis auf TRUE gesetzt.

In Modula-2 und C werden AND und OR implizit als CAND und COR verstanden. In Turbo-Pascal (ab Version 4) gilt das für die voreingestellte Compiler-Einstellung ebenfalls, allerdings kann der Compiler auch entsprechend der Pascal-Norm eingestellt werden.

Im Report der Sprache Algol 68 (vgl. [Wijn77] S. 131) sind die logischen Verknüpfungen AND und OR explizit durch die Konstruktion

op or = (**bool** a,b)**bool** : (a | **true** | b)
op and = (**bool** a,b)**bool** : (a | b | **false**)
op not = (**bool** a)**bool** : (a | **false** | **true**)

definiert; anders ausgedrückt:

```
a OR  b ::= IF a THEN TRUE  ELSE b
a AND b ::= IF a THEN b     ELSE FALSE
NOT a   ::= IF a THEN FALSE ELSE TRUE
```

Damit werden implizit **and** und **or** als CAND und COR eingeführt.

Die Kontrollstrukturen in Lisp sind ähnlich: In Lisp gibt es keine logischen Werte, sondern die Kontrolle erfolgt durch die sog. "Form" COND:

```
(COND (bedingung1 aktion1)
      (bedingung2 aktion2)
```

```
    .....
    (bedingung_n  aktion_n))
```

Dieses entspricht in etwa der Modula-Konstruktion

```
IF    bedingung1 THEN aktion1
ELSIF bedingung2 THEN aktion2
            .....
ELSIF bedingungn THEN aktionn
ENDIF
```

Einen ELSE-Teil bekommen wir in Lisp dadurch, daß wir als letzte Bedingung TRUE (in Lisp: T) einsetzen. COND ist eine sog. "Spezialform", die festlegt, daß die Argumente der Form nicht alle vorher ausgeführt werden, sondern erst jeweils nacheinander die Bedingungen und ggf. die erste Aktion, für die die entsprechende Bedingung erfüllt ist (d.h. einen Wert ≠ NIL hat). Daneben gibt es in Lisp Spezialformen für AND und OR, in denen diese Operatoren als CAND und COR aufgefaßt werden. Vergleichen Sie hierzu auch die Ausführungen in der folgenden Definition.

6.2.6 Definition (disjunktive und konjunktive Verknüpfungen)

In den beiden folgenden Kontrollstrukturen ist die *Steuerung* und die *Ausführung* von Aktionen zusammengefaßt: jede Anweisung (z.B. Lesen eines Satzes, Berechnung eines Wertes, Suchen eines Textes, Ausführung einer Compilation) kann mit Erfolg oder mit Mißerfolg enden.

Bei der "*konjunktiven Verknüpfung*" sind die Aktionen solange auszuführen, bis eine der Aktionen fehlschlägt oder alle Aktionen ausgeführt worden sind.

Bei der "*disjunktiven Verknüpfung*" wird solange versucht, eine Aktion auszuführen, bis eine Aktion erfolgreich beendet ist oder bis alle Aktionen in der Liste versucht worden sind.

Diese Kontrollstrukturen sind u.a. im Kommando-Interpreter des Betriebssystems BS/2 (englisch: OS/2) und in den Programmiersprachen Lisp und Icon implementiert.

6.2.7 Beispiel (Kommando-Interpreter des BS/2)

```
COPY C:PROG.PAS A:  &&  ERASE C:PROG.PAS

COBOL TEST  &&  LINK TEST,C:\COBOL\COBLIB  && TEST

COPY C:PROG.PAS A: || COPY C:PROG.PAS B: || ECHO Es ging nicht
```

Im der ersten Zeile wird die Datei PROG.PAS nur gelöscht, wenn sie vorher erfolgreich kopiert werden konnte.

In der zweiten Zeile wird nach einer Übersetzung eines Cobol-Programms das LINK-Programm aufgerufen (wenn die Übersetzung erfolgreich war) und anschließend das Programm ausgeführt (wenn das LINK-Programm auch erfolgreich war).

In Zeile 3 wird versucht, eine Datei auf das Laufwerk A: zu kopieren, wenn das nicht gelingt, auf das Laufwerk B:, und wenn das auch nicht gelingt, soll eine Meldung ausgegeben werden.

6.2.8 Beispiel (Icon-Programm)

```
procedure main()
# Icon-Programm zum Kopieren einer Datei
( eingabe := open("EINGABE.ICN", "r") &
  ausgabe := open("AUSGABE.TXT", "w") &
  ((while write(ausgabe, read(eingabe))) | &null) &
  close (eingabe & ausgabe) &
  write ("Datei EINGABE.TXT auf AUSGABE.TXT kopiert")) |
write ("Irgend ein Fehler ist aufgetreten")
end # main
```

Da die while-Anweisung definitionsgemäß nur mit Mißerfolg endet (vererbter Mißerfolg des Ausdrucks nach `while`) muß durch die Zuweisung von `&null` eine erfolgreiche Alternative angeboten werden.

6.2.9 Beispiel (Lisp-Programm)

```
; Programm zum Kopieren einer Datei in TLC-LISP

(de KOPIERE (EIN AUS)
  (setq SATZ (read EIN))
  (cond ((equal SATZ 'END-OF-FILE)  "Datei-Ende gefunden")
        ( t            (print SATZ AUS) (KOPIERE EIN AUS))
) )
```

```
(de KOP ()
  (or (and (file-exists "EINGABE.TXT")
           (not (file-exists "AUSGABE.TXT"))
           (setq EINGABE (open "EINGABE.TXT" 'READ))
           (setq AUSGABE (open "AUSGABE.TXT" 'WRITE))
           (KOPIERE EINGABE AUSGABE)
           (not (close EINGABE))
           (not (close AUSGABE))
           "EINGABE.TXT auf AUSGABE.TXT kopiert"
      )
      "Irgend ein Fehler ist aufgetreten"
))
```

Da in TLC-Lisp `close` bei erfolgreichem Schließen der Datei den Wert `nil` liefert, wird durch `(not (close datei))` die weitere Ausführung gewährleistet.

7. Prädikatenlogik

"Ich sehe niemanden auf der Straße", sagte Alice.
"Ich wünsche nur, ich hätte solche Augen", bemerkte der König in einem wehmütigen Ton. "In der Lage sein, Niemand zu sehen! Und das auf die Entfernung! Ja, es ist schon viel für mich, wenn ich die wirklichen Leute sehen kann, bei diesem Licht!"

(Lewis Caroll, Alice hinter den Spiegeln)

7.1 Klassenlogik

Im 3. Kapitel haben wir die Aussagenlogik betrachtet. Eine komplexe Aussage kann mit den Methoden der Aussagenlogik nur soweit reduziert werden, wie sie sich aus Einzelaussagen zusammensetzt, die für sich genommen nur jeweils den Wert FALSE oder TRUE haben können und die ggf. mit den Junktoren ($\wedge$, $\vee$, $\neg$, $\rightarrow$, $\leftrightarrow$) verknüpft werden.

Damit fallen Schlußweisen wie

Alle Pinguine sind Vögel
Alle Vogel haben Federn

Alle Pinguine haben Federn

oder

Einige Säugetier legen Eier
Alle Säugetiere sind Wirbeltiere

Einige Wirbeltiere legen Eier

nicht in den Bereich der Aussagenlogik. Die hier angegebenen und weitere Schlußweisen (die sog. "Syllogismen") wurden besonders in der Antike und im Mittelalter untersucht und mit Namen versehen. Wir können diese Syllogismen im Rahmen der Mengenlehre beschreiben. So werden die oben angegebenen Aussagen zu

Pinguine $\subseteq$ Vögel
Vögel $\subseteq$ Federvieh

Pinguine $\subseteq$ Federvieh

oder

Säugetiere $\cap$ Eierleger $\neq \emptyset$
Säugetiere $\subseteq$ Wirbeltiere

Wirbeltiere $\cap$ Eierleger $\neq \emptyset$

Die Theorie der Klassenlogik ist entscheidbar (die möglichen Aussagen der Klassenlogik lassen sich auf Aussagen der Boolschen Algebra zurückführen, die nach Kapitel 4.3 entscheidbar ist). Die Klassenlogik wird in der Literatur über Logik sehr selten dargestellt, da sie einerseits schwächer ist als die Prädikatenlogik, andererseits aber - im Gegensatz zur Aussagenlogik - beim Aufbau der Prädikatenlogik keine Rolle spielt.

In der jüngeren Literatur habe ich keine Betrachtung der Klassenlogik gefunden. Für eine weitere Beschäftigung kann [Hilb67] dienen.

Die Beschränktheit der Klassenlogik liegt darin, daß es dort zwar möglich ist, über die Existenz von Objekten zu reden und man auch gewisse All-Aussagen über Objekte machen kann; aber in jeder Aussage der Klassenlogik kann nur ein Objekt vorkommen. Damit sind Aussagen wie

"Für jede Krankheit gibt es ein Kraut, das dagegen hilft"

oder

"Zu zwei beliebigen Punkten gibt es jeweils genau eine Gerade, auf der beide Punkte liegen"

oder

"Für alle gelieferten Artikel gibt es einen Stammsatz."

nicht mit den Mitteln der Klassenlogik zu beschreiben.

7.2 Interpretationen der Prädikatenlogik

Die Einschränkungen der Klassenlogik können wir in der Prädikatenlogik überwinden. Es gibt mehrere Arten der Prädikatenlogik.

Zum einen unterscheiden wir

- *Prädikatenlogik 1. Ordnung*, wo es nur Elementarvariable gibt,
- *Prädikatenlogik höherer Ordnung*, wo es darüberhinaus *Variablen für Relationen* und ggf. *Variablen für Funktionen* gibt.

Eine weitere Unterscheidung betrifft die *Identität* als spezielle Relation. In einer Prädikatenlogik ohne Identität können wir allerdings ein Relationssymbol "$\equiv$" definieren, das die in 4.2.5 angegebenen Eigenschaften einer Kongruenzrelation - bezogen auf die in der Sprache definierten Funktionssymbole - hat.

Ein drittes Kriterium ist die Benutzung von *Funktionssymbolen*. Wie wir aus Kap. 2.2 wissen, können wir Funktionen als spezielle Relationen darstellen, wenn wir die Identität zur Verfügung haben. Andererseits können wir Funktionen verknüpfen, ohne daß wir Variable für die "Zwischenwerte" definieren müssen, was eine Reihe von terminologischen und algorithmischen Vorteilen bringt.

Die letzte Unterscheidung betrifft die Wertebereiche der Variablen. In einer "*Prädikatenlogik mit Sorten*" gehört jede Variable einer speziellen "Sorte" an (vergleichbar mit den Datentypen in Modula-2). Üblicherweise wird diese Einschränkung nicht gemacht; statt dessen werden die Sorten als einstellige Prädikate eingeführt.

Wir werden im folgenden eine
Prädikatenlogik 1. Ordnung mit
Identität,
Funktionssymbolen und
Sorten
einführen. Da wir eine spezielle Sorte "BOOLEAN" voraussetzen, können wir auf Relationssymbole verzichten und Relationen durch ihre charakteristische Funktion behandeln.

Wir beginnen mit einem kleinen Beispiel aus dem Grenzbereich von Geometrie und Graphentheorie. An diesem Beispiel können wir aufgrund seiner Größe und Darstellbarkeit auch komplexe Ausdrücke untersuchen. In 7.5.1 werden wir ein (verkürztes) Beispiel aus dem Datenbankbereich untersuchen.

7.2.1 Beispiel (Spezielle Symbole einer Prädikatenlogik)

Für unser Beispiel benötigen wir folgende speziellen Symbole:

- *Sorten:*
  Punkte, Geraden
- *Funktionssymbole:*
  Inzident : Punkte x Geraden ---> BOOLEAN
  Parallel : Geraden x Geraden ---> BOOLEAN

Inzident(p,g) soll interpretiert werden als "Der Punkt p liegt auf der Geraden g", während die Parallelität von Geraden eine Relation ist, die in den einzelnen Interpretationen jeweils eingeführt wird.

Die Angabe Geraden x Geraden ---> BOOLEAN nennen wir die *Signatur* eines Funktionssymbols. Die Signatur gibt an, welche Argumente eine konkrete Funktion in einem Modell annehmen kann und von welcher Sorte die Ergebnisse sind.

Eine Funktion F mit der Signatur F : S nennen wir eine "*Konstante*" (der Sorte S). Wir identifizieren also eine Funktion f : {∅} ---> S (d.h. eine Funktion ohne Argumente (vgl. in Modula-2 PROCEDURE f() : S) mit dem einzig möglichen Ergebnis dieser Funktion (f(∅); in Modula-2: f()).*)

7.2.2 Definition (allgemeine Symbole der Prädikatenlogik)

Neben speziellen Symbolen gibt es in der Prädikatenlogik grundsätzlich die folgenden allgemeinen Symbole:

- *Identität*:
  =
  Die Signatur der Identität ist mehrdeutig, nämlich sorte x sorte ---> BOOLEAN für jede Sorte der entsprechenden Sprache. Wir verwenden im folgenden die konventionelle Schreibweise $\alpha = \beta$ für $=(\alpha,\beta)$

- *Klammern*:
  ( )
  Klammern dienen zur Bindung der Argumente an ein Funktionssymbol.

- *Komma*:
  ,
  Das Komma dient zur Trennung der Argumente einer Funktion.

- *Aussagenlogik*:
  BOOLEAN,
  ∧ : BOOLEAN x BOOLEAN ---> BOOLEAN,
  ∨ : BOOLEAN x BOOLEAN ---> BOOLEAN,
  ¬ : BOOLEAN ---> BOOLEAN,
  →: BOOLEAN x BOOLEAN ---> BOOLEAN,
  ↔: BOOLEAN x BOOLEAN ---> BOOLEAN

Die Sorte BOOLEAN sowie die Booleschen Funktionen sind in der in Kap. 3 angegebenen Bedeutung zu verwenden und dienen der Verknüpfung von prädikatenlogischen Ausdrücken. Wir verwenden im folgenden die konventionelle

---

*) In Pascal sind Aufrufe von Funktionen ohne Argumente von Konstanten syntaktisch nicht zu unterscheiden. So ist sowohl in Turbo-Pascal als auch in Quick-Pascal die Kreiszahl Pi vordefiniert - in Turbo-Pascal als Konstante - in Quick-Pascal als Funktion ohne Argumente. Im Anweisungsteil gibt es syntatisch keinen Unterschied - in beiden Fällen ist z.B.

```
Umfang := 2 * Pi * Radius
```

zu schreiben, Andererseits ist eine Konstanten-Definition

```
CONST Erdradius = 20000 / Pi
```

in Turbo-Pascal möglich - in Quick-Pascal nicht.

Schreibweise $(\alpha \wedge \beta)$ für $\wedge(\alpha,\beta)$ usw., ggf. unter Weglassung einiger Klammern.

Weitere Symbole werden im folgenden Absatz im Rahmen der Quantoren eingeführt.

Um jetzt von der Syntax der Prädikatenlogik zur Semantik zu kommen, müssen wir definieren, was wir unter einer "*Interpretation*" für eine prädikatenlogische Sprache verstehen.

7.2.3 Definition (Interpretation einer prädikatenlogischen Sprache)

Eine Interpretation μ für eine prädikatenlogische Sprache besteht aus folgenden Angaben:

- für jede Sorte S gibt es eine Menge S_μ, genannt die "Domäne" für S;
- für jedes Funktionssymbol

  $F : S_0 \times S_1 \times \ldots \times S_{n-1} \dashrightarrow S_n$

  gibt es eine Funktion

  $F_\mu : (S_0)_\mu \times (S_1)_\mu \times \ldots \times (S_{n-1})_\mu \dashrightarrow (S_n)_\mu$

Eine Interpreation heißt "*normal*", wenn die Identität jeweils durch die Identität auf den Domänen abgebildet wird.

Wir geben im folgenden 5 Interpretationen für die in 7.2.1 angegebene Sprache an.

7.2.4 Beispiel (Interpretation 1)

Punkte ---> P1 ::= 5
Geraden---> G1 ::= $\{\{p1,p2\} \mid p1 \in P1,\ p2 \in P1\}$

Inzidenz---> I1 mit I1(p,g) ::= $p \in g$
Parallel ---> H1 mit H1({p1,p2},{q1,q2})
::= (p1+p2) MOD 5 = (q1+q2) MOD 5

Die Interpretation enthält 5 Punkte und alle Verbindungen von je zwei verschiedenen Punkten sowie Geraden, die aus einzelnen Punkten bestehen. Zwei Geraden sind parallel, wenn sie in der Skizze von Abbildung 7-1 dieselbe Richtung haben.

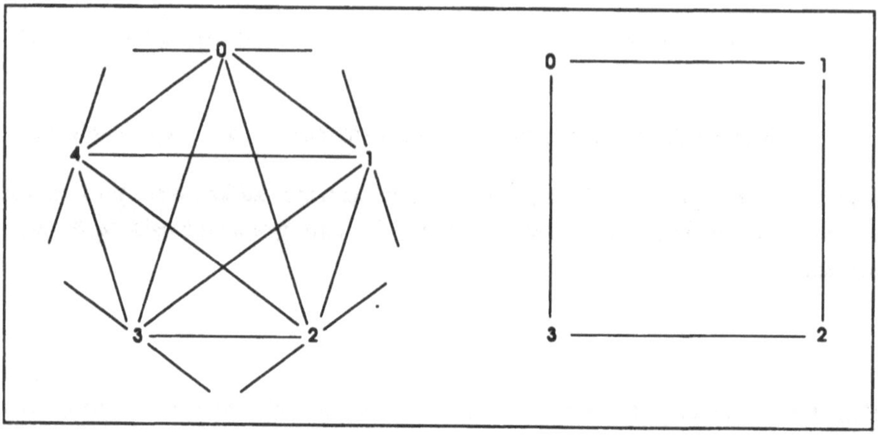

Abb. 7-1: Interpretationen 1 und 2

7.2.5 Beispiel (Interpretation 2)

Punkte ---> P2 ::= 4
Geraden ---> G2 ::= {{ p1,p2} |
p1,p2 ∈ P2, p2 = (p1+1) MOD 4}

Inzidenz ---> I2 mit I2(p,g) ::= p ∈ g
Parallel ---> H2 mit H2(g1,g2) ::= (g1 = g2 ∨ g1 ∩ g2 = ∅)

Die Interpretation enthält 4 Punkte und 4 Verbindungen - jedoch nicht die Diagonal-Verbindungen. Zwei Geraden sind parallel, wenn sie in der Skizze von Abbildung 7-1 dieselbe Richtung haben.

7.2.6 Beispiel (Interpretation 3)

Punkte ---> P_3 ::= 5
Geraden ---> G_3 ::= {{p1,p2} | p1∈ P_3, p2 ∈ P_3, p1≠p2}

Inzidenz ---> I_3 mit I_3(p,g) ::= p ∈ g
Parallel ---> H_3 mit H_3(g1,g2) ::= (g1 = g2 ∨ g1 ∩ g2 = ∅)

Die Interpretation enthält 5 Punkte und alle Verbindungen von je zwei verschiedenen Punkten. Zwei Geraden gelten als parallel, wenn sie identisch sind oder keinen Punkt gemeinsam haben.

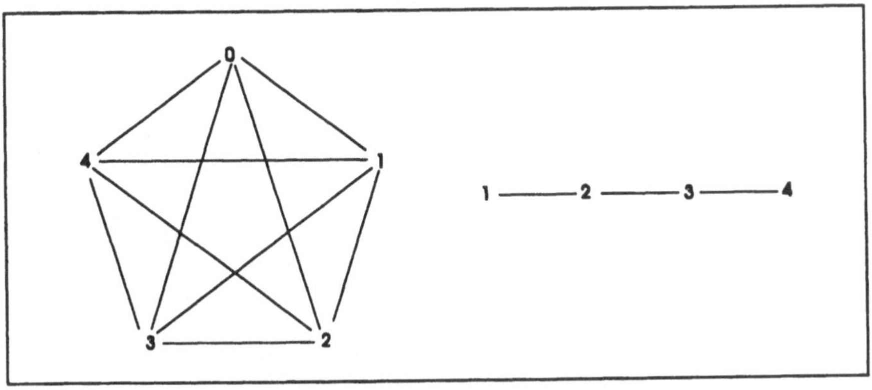

Abb. 7-2: Interpretationen 3 und 4

7.2.7 Beispiel (Interpretation 4)

Punkte ---> P_4 ::= 4
Geraden ---> G_4 ::= 1

Inzidenz ---> I_4 ::= TRUE
Parallel ---> H_4 ::= TRUE

Die Interpretation enthält 4 Punkte, die alle auf einer Geraden liegen.

7.2.8 Beispiel (Interpretation 5)

Punkte ---> P_5 ::= 4
Geraden ---> G_5 ::= $\{\{p1,p2\} \mid p1 \in P_5, p2 \in P_5, p1 \neq p2\}$

Inzidenz ---> I_5 mit $I_5(p,g)$ ::= $p \in g$
Parallel ---> H_5 mit $H_5(g1,g2)$ ::= $(g1 = g2 \vee g1 \cap g2 = \emptyset)$

Die Interpretation enthält 4 Punkte und alle Verbindungen von je zwei verschiedenen Punkten. Zwei Geraden gelten als parallel, wenn sie identisch sind oder keinen Punkt gemeinsam haben.

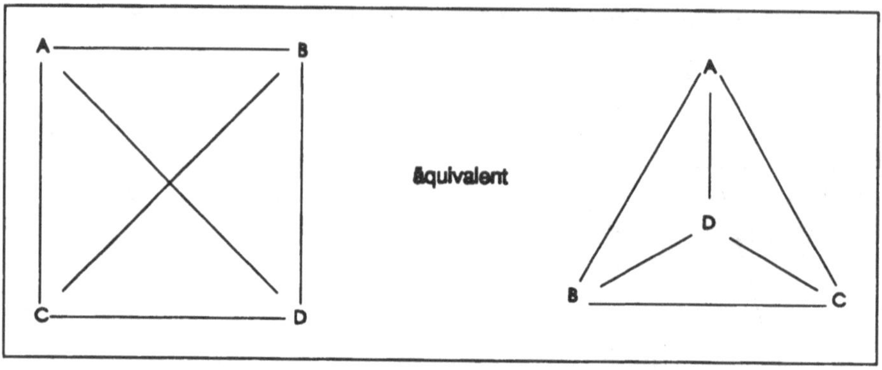

Abb. 7-3: unterschiedliche Darstellungen von Interpretation 5

Um Aussagen über prädikatenlogische Interpretationen machen zu können, benötigen wir neben den in 7.2.1 und 7.2.2 eingeführten Symbolen "*prädikatenlogische Variable*". Jede Variable gehört eine bestimmten Sorte an.

Die zu einer prädikatenlogischen Sprache über einer Menge von Variablen zu bildenden Terme gehören auch jeweils einer Sorte an. Die Mengen der Terme definieren wir rekursiv.

7.2.9 Definition (prädikatenlogische Terme)

Zu einer gegebenen prädikatenlogischen Sprache L und einer Variablenmenge V definieren wir die Mengen der Terme zu dieser Sprache und diesen Variablensymbolen wie folgt:

- Eine *Variable* $x \in V$ zur Sorte S ist ein *Term* x zur Sorte S.
- Wenn $F : S_0 \times ... \times S_{n-1} \text{--->} S_n$ ein *Funktionssymbol* ist und für $i \in n$ jeweils t_i ein Term der Sorte S_i ist, dann ist $F(t_0,...,t_{n-1})$ ein Term der Sorte S_n.

Als Spezialfall der 2. Regel ist eine Konstante der Signatur S ein Term der Signatur S.

Um einen Term in einer Interpretation "auswerten" zu können, benötigen wir neben einer Interpretation auch eine "Umgebung" der Interpretation.

7.2.10 Definition (Umgebung)

Eine "*Umgebung*" für eine Interpretation μ besteht aus einer Menge von Variablen und einer Funktion, die jeder Variablen x der Sorte S eine Element der Domäne S_μ

zuordnet. Hierbei ist zu beachten, daß für eine Domäne $S_\mu = \emptyset$ keine Variable der Sorte S existieren darf.

Für die Interpretation 1 könnte z.B. folgende Umgebung env gegeben sein:

p ---> 4; p1 ---> 3; p2 ---> 0
g ---> {4}; g1 ---> {1,4} g2 ---> {2,4}.

Wenn wir jetzt einen Term t der Sorte S haben, der nur Variablen aus dieser Umgebung (nicht notwendigerweise alle) enthält, können wir entsprechend der Definition 7.2.11 für diesen Term den Wert wert(μ, env, t) bestimmen.

So ist
wert(Interpretation1, env, Inzident(p,g)) = TRUE
wert(Interpretation1, env, Parallel(g1,g2)) = FALSE
wert(Interpretation1, env,
(Inzident(p,g1) $\wedge$ Inzident(p,g2))) = TRUE

7.2.11 Definition (Term-Bewertung in einer Umgebung)

Für eine Interpretation μ und eine Umgebung env ist

wert(μ,env,x) ::= env(x) für eine Variable x

wert(μ,env,F(t_0,...,t_{n-1}))

::= Fμ(wert(μ,env,t_0),...,wert(μ,env,t_{n-1}))

Interpretationen können in einer Programmiersprache als Modul dargestellt werden: Im folgenden ist die Interpretation 1 als Modul in Modula-2 und in Lisp dargestellt. Eine Umgebung wird hergestellt durch Wertzuweisungen bzw. Bindungen an die entsprechenden Variablen. In dieser Darstellung entspricht das Modula-2-Programm der Prädikatenlogik mit Sorten, während Lisp einer sortenfreien Prädikatenlogik entspricht. (Wir können in Lisp Werte an die Variablen binden, die nicht der der Sorte entsprechenden Domäne angehören, was in Modula-2 aus syntaktischen Gründen nicht möglich ist).

7.2.12 Beispiel (Interpretation 1 in Modula-2)

```
DEFINITION MODULE Geometrie;
(* Interpretation für eine endliche Geometrie *)

TYPE Punkte  = (P0, P1, P2, P3, P4);
     Geraden = (G00, G11, G22, G33, G44,
                G01, G12, G23, G34, G40,
                G02, G13, G24, G30, G41);

PROCEDURE WritePunkt  (p : Punkte);
PROCEDURE WriteGerade (g : Geraden);
PROCEDURE WriteBool   (b : BOOLEAN);

PROCEDURE Inzident (p : Punkte; g : Geraden)   : BOOLEAN;
PROCEDURE Parallel (g1, g2 : Geraden)          : BOOLEAN;
END Geometrie.


IMPLEMENTATION MODULE Geometrie;
(* Interpretation einer Geometrie mit fünf Punkten *)
FROM InOut   IMPORT Write, WriteCard, WriteString;

TYPE Strecke = RECORD von, bis : Punkte END;

VAR  GerStrecke  : ARRAY Geraden OF Strecke;

PROCEDURE WritePunkt  (p : Punkte);
   BEGIN WriteCard(ORD(p),1) END WritePunkt;
```

```
PROCEDURE WriteGerade (g : Geraden);
   BEGIN
   WriteCard(ORD(GerStrecke[g].von),1);
   WriteCard(ORD(GerStrecke[g].bis),1)
   END WriteGerade;

PROCEDURE WriteBool (b : BOOLEAN);
   BEGIN
   IF b THEN WriteString('TRUE') ELSE WriteString('FALSE') END
   END WriteBool;

PROCEDURE Inzident (p : Punkte; g : Geraden)  : BOOLEAN;
   BEGIN
   RETURN (p = GerStrecke[g].von) OR (p = GerStrecke[g].bis)
   END Inzident;

PROCEDURE Parallel (g1, g2 : Geraden) : BOOLEAN;
   BEGIN
   RETURN (ORD(GerStrecke[g1].von) + ORD(GerStrecke[g1].bis))
              MOD 5
        = (ORD(GerStrecke[g2].von) + ORD(GerStrecke[g2].bis))
              MOD 5
   END Parallel;

BEGIN
(* Initialisierung der Geometrie *)
   WITH GerStrecke[G00] DO von := P0; bis := P0 END;
   WITH GerStrecke[G11] DO von := P1; bis := P1 END;
   WITH GerStrecke[G22] DO von := P2; bis := P2 END;
   WITH GerStrecke[G33] DO von := P3; bis := P3 END;
   WITH GerStrecke[G44] DO von := P4; bis := P4 END;
   WITH GerStrecke[G01] DO von := P0; bis := P1 END;
   WITH GerStrecke[G12] DO von := P1; bis := P2 END;
   WITH GerStrecke[G23] DO von := P2; bis := P3 END;
   WITH GerStrecke[G34] DO von := P3; bis := P4 END;
   WITH GerStrecke[G40] DO von := P4; bis := P0 END;
   WITH GerStrecke[G02] DO von := P0; bis := P2 END;
   WITH GerStrecke[G13] DO von := P1; bis := P3 END;
   WITH GerStrecke[G24] DO von := P2; bis := P4 END;
   WITH GerStrecke[G30] DO von := P3; bis := P0 END;
   WITH GerStrecke[G41] DO von := P4; bis := P1 END;
END Geometrie.
```

7.2.13 Beispiel (Umgebung und Abfragen in Modula-2)

```
MODULE GeoTest1;
FROM InOut     IMPORT WriteLn;
FROM Geometrie IMPORT Punkte, Geraden, Inzident, Parallel,
                      WriteBool;
```

```
VAR p, p1, p2  : Punkte;
    g, g1, g2  : Geraden;

BEGIN
(* Herstellung einer Umgebung *)
   p := P4;  p1 := P3;  p2 := P0;
   g := G44; g1 := G41; g2 := G24;

(* Einige Abfragen *)
   WriteBool (Inzident(p,g));      WriteLn;
   WriteBool (Parallel(g1,g2)); WriteLn;
   WriteBool (Inzident(p,g1) AND Inzident(p,g2))
END GeoTest1.
```

Ein entsprechendes Beispiel für Lisp ist im Anhang C.

Einen Term der Sorte BOOLEAN nennen wir ein "Prädikat". Für ein Prädikat können wir fragen, welche Belegungen der Variablenmenge zu dem Wert TRUE führen. Die Menge der Belegungen mit dem Wert TRUE ist die durch das Prädikat in der Interpretation induzierte Relation.

So induziert das Prädikat

(Inzident(p,g1) ∧ Inzident(p,g2)

die Relation aller sich schneidenden Geraden mit ihrem Schnittpunkt.

7.3 Einführung von Quantoren

Bisher haben wir nur solche Aussagen beschrieben, die sich auf (durch die Umgebung) vorgegebene Werte beziehen.

Um aber z.B. zu wissen, ob zwei Geraden g1 und g2 sich schneiden, müssen wir bei einer endlichen Geometrie mit den Punkten {0, 1, 2, 3} die folgende Abfrage stellen:

(Inzident(0,g1) ∧ Inzident(0,g2))
∨ (Inzident(1,g1) ∧ Inzident(1,g2))
∨ (Inzident(2,g1) ∧ Inzident(2,g2))
∨ (Inzident(3,g1) ∧ Inzident(3,g2))

Diese Form der Abfrage hat einige Nachteile:

- Die Formulierung des Terms ist abhängig von der Interpretation, da für n Punkte n Terme mit ∨ zu verknüpfen sind.

- Der Term kann sehr groß werden und ist für unendliche Domänen nicht anwendbar.

Als Lösung dieses Problems führen wir den Existenz-Quantor ein, so daß - unabhängig von der Interpretation - die Abfrage jetzt lautet:

(**Ex** p : Punkte | (Inzident(p,g1) $\wedge$ Inzident(p,g2))

Neben dem Existenz-Quantor **Ex** führen wir noch den All-Quantor **All** ein. Ausdrücke mit Quantoren sind Bindungs-Terme im Sinne von Definition 2.3.8; die dort gemachten Aussagen über die Umbenennung von Variablen haben somit für Quantoren Gültigkeit.

Zur Bestimmung des Wertes eines Termes (**Ex** x : D | t) bezogen auf eine Interpretation μ und eine Umgebung env müssen wir die Umgebungen env' betrachten, die sich von env höchstens in dem Wert von x unterscheiden.

Für eine Funktion f : A ---> B und a $\in$ A, b $\in$ B ist f[a/b] : A ---> B die Funktion mit

$$f[a/b](x) ::= \begin{cases} b & \text{falls } x = a \\ f(x) & \text{falls } x \neq a \end{cases}$$

Somit können wir die Bewertungen eines quantifizierten Termes entsprechend der folgenden Definition bestimmen.

7.3.1 Definition (Bewertung eines quantifizierten Terms)

Für eine Interpretation μ und eine Umgebung env und einen Term t ist

wert((**Ex** x : D | t), μ, env) ::=
TRUE, falls es ein b $\in$ D gibt, so daß wert(t,μ,env[x/b]) = TRUE,
FALSE sonst

wert((**All** x : D | t), μ, env) ::=
TRUE, falls für alle b $\in$ D wert(t,μ,env[x/b]) = TRUE,
FALSE sonst

Eine alternative Definition bekommen wir unter Verwendung der Max- und Min-Funktionen:

7.3.2 Definition (Bewertung eines quantifizierten Terms)

Für eine Interpretation μ und eine Umgebung env und einen Term t ist

$$\text{wert}((\textbf{Ex}\ x : D \mid t), \mu, \text{env}) ::= \underset{b \in D}{\text{Max}}(\text{wert}(t,\mu,\text{env}[x/b]))$$

$$\text{wert}((\textbf{All } x : D \mid t), \mu, env) ::= \underset{b \in D}{\text{Min}}(\text{wert}(t,\mu,env[x/b]))$$

Zwei prädikatenlogische Terme t_1 und t_2 sind äquivalent - in Zeichen $t_1 \equiv t_2$ - wenn *für jede Interpretation* μ *und jede Umgebung env* gilt
$\text{wert}(t_1, \mu, env) = \text{wert}(t_2, \mu, env)$.

Aus den obigen Definitionen erhalten wir die de-Morganschen Gesetze für Quantoren:

7.3.3 Satz (de-Morgansche Gesetze für Quantoren)

$$(\neg(\textbf{Ex } x : D \mid t)) \equiv (\textbf{All } x : D \mid \neg t)$$

$$(\neg(\textbf{All } x : D \mid t)) \equiv (\textbf{Ex } x : D \mid \neg t)$$

<u>Beweis</u>:
Sei eine Interpretation μ und eine Umgebung env gegeben

Wenn wert(($\neg$(**Ex** x : D | t)),μ,env) = TRUE, dann ist als Negation davon wert((**Ex** x : D | t),μ,env) = FALSE, d.h. es gibt kein b $\in$ D mit wert(t,μ,env[x/b]) = TRUE und somit ist für alle b $\in$ D wert(t,μ,env[x/b]) $\neq$ TRUE, wegen der Zweiwertigkeit der Logik also FALSE; somit ist für alle b $\in$ D wert($\neg$t,μ,env[x/b]) = TRUE und daher wert((**All** x : D | $\neg$t)),μ,env) = TRUE.

Wenn wert(($\neg$(**Ex** x : D | t)),μ,env) = FALSE, dann ist als Negation davon wert((Ex x : D | t),μ,env) = TRUE, d.h. es gibt ein b $\in$ D mit wert(t,μ,env[x/b]) = TRUE und somit ist nicht für alle b $\in$ D wert(t,μ,env[x/b]) = FALSE also nicht für alle b $\in$ D wert($\neg$t,μ,env[x/b]) = TRUE und daher wert((**All** x : D | $\neg$t)),μ,env) = FALSE.

Die zweite Aussage ergibt sich unmittelbar wegen

$$\begin{aligned} & (\neg(\textbf{All } x : D \mid t)) \\ \equiv\ & (\neg(\neg(\textbf{Ex } x : D \mid \neg t))) \\ \equiv\ & (\textbf{Ex } x : D \mid \neg t) \end{aligned}$$

Ω

Im Falle von endlichen Definitionsbereichen können wir die Wirkung des Ex-Quantors und de All-Quantors durch eine Modula-2-Prozedur nachmachen - allerdings können wir keinen Term als Parameter an eine Prozedur übergeben. Stattdessen übergeben wir eine Funktion, die durch einen Term definiert ist, der von der Umgebung abhängt. Um die Umgebung für den Aufruf nicht zu zerstören, müssen wir die quantifizierte Variable jeweils bei Eintritt in die Prozedur retten und am Ende auf den alten Wert setzen. Außerdem gehen wir davon aus, daß der Bereich für die Variablne ein aufzählbarer

Datentyp mit maximal 255 Elementen ist, das Byte-Äquivalent des größten Elementes ist als Parameter zu übergeben.

Wir können die Verarbeitung dabei ggf. abkürzen, wenn im Falle des Existenz-Quantors ein Beispiel oder im Fall des All-Quantors ein Gegenbeispiel gefunden wird.

7.3.4 Beispiel (Quantoren in Modula-2)

```
DEFINITION MODULE Quantor;
FROM SYSTEM IMPORT BYTE;

TYPE BoolFunction = PROCEDURE () : BOOLEAN;

PROCEDURE All   (VAR var       : BYTE;
                     maxvar    : BYTE;
                     bedingung : BoolFunction) : BOOLEAN;
PROCEDURE Ex    (VAR var       : BYTE;
                     maxvar    : BYTE;
                     bedingung : BoolFunction) : BOOLEAN;
END Quantor.

IMPLEMENTATION MODULE Quantor;
FROM SYSTEM IMPORT BYTE;

PROCEDURE All   (VAR var       : BYTE;
                     maxvar    : BYTE;
                     bedingung : BoolFunction) : BOOLEAN;
   VAR ergebnis  : BOOLEAN;
       sicherung : BYTE;
   BEGIN
   sicherung := var;
   var := MIN(BYTE);
   WHILE (var <= maxvar) AND bedingung() DO INC(var) END;
   ergebnis := (var > maxvar);
   var := sicherung;
   RETURN ergebnis
   END All;
```

```
PROCEDURE Ex (VAR var       : BYTE;
                  maxvar    : BYTE;
                  bedingung : BoolFunction) : BOOLEAN;
   VAR ergebnis  : BOOLEAN;
       sicherung : BYTE;
   BEGIN
   sicherung := var;
   var := MIN(BYTE);
   WHILE (var <= maxvar) AND NOT bedingung() DO INC(var) END;
   ergebnis := (var <= maxvar);
   var := sicherung;
   RETURN ergebnis
   END Ex;
END Quantor.
```

In Programmiersprachen, die Parameterübergabe durch Terme ("Call by Name") ermöglichen (wie Algol 60 oder Algol 68 oder Lisp), können wir Ausdrücke als Parameter übergeben, die nicht vor Eintritt in die Prozedur ausgewertet werden (wie bei "Call by Value"), sondern jeweils erst bei der Benutzung in der Prozedur, wobei eine Änderung der Umgebung sich auf die Auswertung auswirkt. Wir stellen im folgenden die Quantoren **Ex** und **All** als Lisp-Funktionen dar.

7.3.5 Beispiel (Quantoren in Lisp)

```
; logische Quantoren
; Zur Vermeidung von Seiteneffekten wird var gesichert und am Ende
; auf den alten Wert zurückgesetzt bzw. entbunden

(de ALL (VAR DOMAENE FUNKTION)
 (let ((VAR-GEBUNDEN (boundp VAR)))
   (cond (VAR-GEBUNDEN (setq SICHERUNG (eval VAR))))
   (setq ERGEBNIS
         (do ((DOM   DOMAENE (cdr DOM))
              (DUMMY (set VAR (car DOMAENE))
                     (set VAR (cadr DOM))
              )
             )
             (((null DOM) t)
              ((not (eval FUNKTION)) nil)
             )
         )
   )
   (cond (VAR-GEBUNDEN (set VAR SICHERUNG))
         (t (set VAR (UNBOUND)))
   )
   ERGEBNIS
 )
)
```

```
(de EX (VAR DOMAENE FUNKTION)
 (let ((VAR-GEBUNDEN (boundp VAR)))
   (cond (VAR-GEBUNDEN (setq SICHERUNG (eval VAR))))
    (setq ERGEBNIS
         (do ((DOM   DOMAENE (cdr DOM))
              (DUMMY (set VAR (car DOMAENE))
                     (set VAR (cadr DOM))
              )
             )
             (((null DOM) nil)
              ((eval FUNKTION) t)
             )
         )
    )
   (cond (VAR-GEBUNDEN (set VAR SICHERUNG))
         (t (set VAR (UNBOUND)))
   )
   ERGEBNIS
 )
)
```

Mit diesen Quantoren können wir zum Beispiel fragen, ob es in Interpretation 1 einen Punkt p gibt, der mit den an die Variablen g1 und g2 gebundenen Geraden inzidiert:

(Ex p : Punkte | Inzident(p,g1) $\wedge$ Inzident(p,g2))
(Antwort: TRUE)

Oder: gilt für alle Geraden g, daß p1 nicht mit g inzidiert?

(All g : Gerade | Inzident(p,g))
(Antwort: FALSE)

Diese Abfragen können entsprechend in Modula-2 oder Lisp formuliert werden:

7.3.6 Beispiel (Abfragen in Modula-2)

```
MODULE GeoTest;
FROM Geometrie
   IMPORT Punkte, Geraden, Inzident, Parallel, WriteBool;
FROM Quantor IMPORT All, Ex;
FROM InOut   IMPORT WriteLn;

VAR p, p1, p2  : Punkte;
    g, g1, g2  : Geraden;

PROCEDURE InzPG1G2 (): BOOLEAN;
   BEGIN RETURN Inzident(p,g1) AND Inzident(p,g2) END InzPG1G2;
```

```
PROCEDURE InzPG (): BOOLEAN;
   BEGIN RETURN Inzident(p,g) END InzPG;

BEGIN
(* Herstellung einer Umgebung *)
   p := P4;  p1 := P3;  p2 := P0;
   g := G44; g1 := G41; g2 := G24;

(* Einige Abfragen *)
   WriteBool (Ex (p, MAX(Punkte), InzPG1G2)); WriteLn;
   WriteBool (All (g, MAX(Geraden), InzPG));  WriteLn;
END GeoTest.
```

7.3.7 Beispiel (Abfragen in Lisp)

```
; Herstellung der Umgebung
  (SETQ p  4)    (SETQ p1 3)    (SETQ p2 0)
  (SETQ g  'G44) (SETQ g1 'G41) (SETQ g2 'G24)

; Einige Abfragen
  (DE f4 () (Ex 'p Punkte
                '(AND (Inzident p g1) (Inzident p g2))))
  (DE f5 () (All 'g Geraden '(Inzident p g)))
```

Als sprachlichen Mißbrauch lassen wir zu, daß bei Vorgabe einer bestimmten Interpretation die Elemente dieser Interpretation als weitere Konstanten benutzt werden.

Ein quantifizierter Ausdruck hängt grundsätzlich nur von dem Wert der freien Variablen in der Umgebung ab, nicht aber von dem Wert der durch den Quantor gebundenen Variablen. Dieses sehen wir auch in der Modula-2-Implementierung, wo die durch den Quantor gebundene Variable zu Beginn der Prozedur gesichert wird, während für die Berechnung des Wahrheitswertes die gebundene Variable als Laufvariable benutzt wird.

So hat im Bereich der natürlichen Zahlen der Wert von
(All x : Nat | x + 3 > y)
für y < 3 und beliebige x immer den Wert TRUE, für y ≥ 3 und beliebige x immer den Wert FALSE.

Insbesondere hängt ein Term ohne freie Variablen nicht mehr von der Umgebung, sondern nur noch von der Interpretation ab. Hier schreiben wir dann
wert(t,μ) für wert(t,μ,env).

Entsprechend der Begriffsbildung im 3. Kapitel steht
$\mu \models t$ für wert(t,μ) = TRUE.

Die Interpretation der natürlichen Zahlen mit den entsprechenden Funktionssysmbolen (0, 1, +, −, *, /, ≤) bezeichnen wir als "*Arithmetik*".

7.4 Kurzschreibweisen für zusammengesetzte Quantoren

Wenn in einem Term nacheinander zwei verschiedene Variablen mit dem Quantor Ex (oder beide mit dem Quantor **All**) gebunden werden, so kommt bei Vertauschung der Variablen für jede Interpretation und jede Belegung derselbe Wahrheitswert heraus.

So ist z.B.

(**Ex** x : Nat | (**Ex** y : Real | (x < z) ∧ (z < y))

dasselbe wie

(**Ex** y : Real | (**Ex** x : Nat | (x < z) ∧ (z < y))

unabhängig von der Bedeutung der Bezeichner Nat, Real und <.

Aufgrund dieser Vertauschbarkeit führen wir folgende Schreibweise ein:

(**All** $x_1 : D_1; x_2 : D_2$ | t)

steht für

(**All** $x_1 : D_1$ | (**All** $x_2 : D_2$ | t))

Weiterhin steht bei identischen Sorten

(**All** x_1, x_2 : D | t)

für

(**All** x_1 : D; x_2 : D | t)

Diese Schreibweisen gelten entsprechend für **Ex** und für mehr als zwei Bindungen.

Es ist allerdings zu beachten, daß Bindungen mit verschiedenen Quantoren nicht unbedingt vertauscht werden können. So ist in der Interpretation der natürlichen Zahlen die Aussage

(**All** x : Nat | (**Ex** y : Nat | x < y))

erfüllt ("zu jeder natürlichen Zahl x gibt es eine größere Zahl y"). Die Vertauschung ergibt

(**Ex** y : Nat | (**All** x : Nat | x < y))

("Es gibt eine Zahl y, die größer ist als jede Zahl x"). Diese Aussage ist dagegen nicht erfüllt.

In diesem Zusammenhang können wir nur eine Abschwächung zeigen: für jede Interpretation μ und jede Umgebung env ist

wert((**Ex** y : Y | (**All** x : X | t)), μ, env) ≤ wert((**All** x : X | (**Ex** y : Y | t)), μ, env) und somit ist

(Ex y : Y | **(All** x : X | t)) → **(All** x : X | **(Ex** y : Y | t))

eine Tautologie.

Umgangssprachlich können wir das fassen als "Wenn es ein Allzweckmittel gibt, dann gibt es für alle Zwecke ein Mittel". Aber die umgekehrte Aussage "Wenn es für alle Zwecke ein Mittel gibt, dann gibt es auch ein Allzweckmittel" ist falsch.

Wegen des de-Morganschen Gesetzes für Quantoren (vgl. 7.3.3) können wir **All** durch **Ex** ausdrücken (und umgekehrt) und somit im Prinzip mit nur einem Quantor auskommen. Andererseits werden die Terme verständlicher, wenn wir explizit verschiedene Quantoren verwenden. Daher führen wir neben den Quantoren **Ex** und **All** zusätzlich weitere Quantoren ein: **Unique** ("es gibt höchstens ein") und **One** ("es gibt genau ein").

So ist zum Beispiel

(Unique g : Geraden | Parallel(h,g) ∧ Inzident(p,g))

äquivalent zu

(All g_1, g_2 : Geraden |

(Parallel(h,g_1) ∧ Inzident(p,g_1) ∧ Parallel(h,g_2) ∧ Inzident(p,g_2)) → $g_1 = g_2$)

Im allgemeinen Fall ist

(Unique x : D | t)

äquivalent zu

(All x_1, x_2 : D | (Subst[x/x_1](t) ∧ Subst[x/x_2](t)) → $x_1 = x_2$),

wobei t keinen Quantor **All** x oder **Ex** x enthalten darf.

Im endlichen Fall können wir **Unique** ohne Bezug auf andere Quantoren definieren: die Elemente, die die Bedingung erfüllen, werden gezählt, wobei die Zählung bei 2 abgebrochen werden kann, da dann das Ergebnis klar ist: TRUE, wenn die Zählung 0 oder 1 ergibt und FALSE, wenn mindestens zwei Elemente gezählt wurden.

Mögliche Abfragen wären z.B. "Gibt es höchstens eine Gerade, die p1 und p2 enthält?":

(Unique g : Gerade |

Inzident(p1,g) ∧ Inzident(p2,g))

Der Quantor **One** schließlich ist eine Zusammenfassung von **Ex** und **Unique**:

(One x : D | t)

wird definiert durch

(Ex x : D | t) ∧ **(Unique** x : D | t).

One und **Unique** können für mehr als eine Variable erweitert werden.

So ist
(**Unique** x : X; y : Y | t)
äquivalent zu
(**All** x_1, x_2 : X; y_1, y_2 : Y |
(Subst[x/x_1;y/y_1](t) ∧ Subst[x/x_2;y/y_2](t)) → ($x_1 = x_2 \wedge y_1 = y_2$)),
unter der Voraussetzung, daß t keinen Quantor **All** x_1, **All** x_2, **Ex** x_1 und **Ex** x_2 enthält.

und
(**One** x : X; y : Y | t)
ist äquivalent zu
(**Ex** x : X; y : Y | t) ∧ (**Unique** x : X; y : Y | t)

Dieses kann ohne weiteres auf mehr als zwei Variablen erweitert werden. Die Abkürzung x,y : D für x : D; y : D gilt entsprechend.

So bedeutet
(**Unique** x,y : Nat | x + y = 0)
in der Interpretation der natürlichen Zahlen: es gibt höchstens ein Paar natürlicher Zahlen x,y mit x + y = 0.

Es ist allerdings zu beachten, daß diese beiden Quantoren *nicht* vertauschbar sind. Der obige Term
(**Unique** x,y : Nat | x + y = 0)
ist nicht äquivalent zu
(**Unique** x : Nat | (**Unique** y : Nat | x + y = 0))
Die zweite Aussage ist im Bereich der natürlichen Zahlen nicht erfüllt, da der Teilterm (**Unique** y : Nat | x + y = 0) für alle x erfüllt ist und somit die Gesamtaussage falsch ist.

Eine Aussage mit dem Eindeutigkeitsquantor **Unique** kann benutzt werden, wenn eine Relation als *partielle Funktion* zu charakterisieren ist; systemanalytisch: wenn es sich um eine n:1-Relation handelt. Durch **One** werden *Funktionen* charakterisiert.

Ein Schlüssel in einer Relation (im Sinne des relationalenrelationales Datenbankmodells) muß einen Term mit einem **Unique**-Quantor erfüllen.

Beachten Sie, daß
wert((**One** x : D | t), μ, env) = FALSE
zwei mögliche Ursachen haben kann: Es gibt kein Element, das t erfüllt, oder es gibt mehrere Elemente.

7.5 Fallbeispiele

7.5.1 Stundenplan

Im folgenden betrachten wir das in Kapitel 3 eingeführte Interpretation "Stundenplan". Die Domänen werden dabei zum Teil durch Bezeichner für Datentypen beschrieben, die sich an die Notation von Modula-2 halten. "ENTITIES" bezeichne Mengen ohne spezielle Angabe ihrer Elemente - diese Elemente ergeben sich durch die tatsächlich gespeicherten Werte.

a) Deklaration des Modells

```
DOMAINS
   Wochentage = {Montag, Dienstag, Mittwoch,
                 Donnnerstag, Freitag,
                 Sonnabend, Sonntag};
   Zeiten     = 24 x 60;
   Semester   = {1..6};

ENTITIES
   Unterrichtsblöcke,
   Räume,
   Dozenten,
   Unterrichtsgruppen,
   Fächer;

RELATIONS
   StuPla : Wochentage x
            Unterrichtsblöcke x
            Räume x
            Dozenten x
            Unterrichtsgruppen x
            Fächer;

FUNCTIONS
   Anfang : Unterrichtsblöcke ---> Zeiten
   Ende   : Unterrichtsblöcke ---> Zeiten

   Raumnummer : Räume ---> STRING(4)
   Kapazitaet : Räume ---> CARDINAL

   Doz_Name    : Dozenten ---> STRING
   Doz_Kuerzel : Dozenten ---> STRING(3)

   UG_Bezeichnung : Unterrichtsgruppen---> STRING(6)
   UG_Semester    : Unterrichtsgruppen---> Semester
   UG_Anzahl      : Unterrichtsgruppen---> CARDINAL
```

```
LV_Nr          : Fächer ---> STRING(5)
LV_Titel       : Fächer ---> STRING
LV_Semester    : Fächer ---> Semester
```

b) Beispiele: (Abfragen)

(1) Werden alle Lehrveranstaltungen nach Studienplan für die vorhandenen Unterrichtgruppen angeboten?

```
(All f : Fächer ;
     g : Unterrichtsgruppen |
   (UG_Semester(g) = LV_Semester(f)
       → (Ex t : Wochentage;
             b : Unterrichtsblöcke,
             r : Räume;
             d : Dozenten |
                StuPla(t, b, r, d, g, f))))
```

(2) Wird jeder Unterrichtsraum immer nur von einem Dozenten genutzt?

```
(All t : Wochentage;
     b : Unterrichtsblöcke;
     r : Räume|
   (Unique d : Dozenten |
      (Ex g : Unterrichtsgruppen;
          f: Fächer |
          StuPla(t,b,r,d,g,f))))
```

(3) Die Relation aller Lehrveranstaltungen des Dozenten mit dem Namen "Matthiessen"

```
(t : Wochentage;
 b : Unterrichtsblöcke;
 r : Räume;
 g : Unterrichtsgruppen;
 f : Fächer |
   (Ex doz : Dozent |
       Doz_Name(doz) = 'Matthiessen' ∧
       StuPla(t, b, r, doz, g, f))
```

(4) Gib eine Liste, die für jeden Dozenten angibt, an welchen Wochentagen er Vorlesungen hält:

```
(d : Dozent; t : Wochentag |
   (Ex b : Unterrichtsblöcke;  r : Räume;
       g : Unterrichtsgruppen; f : Fächer |
           StuPla (t, b, r, d, g, f)))
```

(5) Gib eine Liste aller Lehrveranstaltungen mit Dozenten, Fächern, Anfang, Ende, die dienstags um 14:00 andauern:

```
(d : Dozent;
 f : Fächer;
 za, ze : Zeiten |
   (za < 14:00 ∧ ze > 14:00 ∧
      (Ex b : Unterrichtsblöcke;
          r : Räume;
          g : Unterrichtsgruppen |
              (StuPla (Dienstag, b, r, d, f, g) ∧
               za = Anfang(b) ∧ ze = Ende(b))))))
```

7.5.2 Affine Ebenen

Als weiteres Beispiel betrachten wir die oben beschriebenen geometrischen Strukturen. Wir definieren hier eine relationale Theorie für "Affine Ebenen". In der in 7.2.1 angegebenen Sprache für eine lineare Geometrie formulieren wir einige "*Axiome*" und untersuchen die Gültigkeit dieser Axiome auf die in 7.2 definierten Modelle dieser Sprache.

Eine Interpretation, die durch die Domänen Punkte und Geraden sowie die Relationen Inzident und Parallel beschrieben ist, heißt "*affine Ebene*", wenn folgende Regeln ("Axiome") gelten:

A0) Zwei Geraden g1 und g2 sind genau dann parallel, wenn entweder g1 = g2 oder g1 und g2 haben keinen gemeinsamen Punkt.

A1) Zu zwei verschiedenen Punkten gibt es genau eine Gerade, die mit beiden Punkten inzidiert.

A2) Zu jeder Geraden g und jedem Punkt p gibt es genau eine Gerade, die mit p inzidiert und zu g parallel liegt.

A3) Es gibt drei Punkte, die nicht mit derselben Geraden inzident sind.

Interpretationen, die gewisse Axiome erfüllen, nennen wir *Modelle* dieser Axiome.

Diese Axiome können wir in folgender Weise durch prädikatenlogische Terme beschreiben.

A0) (**All** g1, g2 : Gerade |
    parallel(g1, g2) ↔
      (g1 = g2 ∨ ¬(**Ex** p : Punkt | inzident(p,g1) ∧ inzident(p,g2))))

A1) (**All** p1, p2 : Punkt |
    p1 = p2 ∨ (**One** g : Gerade | inzident(p1,g) ∧ inzident(p2,g)))

A2) (**All** g : Gerade; p : Punkt |
(**One** g1 : Gerade | inzident(p,g1) ∧ parallel(g,g1)))

A3) (**Ex** p1, p2, p3 : Punkt |
¬(**Ex** g : Gerade | inzident(p1,g) ∧ inzident(p2,g) ∧ inzident(p3,g)))

Übungsaufgabe 7.1

Überprüfen Sie für die in 7.2 angegebenen Interpretationen, welche der Terme A0, A1, A2, A3 jeweils gelten.

7.6 Probleme mit unendlichen Sorten

Die Semantik von Quantoren ist in 7.3 mengentheoretisch definiert. Damit wird davon ausgegangen, daß jeder Ausdruck, der exakt definiert werden kann, auch einen Wert hat; es wird nicht vorausgesetzt, daß dieser Wert in irgend einer Weise auch berechenbar sein muß. Bei Modellen mit endlichen Sorten ist das kein Problem, dort können wir grundsätzlich (wenn auch die Rechenzeiten ggf. extrem lang werden) jeden prädikatenlogischen Ausdruck auswerten.

Wenn die betrachteten Sorten unendlich sind, ist es nicht mehr möglich, die Quantoren durch Rekursion zu definieren.

Wie könnten wir etwa
wert((**Ex** n : Nat | $n^2 + 17 = (n+1)^2$), Arithmetik)
bestimmen?

Es geht hier nicht mehr durch Aufzählung aller möglichen Substitutionen der gebundenen Variablen - es sind unendlich viele. Wir können hier aber sofort beweisen, daß dieser Term im Bereich der natürlichen Zahlen erfüllt ist, da
Subst[n/8]($n^2 + 17 = (n+1)^2$)
$\equiv 8^2 + 17 = (8+1)^2$
≡ TRUE.

In diesem Fall könnten wir das Ergebnis auch mechanisch finden, indem wir systematsch für alle natürlichen Zahlen testen, ob ($n^2 + 17 = (n+1)^2$) erfüllt ist. Wenn es einen Wert gibt, werden wir ihn durch systematisches Testen auch finden können.

Wie sieht das aber mit
wert((**Ex** n : Nat | $n^2 + 18 = (n+1)^2$), Arithmetik)
aus ?

Eine systematische Suche würde nicht erfolgreich beendet werden können - sie würde allerdings überhaupt nicht enden. Wenn etwa eine Millionen Zahlen ohne Befund überprüft worden sind, könnte die Aussage ja noch immer mit einer noch größeren Zahl erfüllt werden. Selbst wenn auf einem Rechner mit einer Wortlänge von 96 Bit dasselbe Ergebnis (nach vielleicht etwa 10 oder 100 Jahren) kein Befund erscheint, ist damit noch nicht gesagt, daß es nicht vielleicht eine noch größere Zahl geben könnte, für die die Bedingung erfüllt ist.

In der Tat ist die Goldbachsche Vermutung (vgl. S. 151) auf Hochleistungsrechnern für sehr große Bereiche überprüft worden - alle überprüften geraden Zahlen ≥ 4 ließen sich als Summe zweier Primzahlen darstellen; trotzdem ist weiterhin unklar, ob es nicht vielleicht doch ein Gegenbeispiel gibt.

Wir können allerdings beweisen, daß
wert((**Ex** n : Nat | $n^2 + 18 = (n+1)^2$), Arithmetik) = FALSE
ist, da die entgegengesetzte Annahme
wert((**Ex** n : Nat | $n^2 + 18 = (n+1)^2$), Arithmetik) = TRUE
zu einem Widerspruch führt:

> Sei $n \in \mathbb{N}$ mit $n^2 + 18 = (n+1)^2$; nach Umformung ergibt sich $n^2 + 18 = n^2 + 2*n + 1$ und somit (nach Subtraktion von $n^2 + 1$) $17 = 2*n$. Da 17 eine ungerade Zahl ist, ist dieses nicht möglich.

Somit ist die obige Annahme nicht haltbar und es gilt
wert((**Ex** n : Nat | $n^2 + 18 = (n+1)^2$, Arithmetik) = FALSE.

7.7 Pränexe und Skolemsche Normalform

Wir werden in diesem Abschnitt die pränexe Normalform sowie die Skolemsche Normalform kennenlernen. In der pränexen Normalform werden die Quantoren von der "Matrix" der Aussage getrennt: zuerst die Quantoren, dann die (aussagenlogische) Matrix. In der Skolemschen Normalform schließlich gibt es nur noch All-Quantoren, so daß wir die Aussagen ohne Angabe der Quantoren schreiben können - allerdings müssen wir hier ggf. neue Funktionssymbole einführen.

Doch zuvor müssen wir uns mit der Beziehung zwischen der mehrsortigen Prädikatenlogik und der Prädikatenlogik ohne Sorten auseinandersetzen. In den meisten Darstellungen der Prädikatenlogik werden keine Sorten unterschieden und statt dessen, wo es angebracht ist, einstellige Prädikate benutzt.

So sind

(Ex x : A | R(x)) und (Ex x | A(x) ∧ R(x))

äquivalente Schreibweisen. Ebenso sind

(All x : A | R(x)) und (All x | A(x) → R(x))

äquivalent.

Es gibt eine Reihe von Vorteilen, wenn wir die Domänen als Sorten und nicht als Prädikatssymbole schreiben:

- *Klarheit*:

  (All p1, p2 : Punkt | (Ex g : Gerade | Inzident(p1,g) ∧ Inzident(p2,g)))

  ist verständlicher als

  (All p1, p2 | (Punkt(p1) ∧ Punkt(p2)) →
  (Ex g | Gerade(g) ∧ Inzident(p1,g) ∧ Inzident(p2,g)))

- Die Prädikatenlogik mit Sorten kommt zu einfacheren Formeln; so sind z.B. algebraische Theorien über einer Prädikatenlogik mit Sorten (sog. heterogene Algebren, vgl. z.B. [Birk70], [Matt76], [Lugo76]) in der sortenfreien Notation nicht mehr anwendbar.

- Falls eine konkrete endliche Interpretation existiert, ist die Auswertung eines prädikatenlogischen Ausdrucks einfacher. So sind z.B. für die Abfrage (A0) von 7.5.2 für das dort angegebenen endliche Modell in der Sorten-Notation

  Card(Gerade) * Card(Gerade) * Card(Punkt) = 6 * 6 * 4 = 144

  Tupel zu untersuchen; bei Benutzung der sortenfreien Notation sind es dagegen

  $(\text{Card(Punkt} \cup \text{Gerade}))^3 = 10^3 = 1000$ Tupel.

Diese Vorteile sind sicher mit Ursache dafür, daß in der Datenbank-Abfragesprache SQL (vgl. Kap. 9) eine Notation mit Sorten benutzt wird.

Es gibt jedoch einen wesentlichen Vorteil für die sortenfreie Notation, der insbesondere bei der Verwaltung von Wissensbasen eine Rolle spielt: Eine große Rolle in der Behandlung der Prädikatenlogik - insbesondere auch in maschinellen Deduktionssystemen - spielen die pränexe Normalform und die darauf aufbauende Skolemsche Normalform. Die Skolemsche Normalform ermöglicht letztendlich eine quantorenfreie Darstellung. Die pränexe Normalform läßt sich *nicht* auf die Prädikatenlogik mit Sorten übertragen. (Das ist allerdings auch eine der ganz wenigen Eigenschaften, die sich nicht übertragen lassen). So weist [Date89] darauf hin, daß nach [Codd72] "the range-coupled quantifiers behave like ordinary quantifyers". Unter Übernahme dieser (falschen) Aussage wird ein Widerspruch aufgewiesen.

Wegen dieses kleinen Problems werden wir im weiteren Verlauf dieses Abschnittes die Prädikatenlogik in der sortenfreien Notation benutzen.

Als Hilfsmittel führen wir im folgenden einige allgemeine Gesetze über prädikatenlogische Aussagen ein. Die Beweise dienen als Übungsaufgabe. Die Bezeichnungen der Sätze ergeben sich daraus, daß im endlichen Fall der All-Quantor eine n-stellige Konjunktion und der Existenz-Quantor eine n-stellige Disjunktion ist. Zusätzlich benötigen wir das in 0 eingeführte de-Morgansches Gesetz für Quantoren.

7.7.1 Satz (Assoziativgesetze)

Voraussetzung ist jeweils, daß die Variable x nicht im Term b2 auftritt:

$$((\textbf{All}\ x \mid b1) \wedge b2) \equiv (\textbf{All}\ x \mid b1 \wedge b2)$$
$$((\textbf{Ex}\ x \mid b1) \vee b2) \equiv (\textbf{Ex}\ x \mid b1 \vee b2)$$

7.7.2 Gegenbeispiel (kein Assoziativ-Gesetz in Prädikatenlogik mit Sorten)

Die Assoziativgesetze gelten nicht in der Prädikatenlogik mit Sorten, wie folgendes Gegenbeispiel zeigt:

Sei $A = \emptyset$ und $B \neq \emptyset$. Dann ist

$$(\textbf{All}\ x : A \mid \text{FALSE}) \wedge (\textbf{All}\ x : B \mid \text{FALSE}) = \text{FALSE}$$

da B ≠ ∅, und
(**All** x : A | FALSE ∧ (**All** x : B | FALSE))
= (**All** x : A | FALSE ∧ FALSE)
= (**All** x : A | FALSE) = TRUE
da A = ∅.

Ebenso ist
(**Ex** x : A | TRUE) ∨ (**Ex** y : B | TRUE) = TRUE
da B ≠ ∅, und
(**Ex** x : A | TRUE ∨ (Ex y : B | TRUE)) = FALSE
da A = ∅. (vgl. [Date89])

7.7.3 Satz (Distributivgesetze)

Voraussetzung ist jeweils, daß die Variable x nicht im Term b2 auftritt

((**All** x | b1) ∨ b2) ≡ (**All** x | b1 ∨ b2)
((**Ex** x | b1) ∧ b2) ≡ (**Ex** x | b1 ∧ b2)

7.7.4 Satz (Ersetzungsregeln)

Voraussetzung ist jeweils, daß die Variable y nicht im Term b auftritt

(**All** x | b) ≡ (**All** y | Subst[x/y](b))
(**Ex** x | b) ≡ (**Ex** y | Subst[x/y](b))

7.7.5 Definition (pränexe Normalform)

Eine Formel ist in pränexer Normalform, wenn sie die Form
$(Q_1\ x_1 \mid (Q_2\ x_2 \mid \ldots (Q_n\ x_n \mid A)\ldots))$
hat, wobei jeweils $Q_i \in$ {**All**, **Ex**} ist und A ein quantorenfreier aussagenlogischer Ausdruck ist; d.h. die Quantoren kommen am Anfang und die aussagenlogische "*Matrix*" am Ende.

Die Umformungen, die sich aus den Sätzen 7.7.1 - 7.7.2 ergeben, erlauben es, jede prädikatenlogischen Formel in eine äquivalente Formel in pränexer Normalform zu umzuformen.

7.7.6 Beispiel (Umformung in pränexe Normalform)

(* Es gibt unendlich viele Primzahlen *)
(All n | (Ex p | p > n ∧ ¬(Ex q1, q2 | q1 > 1 ∧ q2 > 1 ∧ p = q1*q2)))

= (All n | (Ex p | p > n ∧ (All q1, q2 | ¬(q1>1 ∧ q2>1 ∧ p = q1*q2))))

= (All n | (Ex p | (All q1, q2 | p > n ∧ ¬(q1>1 ∧ q2>1 ∧ p = q1*q2))))

Die Umformung in pränexe Normalform ist eine Vorstufe zur Skolemschen Normalform, die im folgenden eingeführt wird. Die Skolemsche Normalform hat eine strengere Form als die pränexe Normalform: in der Skolemschen Normalform treten nur noch All-Quantoren auf; somit können wir vollständig auf die Angabe von Quantoren verzichten.

7.7.7 Definition (Skolemsche Normalform)

Eine Formel ist in Skolemscher Normalform, wenn sie die Form
(All x_1, x_2, ... x_n | A(x_1,x_2,...,x_n))
hat, wobei A ein quantorenfreier aussagenlogischer Ausdruck ist; d.h. die Formel ist in pränexer Normalform und es kommen nur All-Quantoren vor.

Es läßt sich *nicht* jeder Ausdruck in einen äquivalenten Ausdruck in Skolemscher Normalform überführen. Hierbei sei noch einmal an die Definition von *äquivalenten* Ausdrücken erinnert: Zwei prädikatenlogische Ausdrücke sind äquivalent, wenn für jede Interpretation und jede Umgebung gilt, daß beide Ausdrücke denselben Wahrheitswert ergeben.

Es gibt aber zu jeder prädikatenlogischen Formel F eine Formel SF in Skolemscher Normalform, die ggf. zusätzliche Funktionssymbole enthält, so daß gilt:
F ist konsistent genau dann, wenn
SF ist konsistent.

Die zusätzlichen Funktionssymbole werden als "*Skolem-Funktionen*" bezeichnet; entsprechend werden die zusätzlichen nullstelligen Funktionssymbole als "*Skolem-Konstanten*" bezeichnet.

Hierzu vgl. z.B. [Berg77], [Schö87].

7.7.8 Beispiel (Umformung in Skolemsche Normalform)

(All x | (Ex y | x < y))

wird zu

(All x | x < f(x))

mit dem zusätzlichen Funktionssymbol f.

(All x | (Ex y | x∘y = e)

wird zu

(All x | x∘f(x) = e)

mit dem zusätzlichen Funktionssymbol f.

In der Gruppentheorie ist die letztere Funktion sogar eindeutig bestimmt (was für das Beispiel der geordneten Menge nicht gilt) und statt f(x) wird es dort mit x^{-1} bezeichnet.

Im ersteren Beispiel können wir hier für f z.B. (λ x . x+1) nehmen - es sind aber auch andere Funktionen möglich.

Wenn wir uns auf die Frage der Ableitbarkeit von Termen beschränken, können wir uns also auf Terme in Skolemscher Normalform beschränken. In Prolog wird ähnlich verfahren - es gibt in Prolog keine Quantoren.

Ein anderer Fall liegt bei Datenbank-Abfragesprachen vor - hier betrachten wir nicht die Ableitbarkeit von Formel-Mengen, sondern haben eine konkrete Interpretation vor Augen, die durch die Daten in der Datenbank abgebildet wird. In Datenbank-Abfragesprachen gibt es daher in der Regel einen Existenz- oder All-Quantor (z.B. EXISTS in SQL).

7.8 prädikatenlogisches Ableitungsverfahren

Dieser Abschnitt stellt unmittelbar die Beziehung zwischen Prädikatenlogik und maschinellen Beweisverfahren her. Er ist etwas abstrakter als die übrigen Teile dieses Buches. Daher empfehle ich, beim ersten Lesen diesen Abschnitt zu überschlagen und mit dem nächsten Abschnitt auf Seite 217 die Lektüre fortzusetzen. Für eine weitere Vertiefung (nach dem zweiten Lesen) empfehle ich [Schö87] oder [Berg77]. Diese Darstellung lehnt sich in der Nomenklatur stark an [Schö87] an.

In den meisten Darstellungen über Modelltheorie gibt es einen horror vacui: Interpretationen dürfen nicht auf der leeren Menge aufbauen. Im Gegensatz dazu lassen wir grundsätzlich auch Interpretationen zu, wo alle Domänen die leere Menge sind (Warum auch nicht? Auch eine leere Datenbank ist eine Datenbank!). Dadurch können wir auch an einigen Stellen auf bestimmte Sonderbehandlungen verzichten. Wenn dagegen eine Theorie *kein* leeres Modell haben soll, müssen wir die Erfüllung des Terms (**Ex** x | TRUE) voraussetzen, deren Skolemsche Normalform eine Konstante a enthält.

Wir hatten oben vorausgesetzt, daß wir bis zum Ende dieses Abschnittes eine Prädikatenlogik ohne Sorten (besser: mit genau einer Sorte) verwenden. Um allerdings unsere funktionale Sprechweise, in der Relationen durch Boolesche Funktionen dargestellt werden, weiter beibehalten zu können, müssen wir diese Voraussetzung im nächsten Absatz etwas modifizieren. Die Äquivalenz zu einer relationalen Prädikatenlogik mit genau einer Sorte ist jedoch einfach nachzuvollziehen.

Als Voraussetzung für diesen Abschnitt gehen wir davon aus, daß unsere Sprache der Prädikatenlogik zwei Sorten enthält: Obj für die Objekte und BOOLEAN. Es gibt außer den Booleschen Operatoren keine weiteren Operatoren, die ein Argument der Sorte BOOLEAN besitzen. Es gibt keine Quantoren für den Typ BOOLEAN (können wir wegen der zwei Elemente von BOOLEAN eh durch die Operatoren ∧ und ∨ erledigen); daher verzichten wir hier bei Quantoren auf die Angabe der Sorte. Außerdem haben wir kein spezielles Symbol für die Identität.

Wir verzichten auf weitere Sorten wegen der Ausführungen in 7.7; eine Behandlung von Sorten hat gemäß den dortigen Ausführungen durch einstellige Relationssysmbole zu erfolgen. Auf die Behandlung der Identität wird am Ende dieses Abschnittes eingegangen.

Als ein kleines illustratives Beispiel betrachten wir die Theorie der dicht geordneten Mengen, die durch folgende Regeln definiert sind:

(a)(**All** x | ¬(x < x))
(b)(**All** x,y,z | (x < y ∧ y < z) → x < z))
(c)(**All** x, y | x < y → (**Ex** z | x < z ∧ z < y))

Modelle hierfür sind z.B. die rationalen Zahlen, die rellen Zahlen, die endlichen Dezimalbrüche im Intervall von 0 bis 1, die Menge aller möglichen Worte in lexikographischer Anordnung (Zwischen "Hall" und "Halm" ist z.B. "Halle"; da die Menge nicht auf die Worte einer natürlichen Sprache beschränkt ist, läßt sich auf diese Weise zwischen zwei Worte immer ein weiteres einschieben).

Wir wollen jetzt zeigen, daß zwischen zwei Elementen x,y mit x < y auch zwei Elemente liegen, d.h.

(**All** x,y | x < y → (**Ex** u,v | x < u ∧ u < v ∧ v < y))

Um das zu zeigen, nehmen wir die Negation zu den Axiomen und versuchen entsprechend Satz 3.2.7 aus diesem Regelsystem einen Widerspruch abzuleiten. Die Negation der zu zeigenden Aussage ist
(d) $(\textbf{Ex}\ x,y \mid x < y \wedge (\textbf{All}\ u,v \mid \neg(x < u \wedge u < v \wedge v < y)))$

Die Skolemsche Normalform der einzelnen Regeln wird im folgenden dargestellt. Zwischenschritte sind hier weggelassen. zw ist eine zweistellige Skolem-Funktion und k0 und k1 sind Skolem-Konstanten.

(a') $(\textbf{All}\ x \mid \neg(x < x))$
(b') $(\textbf{All}\ x,y,z \mid (x < y \wedge y < z) \rightarrow x < z)$
(c') $(\textbf{All}\ x,y \mid (x < y) \rightarrow (x < zw(x,y) \wedge zw(x,y) < y))$
(d') $(\textbf{All}\ u,v \mid k0 < k1 \wedge \neg(k0 < u \wedge u < v \wedge v < k1)$

Dieses ergibt - unter Weglassung der Quantoren - folgende Hornklauseln mit den Variablen $\{x,y,z,u,v\}$ in implikativer Schreibweise.

(a") $(x < x) \rightarrow 0$
(b") $(x < y \wedge y < z) \rightarrow x < z$
(c") $(x < y) \rightarrow x < zw(x,y)$
(d") $(x < y) \rightarrow zw(x,y) < y$
(e") $k0 < k1$
(f") $(k0<u \wedge u<v \wedge v < k1) \rightarrow 0$

7.8.1 Definition (Herbrand-Universum)

Sei F ein Term in Skolemscher Normalform; sei Fun(F) die Menge aller in F vorkommenden Funktionssymbole, deren Signatur die Sorte BOOLEAN nicht enthält. Das "*Herbrand-Universum von F*" D(F) ist die Menge der variablenfreien Terme über Fun(F).

Wenn Fun(F) keine Konstanten enthält, ist D(F) die leere Menge; wenn Fun(F) nur Konstanten, aber keine Funktionssymbole mit mindestens einem Argument enthält, ist D(F) endlich - in allen anderen Fällen ist D(F) eine unendliche Menge.

Das Herbrand-Universum für unser obiges Beispiel enthält unter anderem folgende Terme:

k0, k1, zw(k0,k0), zw(k0,k1), zw(k1,k0), zw(k1,k1),
zw(k0,zw(k0,k0)), zw(k0,zw(k0,k1)), ...

Auf dem Herbrand-Universum wollen wir ein Modell μ für F konstruieren. Für m-stellige ($m \geq 0$) Funktionssymbole mit der Signatur

f : Obj x ... x Obj ---> Obj

sei

$f_\mu(t_0,...,t_{m-1}) ::= f(t_0,...,t_{m-1}) \in D(F)$

Die rechte Seite ist qua definitionem ein Term, also ein Element von D(F), während die linke Seite eine Anwendung der Funktion f_μ auf eine Folge von Termen ist. Was jetzt noch offen ist, ist die Definition der Funktionen für m-stellige Relationssysmbole mit der Signatur

f : Obj x ... x Obj ---> BOOLEAN

da hier jeweils zwei mögliche Ergebnisse zur Verfügung stehen: TRUE und FALSE.

Ein Modell über dem Herbrand-Universum D(F) für F, in dem die objekt-wertigen Funktionen wie oben definiert sind, wird ein "Herbrand-Modell" genannt. Die Frage der Existenz eines solchen Modells wird durch folgenden Satz beantwortet, dessen Beweis z. B. in [Schö 87] enthalten ist.

7.8.2 Satz (Existenz von Herbrand-Modellen)

Sei F eine Formel in Skolemscher Normalform, dann ist F genau dann erfüllbar, wenn F ein Herbrand-Modell besitzt.

Hier wird jetzt klar, warum wir die *Identität* in unserer Sprache ausschließen. Durch eine Formel wie (f(x,y) = f(y,x)) können nämlich schon Bedingungen geschaffen werden, die in einem Herbrand-Modell nicht erfüllbar sind, da für Konstanten a und b die entsprechenden Terme f(a,b) und f(b,a) unterschiedlich sind.

Sei μ ein Herbrand-Modell für F; F hat die Form

$(\text{All } x_0,...,x_{n-1} \mid P)$

Wenn jetzt F in μ gelten soll, muß speziell für alle Folgen $[t_0,...,t_{n-1}]$ von Tupeln gelten

$\text{Subst}[x_0/t_0,...,x_{n-1}/t_{n-1}](P)$.

Die Menge

$E(F) ::= \text{Subst}[x_0/t_0,...,x_{n-1}/t_{n-1}](P) \mid [t_0,...,t_{n-1}] \in D(F)^n\}$

kann aufgefaßt werden als eine Menge von aussagenlogischen Termen, wobei die aussagenlogischen Variablen die Elemente der Menge

$\{R(t_0,...,t_{m-1}) \mid R \text{ ist m-stelliges Relationssymbol} \wedge [t_0,...,t_{m-1}] \in D(F)^m\}$ sind.

Nach einem Satz von Gödel/Herbrand/Skolem hat die Aussage F der Form (All $x_0,...,x_{n-1}$ | P) genau dann ein Modell, wenn die Menge E(F) aussagenlogisch erfüllbar ist; eine Belegung der "aussagenlogischen Variablen" $R(t_0,...,t_{m-1})$ liefert genau die Definition der BOOLEAN-wertigen Funktionen in μ.

Wichtig an diesem Satz ist seine Umkehrung und eine Folgerung davon:

7.8.3 Satz (Ableitung von Widersprüchen)

Eine Aussage F in Skolemscher Normalform ist genau dann widersprüchlich, wenn E(F) (aussagenlogisch) widersprüchlich ist.

E(F) ist genau dann widersprüchlich, wenn es eine *endliche Teilmenge* von E(F) gibt, die widersprüchlich ist.

Damit können wir die Widersprüchlichkeit von Aussagen der Prädikatenlogik grundsätzlich nachweisen. Wir können hiermit auch prädikatenlogische Tautologien nachweisen, da eine Aussage genau dann eine Tautologie ist, wenn ihre Negation widersprüchlich ist. Dieses liefert aber *kein* Entscheidungsverfahren; bei Aussagen, die keine Tautologien und keine Widersprüche sind, können wir dieses nicht immer nachweisen. Bei der Aussagenlogik hatten wir für beliebige Aussagen ein Entscheidungsverfahren (z.B. Methode der Wahrheitstafeln).

Für unseres kleines Beispiel erhalten wir jetzt durch geschickte Wahl von Substitutionen einen Widerspruchsbeweis (es werden übrigens nicht alle Regeln benötigt: (1) und (2) sind für diesen Beweis irrelevant).

(1) $(x < x) \rightarrow 0$
(2) $(x < y \wedge y < z) \rightarrow x < z$
(3) $(x < y) \rightarrow x < zw(x,y)$
(4) $(x < y) \rightarrow zw(x,y) < y$
(5) $k0 < k1$
(6) $(k0 < u \wedge u<v \wedge v < k1) \rightarrow 0$

Subst[x/k;y/k1;u/zw(k0,k1);v/zw(zw(k0,k1),k1)]
liefert uns u.a.
(3') $(k0 < k1) \rightarrow k0 < zw(k0,k1)$
(4') $(k0 < k1) \rightarrow zw(k0,k1) < k1$
(6') $(k0 < zw(k0,k1) \wedge zw(k0,k1) < zw(zw(k0,k1),k1) \wedge$
$zw(zw(k0,k1),k1) < k1) \rightarrow 0$

Durch Anwendung des modus ponens mit der in (5) vorhandenen Prämisse erhalten wir aus (3') und (4')
(3") k0 < zw(k0,k1)
(4") zw(k0,k1) < k1

Subst[k0/zw(k0,k1);y/k1] liefert uns aus (3) und (4)
(3"') (zw(k0,k1) < k1) → zw(k0,k1) < zw(zw(k0,k1),k1)
(4"') (zw(k0,k1) < k1) → zw(zw(k0,k1),k1) < k1

Mit (4") als Prämisse erhalten wir aus (3"') und (4"')
(3"") zw(k0,k1) < zw(zw(k0,k1),k1)
(4"") zw(zw(k0,k1),k1) < k1

Somit sind mit (3"), (3"") und (4"") alle Prämissen von (6') erfüllt und die Konklusion 0 folgt, d.h. es ist ein Widerspruch abgeleitet.

Die Substitution der Variablen durch Terme - wobei gleiche Variable durch gleiche Terme ersetzt werden müssen, nennen wir "*Unifikation*". Neben der *Resolution* (speziell für Hornklauseln) und dem *Backtracking* (= Suchen von Alternativen, nachdem ein Lösungsweg sich als unfruchtbar herausgestellt hat), sind das die grundlegenden Prinzipien der Problemlösung in Prolog. Das Problem ist hierbei eine systematische Suche von Substitutionen.

Im übrigen konnte das hier betrachtete Mini-Problem in Prolog *nicht* gelöst werden, da Prolog zwar (zum Teil) die Sprache der Prädikatenlogik benutzt - aber die konkrete Suche abhängig ist von der Reihenfolge der Regeln. Bestimmte Lösungen werden nicht gefunden, da zum Teil unfruchtbare Wege bis zum Stack-Überlauf gegangen werden. Das entsprechende Programm in Turbo-Prolog sei im folgenden dargestellt:

7.8.4 Beispiel (Programm in Turbo-Prolog)

```
domains
   element = k0; k1; zw(element,element)
predicates
   lt (element, element)
clauses
   lt (X,X) :- fail.
   lt (k0,k1).
   lt (X,zw(X,Y))  :- lt(X,Y).
   lt (zw(X,Y),Y)  :- lt(X,Y).
   lt (X,Z)        :- lt(X,Y), lt(Y,Z).
goal
   lt(k0,U), lt(U,V), lt(V,k1).
```

7.8.5 "Identität in Herbrand-Modellen

Zum Abschluß noch eine Bemerkung, wie die *Identität* in die Prädikatenlogik eingeführt werden kann. Wir können in der am Beginn des Abschnittes angegebenen Sprache der Prädikatenlogik spezielle Relationssymbole "=" einführen, die aber nicht die Identität im Modell zur Folge haben müssen, sondern durch Axiome beschrieben werden, die "=" zu Kongruenzrelationen machen (vgl. 4.2.4, 4.2.5). Wenn wir jetzt ein Modell für diese Sprache auf dem Herbrand-Universum machen, dann ist durch die Faktorisierung nach der Kongruenzrelation ein neues Modell gegeben, wo die Identität genau die Gleichheit in der Faktormenge ist, also ein "normales Modell".

7.9 Grenzen der Prädikatenlogik

7.9.1 Entscheidbarkeit

Die Grenzen der Prädikatenlogik liegen auf der einen Seite darin, daß zwar ein Kalkül existiert, mit dem wir alle semantischen Folgerungen ableiten können (vgl. Abschnitt 7.8) - aber kein Entscheidungsverfahren, um für einen vorgegebenen Ausdruck ("Abfrage") definitiv in endlicher Zeit anzugeben, ob dieser Ausdruck aus der Wissensbasis ableitbar ist.

Wir können nur sicherstellen, daß im positiven Fall irgend wann die Bestätigung kommt - können aber keinerlei zeitliche Zusagen dazu machen. Wenn also nach etwa einem Tag Laufzeit noch keine Reaktion erfolgt ist, kann das heißen, daß die (positive) Antwort später noch kommt - oder daß die Abfrage nicht ableitbar ist. (vgl. hierzu Kapitel 5).

Das hängt damit zusammen, daß die Negation der Meta-Aussage

$$A_1, A_2, ..., A_n \vdash b$$

nicht ist

$$A_1, A_2, ..., A_n \vdash \neg b,$$

sondern

es gibt ein Modell, in dem $A_1, A_2, ..., A_n, \neg b$ gelten.

Da es aber Aussage-Mengen gibt, für die nur unendliche Modelle existieren, kann diese negierte Aussage nicht automatisch abgeleitet werden. Dieses steht im Gegensatz zur Aussagenlogik, wo wir - zumindestens prinzipiell - alle möglichen Belegungen testen können.

Ein Beispiel für eine endliche Menge von Aussagen mit nur unendlichen Modellen ist z.B. folgendes:

Es gibt
- eine einstellige Funktion Succ,
- eine Konstante 0
- sowie die Axiome

  (**All** x | Succ(x) $\neq$ 0)

  (**All** x,y | x $\neq$ y $\rightarrow$ Succ(x) $\neq$ Succ(y))

Ein Modell für dieses System ist gegeben durch die Grundmenge der natürlichen Zahlen sowie die Funktion Succ ::= λ n . (n + 1) und die Konstante 0 $\in$ $\mathbb{N}$

Die angegebenen Axiome können kein endliches Modell haben, da das zweite Axiom aussagt, daß jedes Element nur Nachfolger (Succ) höchstens eines Elementes ist und es damit mindestens genauso viele Nachfolger geben muß wie Elemente. Da aber 0 nicht Nachfolger ist (nach dem 1. Axiom), gibt es weniger Nachfolger als Elemente. In einer endlichen Menge ist dieses nach dem Euklidischen Prinzip (vgl. Seite 19) nicht darstellbar.

7.9.2 Satz (Nicht-Entscheidbarkeit der Prädikatenlogik)

Die Menge der prädikatenlogischen Tautologien ist nicht entscheidbar.

(hier ohne Beweis, vgl.z.B. [Herm78])

Nach der klassischen (zweiwertigen) Logik ist jede prädikatenlogische Formel der Arithmetik (d.h. Theorie der natürlichen Zahlen mit dem Prinzip der vollständigen Induktion) entweder wahr oder falsch. Da die Menge aller Folgerungen von Axiomen der Prädikatenlogik aufzählbar ist, kann nach dem oben Gesagten die Arithmetik nicht durch endlich viele Axiome der Prädikatenlogik 1. Ordnung beschrieben werden.*)

So ist z.B.

  (**Ex** x | (All y | x $\leq$ y))

keine Tautologie und kein Widerspruch - für ($\mathbb{N}$, $\leq$) ist diese Aussage erfüllt ("es gibt eine kleinste natürliche Zahl"); für ($\mathbb{Z}$, $\leq$) dagegen falsch ("es gibt keine kleinste ganze Zahl").

---

*) Dieses bekommt man auch ohne den Umweg über die Prädikatenlogik durch ein spezielles Diagonal_Argument; vgl. [Göde31] oder die Darstellung dazu in [Hofs85]

7.9.3 Ausdrucksschwäche der Prädikatenlogik 1. Ordnung

Auf der anderen Seite gibt es - auch relativ einfach formulierbare - Modelle, die sich nicht mit der Prädikatenlogik formulieren lassen.

Seien etwa die Relationen

```
   ist_vater(x,y)    (* x ist Vater von y *)
   ist_mutter(x,y)   (* x ist Mutter von y *)
   ist_männlich(x)   (* x ist männlich *)
   ist_weiblich(x)   (* x ist weiblich *)
```

gegeben. Daraus können weitere Relationen durch Prädikate abgeleitet werden wie z.B.

```
ist_grossvater(x,y) ::=
   (Ex z : person | ist_vater(x,z) ∧ (ist_vater(z,y) ∨ ist_mutter(z,y))

ist_sohn(x,y) ::=
   ist_männlich(x) ∧ (ist_vater(y,x) ∨ ist_mutter(y,x))

ist_schwester(x,y) ::=
   ist_weiblich(x) ∧
        (Ex v, m : person |
             ist_vater(v,x)  ∧ ist_vater(v,y) ∧ ist_mutter(m,x) ∧ ist_mutter(m,y))

ist_halbschwester(x,y) ::=
   ist_weiblich(x) ∧
        (Ex v, m : person |
             ist_vater(v,x)  ∧ ist_vater(v,y) ∨ ist_mutter(m,x) ∧ ist_mutter(m,y))

ist_elter(x,y) ::= ist_vater(x,y) ∨ ist_mutter(x,y)
```

Aber die Relation ist_vorfahre(x,y) ist in der Prädikatenlogik 1. Ordnung nicht definierbar. Dieses Problem der "transitiven Hülle" tritt auch in anderen Anwendungsbereichen auf, z.B. im "Verkehrsverbund" oder bei Stücklisten-Prozessoren, wo die Relation "x kommt unmittelbar n mal in y vor" zu Stücklisten ("x kommt insgesamt n mal in y vor") erweitert wird.*)

Es gibt drei mögliche Erweiterungen, die die Definition dieses Prädikats ermöglichen:

7.9.4 Erweiterung (Prädikatenlogik 2. Ordnung)

Es kann zusätzlich über Relationen- und Funktionen-Variable quantifiziert werden:

ist_vorfahre(x,y) ::=
  (*All R* : *Rel*(person,person) |
    (**All** u, v, w : person | *R*(u,v) ∧ *R*(v,w) → *R*(u,w)) ∧
    (**All** u,v : person | ist_elter(u,v) → *R*(u,v)) → *R*(x,y))

Verbal:
x ist Vorfahre von y genau dann, wenn in allen transitiven Relationen *R*, die Erweiterungen von ist_elter sind, gilt *R*(x,y)

mathematisch ausgedrückt:
ist_vorfahre ist die kleinste transitive Erweiterung von ist_elter.

Da in dieser Definition über alle möglichen Relationen über der betrachteten Grundmenge quantifiziert wird, ist sie nicht effizient in Algorithmen umsetzbar und daher für die Informatik nicht brauchbar. Dagegen werden die beiden folgenden Ansätze auch in der Informatik angewandt.

7.9.5 Erweiterung (Benutzung von Folgen)

Es kann zusätzlich über Folgen-Variable und über die Indizes von Folgen quantifiziert werden (vgl. Abschnitt 2.3).

ist_vorfahre(x,y) ::=
  (**Ex** F : Seq(person) |
    F[0] = x ∧ F[Length(F)-1] = y ∧ (**All** i : Length(F) | ist_elter (F[i],F[i+1]))

*) Somit kann die Explosion eines Stücklistenprozessors *nicht* in SQL formuliert werden; das Problem kann aber gelöst werden, durch Einbezug von SQL in einer höheren Programmiersprache.

7.9.6 Erweiterung (rekursive Definition)

```
ist_vorfahre(x,y) ::=
      ist_elter(x,y) ∨
            (Ex z : person | ist_elter(x,z) ∧ ist_vorfahre(z,y))
```

Die letztere Lösung ist in der Informatik aus mehreren Gründen weit verbreitet: sie ist am knappsten zu formulieren und auf der anderen Seite beherrscht man die Technik der rekursiven Prozeduraufrufe seit langem.

Aber auch die Verwendung von Folgen spielt eine große Rolle bei der Lösung komplexer Probleme. Da dort ein Existenz-Quantor vorhanden ist, ist die Notwendigkeit gegeben, nach geeigneten Folgen zu suchen. Das ist zum einen nachteilig gegenüber der rekursiven Lösung. Es kann aber auch ein Vorteil sein, da hier in Abhängigkeit vom zu lösenden Problem mehrere unterschiedliche Lösungsansätze verwendet werden können. Hierzu zählen die ereignisorientierte Suche (Vorwärts-Verkettung), zielorientierte Suche (Rückwärts-Verkettung) und Suche in die Breite (vgl. hierzu Abschnitt 5.4); der rekursive Ansatz entspricht der Rückwärts-Verkettung, wobei die entsprechenden Folgen Rechner-intern in Form des Aufruf-Stacks gebildet werden.

8. Mehrwertige Logik

"Bis du nun zufrieden?" sagte die Raupe.
"Nun, ein klein wenig größer wäre ich schon gern, mein Herr, wenn es Ihnen nichts ausmacht."sagte Alice:"drei Zoll ist so eine armselige Größe!"
"Es ist, ganz im Gegenteil, eine sehr gute Größe!" sagte die Raupe zornig und richtete sich auf, während sie sprach (sie war genau drei Zoll groß).

(Lewis Caroll; Alice im Wunderland)

8.1 3-wertige Logiken nach Lukasiewicz und Kleene

In Datenbanken ist es üblich, für gewisse Felder "NULL" zuzulassen (nicht zu verwechseln mit der Zahl 0 oder dem leeren String): NULL bedeutet, daß kein definierter Wert vorhanden ist (z.B. unbekannt, irrelevant, geheim).

Abfragen können somit für einige Tupel neben TRUE und FALSE auch den Wert UNKNOWN ergeben. Es werden aber nur die Zeilen angezeigt, für die der logische Ausdruck den Wert TRUE hat.

So würde bei folgender Abfrage

```
SELECT *
FROM   Gebrauchtwagen
WHERE  kmStand < 60000
```

die folgende Eintragung nicht erscheinen:

```
(Nummer      = 89012
 Hersteller  = Volkswagen,
 Baujahr     = 1966
 Modell      = Käfer 1300
 Farbe       = grau
 kmStand     = NULL
 Preis       = NULL)
```

Für die Abfrage

```
SELECT *
FROM   Gebrauchtwagen
WHERE  kmStand < 60000   OR  Modell = "Käfer 1300"
```

dagegen würde diese Eintragung erscheinen.

Wenn wir den logischen Wert "UNKNOWN" durch ½ darstellen, kommen wir auf die in der folgenden Tabelle dargestellte 3-wertige Logik.

AND	0	½	1
0	0	0	0
½	0	½	½
1	0	½	1

OR	0	½	1
0	0	½	1
½	½	½	1
1	1	1	1

NOT	
0	1
½	½
1	0

Abb. 8-1: Verknüpfungen in der 3-wertigen Logik

Diese Logik bildet einen distributiven Verband, d.h. es gelten alle Gesetze einer Booleschen Algebra außer den Komplementärgesetzen (hier gilt für $x = \frac{1}{2}$ $x \wedge \neg x = \frac{1}{2}$ und $x \vee \neg x = \frac{1}{2}$)

In dieser Logik gelten auch die folgenden allgemeinen Gesetze:

$1 \wedge x = x,$ $\quad 0 \wedge x = 0$

$0 \vee x = x,$ $\quad 1 \vee x = 1$

$\neg\neg x = x$

$\neg 0 = 1,$ $\quad \neg 1 = 0$

$\neg(x \wedge y) = \neg x \vee \neg y,$ $\quad \neg(x \vee y) = \neg x \wedge \neg y.$

Dreiwertige Logiken sind von Lukasiewicz (1920, vgl. [Sino68]) und Kleene (vgl. [Turn84]) untersucht worden. Hierin ist auch jeweils eine Definition der Implikation enthalten.

Die dreiwertige Logik von Kleene (zitiert nach [Turn84]) unterscheidet sich von der Logik von Lukasiewicz in der Definition der Implikation mit

$\frac{1}{2} \rightarrow \frac{1}{2} = 1$ (Lukasiewicz),

$\frac{1}{2} \rightarrow \frac{1}{2} = \frac{1}{2}$. (Kleene).

IMPL	0	½	1
0	1	1	1
½	½	1	1
1	0	½	1

nach Lukasiewicz

IMPL	0	½	1
0	1	1	1
½	½	½	1
1	0	½	1

nach Kleene

Abb. 8-2: Implikation in der 3-wertigen Logik

Wir bezeichnen die Menge der Wahrheitswerte mit L3 ::= {0, ½, 1}. Zu beachten ist, daß die Beschränkung auf die Wahrheitswerte 0 und 1 jeweils die zweiwertige Boolesche Algebra ergibt.

Als Zusammenhang zwischen Ordnung und Implikation gelten hier folgende Gesetze:

Wenn $x \leq y$, dann ist $x \rightarrow y = 1$ (Lukasiewicz)

$x \rightarrow y = \neg x \vee y$ (Kleene).

Die Implikation nach Lukasiewicz ist insofern weitergehender als sie nicht durch einen Term ausgedrückt werden kann *), während die Implikation nach Kleene durch einen Term definierbar ist. Die dreiwertige Logik nach Lukasiewicz bezeichnen wir ebenfalls durch L3.

Die Funktion MAYBE - dargestellt durch "?" - (vgl. [Date90a]) mit ?0 = 0, ? ½ = 1, ?1 = 0 können wir in L3 definieren durch ?x ::= $(x \rightarrow \neg x) \wedge (\neg x \rightarrow x)$.

Daraus lassen sich weiter die Funktionen

◊x ::= x ∨ ?x (POSSIBLE)
□x ::= ¬◊¬x (NECESSARY)
⫤ x::= ¬◊x (IMPOSSIBLE)

ableiten. Diese einstelligen Funktionen sind in folgender Tabelle zusammengefaßt.

x	¬x	?x	◊x	□x	⫤ x
0	1	0	0	0	1
½	½	1	1	0	0
1	0	0	1	1	0

*) Da für jede Termfunktion t, die aus den Operatoren ∧, ∨ und ¬ gebildet wird, gilt t (½, ½) = ½

In L3 ist der Term $(x \vee \neg x)$ keine Tautologie. Dafür sind die folgenden Terme Tautologien:

$x \vee \Diamond x$

$x \vee ?x \vee \exists x$

$\Box x \vee ?x \vee \exists x$

L3 ist nicht "*vollständig*" wie die zweiwertige Boolesche Algebra B, d.h. es gibt Funktionen, die sich nicht durch Terme darstellen lassen. Das folgt daraus, daß $\{0,1\}$ abgeschlossen gegen die vorgegebenen Operationen (incl. Implikation) ist und somit *für jede* Termfunktion f gilt $f(1) \in \{0,1\}$.

L3 ist dagegen in einem anderen Sinne vollständig; diese Eigenschaft nennen wir "*1-Vollständigkeit*". Wenn wir eine Termfunktion $f : L3^n \text{--->} L3$ haben, interessieren wir uns für die Menge der Belegungen, die den Wert 1 ergeben. Wir betrachten also $\{b \in L3^n \mid f(b) = 1\}$. Mit einem ähnlichen Beweisverfahren wie im Falle der Booleschen Algebra können wir den folgenden Satz zeigen.

8.1.1 Satz (1-Vollständigkeit von L3)

Für jede Teilmenge $A \subseteq L3^n$ gibt es eine Termfunktion f, so daß

$$A = \{[x_0,\dots,x_{n-1}] \in L3^n \mid f(x_0,\dots,x_{n-1}) = 1\}$$

Beweis:
Für jede Belegung $b \in A$ bilden wir die Konjunktion

$\tau x_0 \wedge \dots \wedge \tau x_{n-1}$, wobei

$$\tau x_i ::= \begin{cases} \exists x_i & \text{falls } b(i) = 0 \\ ?x_i & \text{falls } b(i) = ½ \\ \Box x_i & \text{falls } b(i) = 1 \end{cases}$$

Sei f die Disjunktion dieser Konjunktionen; es ist
$A = \{b \in L3^n \mid f(b) = 1\}$ Ω

8.1.2 Beispiel

Sei n = 3 und es sei A ::= {[0 0 0], [0 0 1], [0 ½ 1]}.

Für den Term $t(x_0,x_1,x_2) ::= \neg x_0 \wedge \neg x_1 \wedge \neg x_2 \vee \neg x_0 \wedge \neg x_1 \wedge x_2 \vee \neg x_0 \wedge ?x_1 \wedge \neg x_2$

ist $A = \{[x_0,x_1,x_2] \in L3^3 \mid t(x_0,x_1,x_2) = 1\}$

In SQL haben wir für Attribute die Testfunktion IS NULL. Prinzipiell läßt sich damit jede Abfrage, die die Operatoren MAYBE (oder NECESSARY, POSSIBLE, IMPOSSIBLE) benutzen, darstellen. De facto kann dieser Ausdruck lang werden. Seien z.B. die drei numerischen Attribute x, y, z gegeben. Die Abfrage

POSSIBLE (x > 0 AND y > 0 AND z > 0)

kann ausgedrückt werden durch

(x > 0 OR x IS NULL) AND
(y > 0 OR y IS NULL) AND
(z > 0 OR z IS NULL)

Mit L3 läßt sich ohne Problem eine Prädikatenlogik definieren, da das Maximum und Minimum (die entsprechend 7.3.2 für den Existenz- und All-Quantor stehen) für beliebige Folgen von logischen Werten auch bei der dreiwertigen Logik definiert sind.

8.2 Vage Logik

Die Theorie der "Fuzzy Sets" (deutsch: "unscharfe Mengen") wurde von Zadeh [Zade68] entwickelt. 1973 erschien als erstes Buch zu diesem Thema (in französischer Sprache) unter dem Titel "Sous-ensembles flous" (deutsch: "vage Untermengen") von A. Kaufmann. Die englische Bezeichnung hat sich auch im deutschen Sprachraum weitgehend durchgesetzt. Die vage Logik ist später entwickelt worden als eine Logik, unter der die "*Mengen*" sich als Fuzzy Sets ergeben (vgl. [Mamd81]).

Die vage Logik kann als Erweiterung der 3-wertigen Logik von Lukasiewicz oder Kleene aufgefaßt werden: Die möglichen Wahrheitswerte sind alle Werte im Intervall der reellen Zahlen von 0 bis 1 und es werden folgende Operationen definiert:

$x \wedge y ::= \min(x,y)$

$x \vee y ::= \max(x,y)$

$\neg x ::= 1 - x$

Es gelten in dieser Logik alle im vorigen Abschnitt angegebenen Gesetze.

Wir erläutern die vage Logik an einem kleinen Beispiel:

8.2.1 Beispiel (vage Aussagen)

Wir gehen davon aus, daß die folgenden atomaren Aussagen

r ::= "Radfahren macht Spaß";
w ::= "das Wetter ist schön";
a ::= "es sind viele Autos auf der Straße";

in folgender Beziehung stehen:

$r = w \wedge \neg a$

Es ist in der Praxis nicht möglich, den Aussagen w und a jeweils die Werte TRUE oder FALSE zuzuordnen. Wie ordnen diesen Aussagen daher vage logische Werte zwischen 0 und 1 zu. Die Aussage r enthält dann entsprechend den o.a. Festsetzungen auch Werte zwischen 0 und 1, wie in Abb. 8-3 dargestellt.

w	a	¬a	r ::= w ∧ ¬a
0.90	0.40	0.60	0.60
0.30	0.30	0.70	0.30
0.70	0.30	0.70	0.70
0.70	0.00	1.00	0.70

Abb. 8-3: AND als Maximum

Die Implikation kann auf folgende (unterschiedliche!) Weise definiert werden:

8.2.2 Definition (Implikation)

(a) $x \rightarrow y ::= \neg x \vee y = \max(1\text{-}x, y)$

(b) $x \rightarrow y ::= \begin{cases} 1 & \text{falls } x \leq y \\ 1 - (x\text{-}y) & \text{falls } x > y \end{cases}$

(b') $x \rightarrow y ::= \min(1, 1\text{-}(x\text{-}y))$

Es ist also $\frac{1}{2} \rightarrow \frac{1}{2} = \frac{1}{2}$ für Definition (a), $\frac{1}{2} \rightarrow \frac{1}{2} = 1$ für Definition (b).

Die Definition (a) ist eine Erweiterung der Implikation für die 3-wertige Logik nach Kleene, während (b) eine Erweiterung der Implikation nach Lukasiewicz darstellt.

Vage Logik spielt eine größere Rolle in Expertensystemen (vgl. z.B. [Nego85] und [Hols86]). Hier hat jedoch die Implikation nicht die Rolle einer logischen Verknüpfung, wie sie in Kap. 3 eingeführt wurde, sondern im Sinne einer Regel der folgenden Art:

WENN Wetter_ist_schön
UND NICHT viele_Autos
DANN Radfahren_macht_Spaß,

wobei für die Prämissen (Wetter_ist_schön, viele_Autos) gewisse vage Wahrheitswerte vorhanden sind. Daraus wird ein vager Wahrheitswert für die Konklusion (Radfahren_macht_Spaß) abgeleitet. Gegebenenfalls kann die Regel selber noch mit einem gewissen Unsicherheitsfaktor versehen werden.

Daher ist die Frage der vagen Implikation als logischer Operation in Anwendungszusammenhängen zweitrangig. Die Zusammenhänge zwischen *Implikation* und *Regel*, die zentral für die zweiwertige Aussagenlogik sind, gelten für die mehrwertige Logik nicht mehr. Daher sind diese Begriffe streng zu trennen. Somit entfällt aber auch die Notwendigkeit, sich für eine Semantik für die Implikation als zweistelliger Operation festzulegen.

In Abb. 8-3 fällt auf, daß in der 3. und 4. Zeile der Wert für $(w \wedge \neg a)$ unverändert bleibt, obwohl der Wert für $\neg a$ gestiegen ist. In [Mamd81] wird vorgeschlagen, für AND und OR Funktionen zu verwenden, die von beiden Argumenten voll abhängen, wie z.B.

$$x \wedge y ::= x \cdot y$$

$$x \vee y ::= 1 - (1-x) \cdot (1-y)$$

(äquivalent: $x \vee y ::= x + y - x \cdot y$)

Diese Verknüpfungen stehen in dem Expertensystem GURU (vgl. [Hols86]) neben der Maximum- bzw. Minimum-Verknüpfung u.a. zur Verfügung. Die folgende Tabelle gibt dann die der Abb. 8-3 entsprechenden Werte an:

w	a	¬a	r ::= w ∧ ¬a
0.90	0.40	0.60	0.54
0.30	0.30	0.70	0.21
0.70	0.30	0.70	0.49
0.70	0.00	1.00	0.70

Abb. 8-4: Verwendung des "multiplikativen" AND

Für die Fälle $x, y \in \{0,1\}$ stimmen wiederum beide Funktionen mit den Booleschen Funktionen $\wedge$ und $\vee$ überein. Für die anderen Werte gelten aber nicht einmal mehr die Idempotenzgesetze, da $x \wedge x = x$ nur für $x \in \{0, 1\}$ gilt.

Es gelten aber weiterhin die de-Morganschen Gesetze - die $\vee$-Verknüpfung ist gerade so definiert, daß diese Gesetze gelten.

Die Disjunktion mit dem schon vorhandenen Vertrauenswert von y sagt aus, daß durch neue Fakten, die eine Vermutung bestätigen, das Vertrauen in die Vermutung nicht sinken kann. Welche Funktion die besten Werte liefert, kann nicht theoretisch entschieden werden, sondern das müssen praktische Erfahrungen zeigen.

Eine weitergehende Auseinandersetzung mit sinnvollen Definitionen der umgangssprachlichen Begriffe "und" und "oder" in der vagen Logik erfolgt in dem neueren Einführungswerk [Zimm88].

8.3 Die reellen Zahlen als logische Wahrheitswerte

Es gibt weitere Möglichkeiten, die reellen Zahlen als Wahrheitswerte zu interpretieren. Neben der vagen Logik im vorigen Abschnitt sei hier eine weitere häufig benutzte Anwendung vorgestellt.

Es werden die negativen Zahlen und die 0 als Werte für "falsch" genommen und die positiven Zahlen als Werte für "wahr". Die Operationen AND und OR können wiederum durch min und max definiert werden, die Negation ist die Operation – ("minus"). Daneben spielen aber die Addition und Multiplikation eine größere Rolle. Es wird hier auch nicht mehr nach der "absoluten" Wahrheit einer Aussage gefragt, sondern nur nach der "relativen" Bewertung im Zusammenhang mit anderen Aussagen.

Dieses sei an einem kleinen Beispiel aus dem Bereich des Information Retrieval dargestellt.

Beim Information Retrieval mit metrischer Recherche wird in einer Datenbank mit einer Anzahl von Dokumenten für eine gestellte Frage jeweils festgestellt, wie groß für die Dokumente der Datenbank (z.B. Literaturzitate) die Übereinstimmung mit der Frage ist. Hierbei ist es möglich, sowohl den Deskriptoren in der Suchabfrage als auch den Deskriptoren in den Dokumenten Zahlwerte zuzuordnen (auch negative). Es werden in der Auswahl dann nur die Dokumente betrachtet, für die die Summe der Produkte der Deskriptorwerte positiv ist. Bei mehreren Treffern werden ggf. nur die Dokumente ausgewählt, die die größten Werte erreichen. (vgl. z.B. [Lock81]).

Seien z.B. drei Dokumente gegeben:

Dok1 beschreibt ein spezielles Verfahren zur Verbesserung der Fischqualität; *Dok2* beschreibt eine Untersuchung über Nematoden im Hochseefisch und *Dok3* beschreibt einen Bericht über EG-Fang-Quoten und Verträge mit Island. Die drei Dokumente sind mit der in der folgenden Abb. angegebenen Deskriptoren versehen:

```
Dokument 1 : ( 2.0)   Fisch
             ( 0.5)   Ernährung
             ( 1.0)   Produktionsverfahren
             ( 3.0)   Gefrierverfahren
             (-2.0)   Chemie
             ( 0.8)   Parasiten
```

```
Dokument 2 : ( 2.0)   Fisch
             ( 2.0)   Salzwasser
             ( 1.0)   Hochsee
             ( 4.0)   Nematoden
             ( 1.5)   Parasiten
```

```
Dokument 3 : ( 4.0)   Fischerei
             ( 1.0)   Ernährung
             ( 2.0)   Hochsee
             ( 2.0)   EG
             ( 4.0)   Island
             ( 0.5)   Kabeljau
             ( 0.2)   Hering
             ( 0.8)   Rotbarsch
```

Abb. 8-5: Dokumente mit Deskriptoren

Abf sei eine Abfrage nach Problemen der Hochseefischerei, die wie folgt formuliert ist:

```
Abfrage :  ( 3.0)   Fisch
           ( 4.0)   Fischerei
           ( 2.0)   Seefahrt
           ( 2.0)   Hochsee
           ( 1.0)   Produktionsverfahren.
```

Abb. 8-6: Abfrage

Die Verknüpfung der Abfrage mit den Dokumenten ergibt folgende Werte (formal handelt es sich um ein Skalar-Produkt der jeweiligen Deskriptoren-Vektoren mit dem Abfrage-Vektor):

$$Abf * Dok1 = 3*2 + 1*1 = 6 + 1 = 7$$
$$Abf * Dok2 = 3*2 + 2*1 = 6 + 2 = 8$$
$$Abf * Dok3 = 4*4 + 2*2 = 16 + 4 = 20$$

Somit kann angenommen werden, daß alle 3 Dokumente eine gewisse Relevanz zur Themenstellung haben, aber in unterschiedlicher Gewichtung; die größte Relevanz bezogen auf die Abfrage hat offensichtlich Dokument 3.

9. Prädikatenlogik und SQL

" I didn't know it was *your* table," said Alice: " it's laid for a great many more than three."

(Lewis Carrol, Alice in Wonderland)

9.1 Das relationale Datenbankmodell

Wir betrachten in diesem Kapitel den Zusammenhang zwischen SQL und der Prädikatenlogik 1. Ordnung, wie sie im Kapitel 7 dargestellt worden ist. Neben SQL gibt es andere Abfragesprachen, die z.T. auch grundsätzlich andere Ausdrucksmittel verwenden, z.B. Pascal/R (vgl. [Schm80]), das eine Formulierung verwendet, die der Prädikatenlogik am nächsten liegt. Ein weiteres Beispiel ist QUEL, die für INGRES definierte Abfragesprache (vgl. [Ston76]).

Eine relationale Abfragesprache ist "*relational vollständig*", wenn alle prädikatenlogischen Terme, die nur über Tupelmengen quantifizieren, in dieser Sprache ausgedrückt werden können. In der in [Codd70] definierten Relationen-Algebra wird die Aufgabe der Quantifizierung durch die Operation der "*Division*" erfüllt, die dem All-Quantor entspricht, aber schwierig zu verstehen ist. Der Existenz-Quantor kann dann durch die de-Morganschen Gesetze definiert werden.

Ullmann zeigte in [Ullm83], daß der Divisionsoperator mithilfe der Mengendifferenz A - B definiert werden kann. Die Mengendifferenz kann andererseits durch die Formel

$$A - B ::= \{x \in A \mid \neg(\mathrm{Ex}\ y \in B \mid x = y)\}$$

beschrieben werden.

Die Formulierungen im Fallbeispiel 7.5.1 zeigen allerdings auch, daß die prädikatenlogische Formulierung für viele Datenbank-Anwendungen zu umständlich ist. Vergleichen Sie hierzu folgende Formulierung in SQL.

9.1.1 Beispiel (Abfrage in SQL; vgl. 7.5.1 (3))

Die Relation (Liste) aller Lehrveranstaltungen des Dozenten mit dem Namen "Matthiessen"

```
SELECT raum, wochentag, beginn, ende,
       unterrichtsgruppe, fach
FROM   StuPla s, Dozenten d
WHERE  s.dozent = d.dozent
  AND  d.name = "Matthiessen"
```

Wir beginnen die Betrachtungen zu SQL mit der Definition von Relationen, in SQL "*Tabellen*" genannt. Für das o.a. Stundenplan-Beispiel gibt es u.a. die Tabellen StuPla und Dozenten, die im folgenden dargestellt werden. Wir gehen dabei davon aus, daß die Eintragungen für den Dozenten, die Unterrichtsgruppe und das Fach jeweils obligatorisch sind, während die übrigen Eintragungen (in der Frühphase der Stundenplanung) noch unbekannt sein können.

9.1.2 Beispiel (Datenbank-Definition in SQL)

```
CREATE TABLE StuPla (
   Raum              : CHAR(3),
   Wochentag         : SMALLINT,
   Beginn            : DECIMAL(4,2),
   Ende              : DECIMAL(4,2),
   Dozent            : CHAR(3) NOT NULL,
   Unterrichtsgruppe : CHAR(3) NOT NULL,
   Fach              : CHAR(5) NOT NULL);

CREATE TABLE Dozenten (
   Dozent     : CHAR( 3) NOT NULL,
   Name       : CHAR(20) NOT NULL,
   Vorname    : CHAR(12),
   Status     : Char( 2) (* HL/LB *) )
```

Im Rahmen der Prädikatenlogik fassen wir die *Tupel* als *Entitäten* auf und dementsprechend die *Relationen* als *Entitäten-Mengen*. Die *Attribute* beschreiben dann *partielle Funktionen* mit der Relation als Argumentebereich und den Datentypen als Wertebereich. Also für das Beispiel 9.1.2.

9.1.3 Beispiel (Datenbankdefinition in Prädikatenlogik)

Raum	: Stupla ---> CHAR(3)
Wochentag	: Stupla ---> SMALLINT
Beginn	: Stupla ---> DECIMAL(4,2)
Ende	: Stupla ---> DECIMAL(4,2)
Dozent	: Stupla ---> CHAR(3)
Unterrichtsgruppe	: Stupla ---> CHAR(3)
Fach	: Stupla ---> CHAR(5)

Dozent	: Dozenten ---> CHAR(3)
Name	: Dozenten ---> CHAR(20)
Vornam	: Dozenten ---> CHAR(12)
Status	: Dozenten ---> Char(2)

Die (partiellen) Funktionen fassen wir als "generisch", d.h.

Dozent : Stupla	---> CHAR(3)	und
Dozent : Dozenten	---> CHAR(3)	

sind wegen der unterschiedlichen Argument-Bereiche verschiedene Funktionen, die (nicht ganz zufällig) denselben Wertebereich und denselben Bezeichner haben. Durch die Angabe NOT NULL in der CREATE-TABLE-Anweisung wird festgelegt, daß das entsprechende Attribut eine (vollständige) Funktion beschreibt.

Da die Attribut-Funktionen immer genau ein Argument enthalten, können wir entsprechend der SQL-Schreibweise im folgenden für ein Attribut f und eine Tupel-Variable t statt f(t) t.f schreiben.

Wegen dieser Interpretation der Relationen als Argumentbereiche von Funktionen bezeichnen wir sie im folgenden häufig als "*Tupelmengen*", im Gegensatz dazu die Wertebereiche wie CHAR(n), INTEGER, DECIMAL(n,m) als "*Darstellungsmengen*". Eine wesentliche Voraussetzung*) des relationalen Datenbankmodells ist, daß Verknüpfungen zwischen Relationen nur über Darstellungsmengen erfolgen (vgl. z.B. [Codd70], [Codd72]). Dadurch sind prägnante funktionale Beschreibungen wie im Beispiel 2.4.5 nicht möglich.

Da die Funktionen grundsätzlich als Domänen Entitäten-Mengen und als Ergebnisse Darstellungsmengen haben, können sie nicht miteinander verknüpft werden. Dadurch ist das Datenmodell, trotz der offensichtlich benutzten Funktionen "relational". (Vgl. hierzu Beispiel 9.2.6).

Diese Darstellung, die Relationen als Entitäten-Mengen auffaßt, entspricht bei Entitäten-Relationen, wo also jedes Tupel eine Entität der Realität beschreibt, genau der Betrachtungsweise im Entity Relationship Modell. Bei Beziehungs-Relationen ist dieser Aufbau des relationalen Modells Ursache von z.T. schwerwiegenden Problemen wie z.B. das Problem der Schlüssel und der Normalformen. Die vom Modell her gegebene Notwendigkeit, eindeutige Schlüssel für Entitäten-Relationen zu vergeben, ist von Codd

*) Es gibt derzeit mehrere Vorschläge, diese Voraussetzung im Rahmen von allgemeineren Datenbankmodellen durch flexiblere, aber weiterhin klare Datenmodelle zu ersetzen.

in [Codd70] für alle Relationen gefordert worden. Die Praxis - und auch der Sprachumfang von SQL - zeigen, daß diese Annahme nicht notwendig ist.

Ein *Zustand* einer Datenbank ist konkret der Inhalt einer Datenbank zu einem bestimmten Zeitpunkt.

Zum Schema einer Datenbank gehören neben der Signatur sog. *"Konsistenzbedingungen"*, die wir weiter in Absatz 9.4 behandeln werden. Es gibt statische und dynamische Konsistenzbedingungen. Statische Konsistenzbedingungen legen zulässige Zustände von Datenbanken fest, während dynamische Konsistenzbedingungen zulässige Übergänge zwischen Zuständen regeln. Wir behandeln hier nur die statischen Konsistenzbedingungen.

Eine statische Konsistenzbedingung ist ein prädikatenlogischer Term ohne freie Variable mit dem Ergebnistyp BOOLEAN. Ein Zustand einer Datenbank erfüllt eine Konsistenzbedingung, wenn die Auswertung der Konsistenzbedingung in dem Zustand den Wert TRUE ergibt. Ein Zustand ist dementsprechend *konsistent*, wenn er alle für die Datenbank formulierten Konsistenzbedingungen erfüllt.

Anzustreben ist, daß das Datenbankverwaltungssystem sicherstellt, daß die Datenbank nur konsistente Zustände einnehmen kann. An vielen Stellen müssen heute allerdings noch die Prüfungen auf Einhaltung der Konsistenz-Bedingungen vom Datenbankprogrammierer in die Anwendungen programmiert werden.

9.2 Die SELECT-Anweisung

Die SELECT-Anweisung - vorläufig seien nur die und die WHERE-Klausel betrachtet, nicht die SELECT, die GROUP-BY und die HAVING-Klausel - beschreibt eine Relation über dem Produkt der in der FROM-Klausel angegebenen *Tupelmengen*. Dabei werden Variable an die Tupelmengen gebunden (den Fall, daß nach einer Relation in der FROM-Klausel keine Variable erscheint, fassen wir hier als Kurzschreibweise auf).

9.2.1 Beispiel (Tupel-Relation in SQL)

So beschreibt z.B.

```
FROM  StuPla s1, StuPla s2
WHERE s1.tag = s2.tag
  AND s1.beginn <= s2.ende
  AND s2.beginn <= s1.ende
  AND s1.raum = s2.raum
  AND s1.dozent <> s2.dozent
```

die Relation aller Paare von Lehrveranstaltungen, wo zu einem gewissen Zeitpunkt zwei verschiedene Dozenten in einem Raum zu sein haben. In Prädikatenlogik also

$$
\begin{aligned}
(s1, s2 : \text{StuPla} \mid\ & s1.tag = s2.tag \\
& \wedge s1.beginn \leq s2.ende \\
& \wedge s2.beginn \leq s1.ende \\
& \wedge s1.raum = s2.raum \\
& \wedge s1.dozent \neq s2.dozent)
\end{aligned}
$$

Durch die SELECT-Klausel werden Funktionen definiert, die auf einzelne Komponenten der Tupel-Relation anzuwenden sind und damit die Ergebnis-Relation als Teilmenge eines Produktes von Darstellungsmengen bilden.

9.2.2 Beispiel (Darstellungs-Relation in SQL)

So liefert entsprechend dem vorigen Beispiel

```
SELECT s1.raum,
       s1.tag, s1.beginn, s1.ende, s2.beginn,
       s1.dozent, s2.dozent
FROM  StuPla s1, StuPla s2
WHERE s1.tag = s2.tag
  AND s1.beginn <= s2.ende
  AND s2.beginn <= s1.ende
```

```
AND s1.raum = s2.raum
AND s1.dozent <> s2.dozent
```

die Räume, Anfangszeiten und Dozenten von Lehrveranstaltungen, wo zu einem gewissen Zeitpunkt zwei verschiedene Dozenten in einem Raum zu sein haben.

Systematisch gehört die SELECT-Klausel weiter nach hinten in der SELECT-Anweisung (nur noch vor die ORDER-BY-Klausel), während die anderen Klauseln (FROM, WHERE, GROUP BY, HAVING) in der Reihenfolge ihrer gegenseitigen Abhängigkeit stehen, d.h. daß z.B. Variable der WHERE-Klausel in der FROM-Klausel eingeführt sein müssen. Diese unsystematische Anordnung der Klauseln in der SELECT-Anweisung hat seine historischen Wurzeln in der Illusion, SQL (früher SEQUEL = Structured English QUEry Language) sei eine natürlichsprachliche Benutzerschnittstelle.

Ein mächtiges Element der Sprache SQL ist die Unterabfrage mit dem EXISTS-Operator in der WHERE-Klausel. Diese ermöglicht schließlich die Einführung von Existenz-Quantoren. All-Quantoren können dann durch die de-Morganschen Gesetze ausgedrückt werden.

Die Syntax hierfür ist

```
EXISTS ( select-anweisung )
```

wobei in der eingebetteten SELECT-Anweisung die SELECT-Klausel eigentlich fehlen könnte - es geht hier nur darum, ob die eingebettete SELECT-Anweisung eine leere Relation beschreibt oder ob es mindestens ein Tupel in der Relation gibt; daher kann die eingebettete SELECT-Klausel immer die Form SELECT * haben. Die Unterabfrage enthält in der Regel freie Variable, die in der FROM-Klausel einer umgebenden SELECT-Anweisung gebunden werden.

9.2.3 Beispiel (EXISTS-Operator in SQL)

```
SELECT s.raum, s.tag, s.beginn, s.ende,
       s.unterrichtsgruppe, s.fach
FROM   StuPla s
WHERE  EXISTS (
   SELECT *
   FROM Dozenten d
   WHERE d.dozent = s.dozent
     AND d.name = "Matthiessen")
```

ist die Relation aller Lehrveranstaltungen der Dozenten mit dem Namen Matthiessen (für die Abfrage wird hier nicht unterschieden, ob es einen oder mehrere Dozenten mit dem angegebenen Namen gibt). In der Prädikatenlogik entspricht das dem Ausdruck

(r : CHAR(4); t : SMALLINT; b, e : DECIMAL(4,2); ug: CHAR(3); lv: CHAR(5) |
    (Ex s : StuPla |
        (Ex d : Dozenten |
            d.Dozent = s.Dozent ∧
            d.Name = "Matthiessen" ∧
            s.r = Raum ∧
            s.Tag = t ∧
            s.b = Beginn ∧
            s.Ende = e ∧
            s.Unterrichtsgruppe = ug ∧
            s.Fach = lv))

Der (positive) EXISTS-Operator kann im übrigen grundsätzlich durch einen Join ausgedrückt werden (für NOT EXISTS gilt das nicht).

9.2.4 Beispiel (Existenz durch Join)

Zu der SELECT-Anweisung in 9.2.3 ist die folgende äquivalent:

```
SELECT s.raum, s.tag, s.beginn, s.ende,
       s.unterrichtsgruppe, s.fach
FROM   StuPla s, Dozenten d
WHERE d.dozent = s.dozent
AND d.name = "Matthiessen"
```

Der entsprechende prädikatenlogische Ausdruck ist dementsprechend fast identisch zu dem Ausdruck in 9.2.3:

(r : CHAR(4); t : SMALLINT; b, e : DECIMAL(4,2);
 ug: CHAR(3); lv: CHAR(5) |
    (Ex s : StuPla; d : Dozenten |
            Dozent(d) = Dozent(s) ∧
            Name(d) = "Matthiessen ∧
            s.r = Raum ∧
            s.Tag = t ∧
            s.b = Beginn ∧
            s.Ende = e ∧
            s.Unterrichtsgruppe = ug ∧
            s.Fach = lv))

Dieses Beispiel zeigt eine Einschränkung von SQL: es kann nur über *Tupelmengen* quantifiziert werden, nicht über Darstellungsmengen. Was dadurch ausgeschlossen wird, sehen wir in dem nächsten Beispiel.

9.2.5 Beispiel (Quantifizierung über Darstellungsmengen)

Die Liste aller Wochentage, an denen keine Lehrveranstaltungen stattfinden, kann *nicht* durch

```
(* !!! ACHTUNG : fehlerhaftes Beispiel !!! *)
SELECT wtag
FROM  SMALLINT wtag
WHERE wtag IS BETWEEN 1 AND 7
  AND NOT EXISTS (
    SELECT *
    FROM StuPla s
    WHERE s.tag = wtag)
```

dargestellt werden. Stattdessen benötigen wir für diese Abfrage eine Relation, die z.B. durch

```
CREATE TABLE Wochentage (tag : SMALLINT NOT NULL)
```

definiert ist und genau sieben Tupel mit jeweils den Werten von 1 bis 7 enthält. Die Abfrage ist dann

```
SELECT w.tag
FROM  Wochentage w
WHERE NOT EXISTS (
    SELECT *
    FROM StuPla s
    WHERE s.tag = wtag)
```

"*RelationaleVollständigkeit*" bedeutet also nicht, daß *alle* prädikatenlogischen Terme über dem Darstellungsbereich formulierbar sind. So ist z.B. das Prädikat "Primzahl" als einstellige Relation in SQL nicht formulierbar. Diese Einschränkung hat den großen Vorteil, daß die Mengen, über die quantifiziert wird, immer endliche Mengen sind, deren Umfang durch den Inhalt der Datenbank zur Ausführungszeit jeweils effektiv bekannt ist. Damit kann die Ergebnismenge für jede Abfrage, die an eine Datenbank gestellt werden kann, auch effizient beantwortet werden. Fragen wie die Goldbachsche Vermutung (vgl. Seite 151) lassen sich nicht in SQL formulieren.

Entsprechend Seite 235 weisen wir hier noch mal darauf hin, daß funktionale Verknüpfungen in relationalen Datenbanken über Joins durchgeführt werden müssen.

9.2.6 Beispiel (SQL nicht funktional)

Der gesamte Stundenplan mit allen Angaben im Volltext könnte in einer funktionalen Schreibweise wie folgt definiert werden:

```
(* !!! Achtung , nicht SQL !!! *)
SELECT s.raum,
       tagesname(s.tag), s.anfang, s.ende,
       name(s.dozent), vorname(s.dozent),
       titel(s.fach), bezeichnung(s.unterrichtsgruppe)
FROM   StuPla s
```

Die Formulierung in SQL lautet jedoch

```
SELECT sp.raum,
       w.tagesname, sp.anfang, sp.ende,
       d.name, d.vorname,
       so.titel, st.bezeichnung
FROM   StuPla s,
       Wochentage w, Dozenten d,
       Studienordnung so, Studentengruppen sg
WHERE  w.tag    = sp.tag
  AND  d.dozent = sp.dozent
  AND  so.lv_nr = sp.fach
  AND  st.gruppe = sp.Unterrichtsgruppe
```

In der Praxis werden hier (nicht nur) von Anfängern häufig die Join-Verknüpfungen in der WHERE-Klausel vergessen, was umso problematischer ist, da die so gestellte Abfrage syntaktisch korrekt ist - der Fehler wird möglicherweise erst durch die immens große Ergebnismenge entdeckt.

Die übrigen Operatoren, die in der WHERE-Klausel auftreten können, können wir als Sonderformen der bisher betrachteten prädikatenlogischen Terme auffassen, wie im folgenden anhand der vollständigen Liste der Prädikate nach [Lans89] dargestellt wird:

9.2.7 Beispiel (Vergleich mit Unterabfrage)

```
FROM r1
WHERE w1 <=
   (SELECT r2.w2 FROM r2 WHERE b)
```

ist für den Fall, daß die Unterabfrage genau ein Tupel als Ergebnis enthält, äquivalent zu

```
FROM r1, r2
WHERE r1.w1 <= r2.w2 AND b
```

Für den Fall, daß die Unterabfrage nicht genau ein Tupel hat, ist der obige Ausdruck undefiniert. Dieses ist eines der Ungereimtheiten von SQL.

9.2.8 Beispiel (BETWEEN)

```
WHERE w BETWEEN a AND b
```

ist äquivalent zu

```
WHERE a <= w AND w <= b
```

9.2.9 Beispiel (IN mit fester Liste)

```
WHERE w IN (v1, v2, v3)
```

ist äquivalent zu

```
WHERE w = v1 OR w = v2 OR w = v3
```

9.2.10 Beispiel (IN-Unterabfrage)

```
WHERE r1.w1 IN
   (SELECT r2.w2 FROM r2 WHERE b)
```

ist äquivalent zu

```
WHERE EXISTS (SELECT * FROM r2 WHERE b AND r1.w1 = r2.w2)
```

Die LIKE-Bedingung ist ein spezielles Prädikat auf der Menge der Strings.

9.2.11 Beispiel (IS NULL)

```
FROM r t
WHERE t.w IS NULL
```

besagt, daß w nicht im Definitionsbereich der partiellen Funktion w ist. In der Prädikatenlogik könnten wir das durch

(Ex z : r | w(t,z))

ausdrücken, d.h. w als Attribut beschreibt eine partielle Funktion, die hier als Relation w benutzt wird und es wird gefragt, ob für die Tupelvariable t, die an die Relation r gebunden ist, diese partielle Funktion w ein Ergebnis z besitzt.

9.2.12 Beispiel (ALL-Unterabfrage)

```
FROM r1 t1
WHERE t1.w1 <= ALL
   (SELECT t2.w2 FROM r2 t2 WHERE b)
```

ist äquivalent zu

```
FROM r1 t1
WHERE NOT EXISTS
    (SELECT *
     FROM   r2 t2
     WHERE  NOT (t1.w1 <= t2.w2))
```

9.2.13 Beispiel (ANY-Unterabfrage)

```
FROM r1 t1
WHERE t1.w1 <= ANY
    (SELECT t2.w2 FROM r2 t2 WHERE b)
```

ist äquivalent zu

```
FROM r1 t1
WHERE EXISTS
    (SELECT *
     FROM   r2 t2
     WHERE  t1.w1 <= t2.w2)
```

Die ALL- und ANY-Unterabfragen sind *nicht äquivalent* zu den All- und Existenz-Quantoren.

9.3 Datengruppierung, Vereinigung und Sortierung

Neben der FROM- und WHERE-Klausel gibt es in SQL die GROUP-BY-Klausel. Hier werden Relationen über *Darstellungsmengen* gebildet, die in der GROUP-BY-Klausel angegeben sind. Bei der Bildung der Ergebnis-Relation dürfen dann nur die entsprechenden an die Darstellungsmengen gebundenen Variablen sowie die "*statistischen Funktionen*" COUNT, SUM, AVG, MAX, MIN verwendet werden. Hierbei steht AVG für den Mittelwert (= Average); MAX und MIN können auch auf Zeichenketten angewandt werden - die übrigen Operatoren nur auf numerische Werte.

Die Datengruppierung führt allerdings aus der Prädikatenlogik heraus, und wir verzichten auf eine weitere Darstellung dieser Operation.

Die letzte Klausel der SELECT-Anweisung ist die ORDER-BY-Klausel, die aber auch nicht prädikatenlogisch zu interpretieren ist. Durch diese Klausel wird durch Vorgabe einer Reihenfolge aus der Relation eine Folge.

Neben den Klauseln SELECT, FROM, WHERE, GROUP BY, HAVING und ORDER BY gibt es in SQL noch das Schlüsselwort UNION, das in der Prädikatenlogik durch eine Disjunktion wiedergegeben werden kann. Voraussetzung für die Anwendung von UNION ist, daß die Signaturen der zu verknüpfenden Relationen identisch sind.

Für das Stundenplan-Beispiel würde folgende Relation die durch den Stundenplan angegebenen Ereignisse im Raum B016 beschreiben (Beginn und Ende von Lehrveranstaltungen):

9.3.1 Beispiel (UNION)

```
SELECT "Beginn", s.tag, s.beginn,
       s.dozent, s.unterrichtsgruppe, s.fach
FROM   StuPla s
WHERE  s.raum = "B016"
   UNION
SELECT "Ende  ", s.tag, s.ende,
       s.dozent, s.unterrichtsgruppe, s.fach
FROM   StuPla s
WHERE  s.raum = "B016"
```

In Prädikatenlogik:

(art : CHAR(6); t : SMALLINT; e : DECIMAL(4,2); d : CHAR(3); ug : CHAR(3);
lv : CHAR(5) |
  t = Tag(s) ∧ d = Dozent(s) ∧
  ug = Unterrichtsgruppe(s) ∧ lv = Fach(s) ∧
  (art = "Beginn" ∧ e = Beginn(s) ∨ art = "Ende " ∧ e = Ende(s)) ∧
  Raum(s) = "B016))

9.4 Konsistenzbedingungen in Relationen

9.4.1 Bedingung der 1. Normalform

Eine grundsätzliche Konsistenzbedingung des relationalen Datenmodells muß in unserem Ansatz extra formuliert werden: nämlich die Eigenschaft, daß die Werte der Tupel unter den Funktionen eine Relation bilden. Wenn $\{a_0,...,a_{n-1}\}$ die Menge aller Attribute einer Relation Rel ist, dann muß folgender Term in jedem Zustand der Datenbank gelten:

$$(\text{All } t1, t2 : Rel \mid (t1.a_0 = t2.a_0 \wedge ... \wedge t1.a_{n-1} = t2.a_{n-1}) \rightarrow t1 = t2)$$

9.4.2 Funktionale Abhängigkeiten in Relationen

Eine wichtige Klasse von Konsistenzbedingungen sind die funktionalen Abhängigkeiten. Ein Attribut a hängt funktional von einer Menge von Attributen $A = \{a_0,...,a_{m-1}\}$ ab - in Zeichen

A ---> a -

wenn

$$(\text{All } t1, t2 : Rel \mid (t1.a_1 = t2.a_1 \wedge ... \wedge t1.a_{m-1} = t2.a_{m-1}) \rightarrow t1.a = t2.a))$$

eine Konsistenzbedingung ist

Für Mengen A und B schreiben wir

A ---> B ,

genau dann, wenn für alle b ∈ B A ---> b gilt.

Aus dieser Definition ergeben sich unmittelbar folgende Ableitungsregeln für funktionale Abhängigkeiten:

$$\frac{a \in A}{A \dashrightarrow a} \qquad \frac{B \subseteq A}{A \dashrightarrow B} \qquad \frac{\begin{array}{c}A \dashrightarrow B\\ B \dashrightarrow C\end{array}}{A \dashrightarrow C} \qquad \frac{\begin{array}{c}A \dashrightarrow B\\ A \dashrightarrow C\end{array}}{A \dashrightarrow B \cup C}$$

9.4.3 Schlüssel in Relationen

Schlüssel sind Kombinationen von Attributen, die eine Identifizierung von Tupeln erlauben. Der wichtigste Fall von Schlüsseln ist in Entitäten-Relation gegeben. Schlüssel können aber auch in komplexeren Zusammenhängen gegenseitige Aussschlußkriterien bezeichnen. Die Analyse, welche Attributkombinationen einen Schlüssel darstellen, ist dann unter Umständen ziemlich schwierig. Das ist sicher auch der Grund dafür, daß in den ersten SQL-Implementierungen überhaupt auf die Möglichkeit verzichtet wurde, Schlüssel zu definieren.

Nach dem SQL-Standard, der in den meisten Implementierungen noch nicht verwirklicht ist, können Schlüssel, die aus einem Attribut bestehen durch Kennzeichnung dieses Attributes mit "UNIQUE" oder "PRIMARY KEY" in der CREATE-TABLE-Anweisung angegeben werden. Alternativ dazu kann der Schlüssel, auch wenn er aus mehreren Attribute besteht, durch eine Klausel "UNIQUE (attributliste)" angegeben werden (vgl. z.B. [Lans89]).

Ein *Schlüssel* $S = \{s_0,...,s_{m-1}\}$ einer Relation ist eine Kombination von Attributen, so daß in einem Datenbankzustand keine Kombination der Schlüsselattribute mehrfach auftreten darf, und keine Teilmenge von S diese Eigenschaft hat. Die erste Bedingung ist also die Erfüllung des Terms

$$(\text{All } t1, t2 : \text{Rel} \mid (t1.s0 = t2.s0 \wedge \ldots \wedge t1.sm\text{-}1 = t2.sm\text{-}1) \rightarrow t1 = t2)$$

In den meisten Fällen besteht ein Schlüssel nur aus einem Attribut, also z.B. $S = \{s_0\}$; in diesem Falle sprechen wir auch vom Schlüssel s_0 statt vom Schlüssel $\{s_0\}$.

Nach 9.4.1 hat die Menge aller Attribute die o.a. Eigenschaft. Da es nur endlich viele Attribute gibt, gibt es eine endliche Menge von Attributen, die diese Eigenschaft hat, aber selber keine Teilmenge mit dieser Eigenschaft enthält.

Wenn X die Menge aller Attribute einer Relation ist, dann ist ein Schlüssel S durch die beiden folgenden Bedingungen gegeben:

(S1) S ---> X

(S2) Es gibt keine echte Teilmenge $S' \subseteq S$ mit S' ---> X.

Die zweite Aussage kann nicht durch eine Formel der Prädikatenlogik ausgedrückt werden, da für einen Datenbankzustand sehr wohl eine echte Teilmenge $S' \subseteq S$ mit S' ---> X existieren darf. Die zweite Forderung ist in dem Sinne eine Minimalitätsforderung, daß in einem Schlüssel nur so viele Attribute stecken dürfen, wie auch tatsächlich benötigt werden. Beachten Sie, daß die definierenden Eigenschaften für Schlüssel intensional sind. So ist in einem Unternehmen die Menge {Name, Vorname} auch dann kein Schlüssel, wenn es (zufälligerweise) keine Namensvetter gibt.

9.4.4 Fremdschlüssel

Eine zweite Klasse sehr häufiger Konsistenzbedingungen sind sog. "*Fremdschlüssel*" (referentielle Konsistenz). Hier wird verlangt, daß der Wert eines Attributes als Schlüssel in einer vorgegebenen Relation vorhanden sein muß.

Wenn $\{s_0,\ldots,s_{m-1}\}$ ein Schlüssel der Relation Rel2 ist, bilden die Attribute $\{f_0,\ldots,f_{m-1}\}$ *) von Rel1 einen Fremdschlüssel für Rel2, wenn folgendes Prädikat erfüllt ist:

$$(\text{All } t1 : \text{Rel1} \mid (\text{Ex } t2 : \text{Rel2} \mid t1.f_0 = t2.s_0 \wedge \ldots \wedge t1.f_{m-1} = t2.s_{m-1}))$$

*) Um exakt zu sein, müßten hier Schlüssel und Fremdschlüssel nicht als Mengen sondern als Folgen von Attributen definiert werden.

Im SQL-Standard werden Fremdschlüssel durch das Schlüsselword "REFERENCES" in der CREATE-TABLE-Anweisung angegeben.

9.4.5 Elementare Konsistenzbedingungen

Weitere einfache Konsistenzbedingungen, die sich als Gleichung oder Ungleichung über *einem* Tupel schreiben lassen, können ebenfalls in der CREATE-TABLE-Anweisung formuliert werden.

Diese Konsistenzbedingungen werden wie in folgendem Beispiel im Schema der Datenbank ausgedrückt:

```
CREATE TABLE Artikel (
   ArtikelNr     CHAR(6) NOT NULL UNIQUE,
   Bezeichnung   CHAR(32),
   EinkaufsPreis DECIMAL(8,2),
   VerkaufsPreis DECIMAL(8,2),
   Sonderposten  CHAR(1),  {eigentlich BOOLEAN}
   Bestand       INTEGER,
                 CHECK (Bestand >= 0),
   CHECK (VerkaufsPreis > EinkaufsPreis OR
          Sonderposten = 'T')
   )

CREATE TABLE Posten (
   ArtikelNr    CHAR(6) NOT NULL
                REFERENCES Artikel(ArtikelNr),
   BestellNr    DECIMAL(6) NOT NULL
                REFERENCES Bestellung(BesellNr),
   BestellMenge SMALLINT NOT NULL
                CHECK (BestellMenge > 0),
   LieferMenge  SMALLINT
                CHECK (LieferMenge > 0),
   UNIQUE (ArtikelNr, BestellNr),
   CHECK  (LieferMenge <= BestellMenge)
   )
```

Daneben gibt es weitere Konsistenzbedingungen, die nicht im Schema ausgedrückt werden können, aber als Terme in Prädikatenlogik bzw. als SELECT-Anweisungen in SQL.

9.5 NULLen und dreiwertige Logik in SQL

9.5.1 Problemstellung

In relationalen Datenbanken ist es üblich, daß gewisse Felder "NULL" sein können(vgl. [Date86]). Wir sagen hier bewußt nicht "den Wert NULL haben". NULL kann u.a. bedeuten, daß der aktuelle Wert eines Attributs unbekannt ist. Andere Arten von Nullen, wie z.B. "nicht anwendbar" oder "gibt es nicht" werden hier nicht behandelt. (vgl. dazu [Codd86] und [Codd87]).

Zur Illustration einiger Aussagen verwenden wir im Verlauf die folgende, aus zwei Tabellen bestehende, Datenbank.

Lieferant

Lief_nr	Name	Ort
10	Tiger	Hamburg
20	Panther	Bremen
30	Bär	NULL
40	Fuchs	Kiel

Sortiment

Art_nr	Lief_nr
123	25
124	30
125	NULL
125	40

Als logische Grundlage dient die in 8.2 eingeführte dreiwertige Logik.

In Vergleichen der Form "Feld = Wert", "Feld < Wert" u.ä. ist der logische Wert UNKNOWN, wenn einer der Operanden oder beide NULL sind. Bei Abfragen werden jeweils nur die Zeilen angezeigt, für die der logische Ausdruck den Wert TRUE hat.

UNKNOWN ist nicht NULL, da wir logische Operationen ausführen können, für die ein Operator UNKNOWN ist; das Ergebnis ist nicht notwendigerweise UNKNOWN; z.B. UNKNOWN $\vee$ TRUE = TRUE.

Das Hauptproblem bei der Benutzung von NULLen in SQL scheint mir zu sein, daß für zwei Tupel t1 ::= [NULL, "Adler", "Nürnberg"] und t2 ::= [NULL, "Adler", "Nürnberg"] einerseits die Bedingung

```
t1.Lief_nr  = t2.Lief_nr   AND
t1.Name     = t2.Name      AND
t1.Ort      = t2.Ort
```

den Wert UNKNOWN erhält; anderseits aber t1 und t2 als gleiche Tupel angesehen werden und somit in einer Relation nicht zweimal auftreten dürfen.

Mengen, die auch eine NULL enthalten können, werden von Date in [Date86] als n-Mengen bezeichnet. Insbesondere kann in einer Projektion auf ein Attribut die resultierende n-Menge maximal eine NULL enthalten. Damit gibt es dann Mengen mit einer NULL, die somit potentiell jedes Element enthalten können und Mengen ohne NULL. Date zeigt in den drei zitierten Arbeiten auf, daß in Datenbanken mit NULL einige bisher als allgemeingültig anerkannte Sätze falsch werden. In [Date90b] zeigt er, daß der EXISTS-Operator mit der im SQL-Standard vorgeschriebenen Interpretation nicht mit der dreiwertigen Logik kompatibel ist, da EXISTS (SELECT ...) nur den Wert TRUE oder FALSE liefern kann, nicht aber UNKNOWN. Somit liefert NOT EXISTS (SELECT ...) auch Tupel, die eigentlich den logischen Wert UNKNOWN haben.

9.5.2 Theoretische Ansätze zur Semantik von Datenbank-Abfragen

Im Absatz 9.1 betrachteten wir Datenbanken im Tarskischen Sinne als *Modelle* einer Theorie, die durch das Datenbankschema und die Konsistenz-Bedingungen gegeben ist. Eine *Abfrage* an die Datenbank wird dann als prädikatenlogischer Term interpretiert. Die Antwortrelation ist gegeben durch die Belegungen der Variablen der Abfrage mit Tupeln, die diese Abfrage erfüllen, d.h. den Wert TRUE ergeben.

In einer anderen Betrachtungsweise, die z.B. Reiter entwickelt hat (vgl. [Reit84]), ist eine Datenbank eine Menge von als wahr angesehenen prädikatenlogischen Termen. Daneben gibt es grundsätzlich als wahr angenommene Prinzipien, die für jedes Datenbankschema durch prädikatenlogische Terme dargestellt werden können. Eine *Abfrage* an die Datenbank ist dann ein prädikatenlogischer Term, für die festgestellt werden soll, ob sie aus den Formeln der Datenbank und den entsprechenden Prinzipien ableitbar ist.

Die angenommenen Prinzipien sind (nach [Reit84]):

- Annahme der *abgeschlossenen Bereiche* ("domain closure assumption"): Alle existierenden Individuen sind in der Datenbank explizit definiert.

  Dem entsprechen Terme der Form
  $(\textbf{All } x : D \mid x=c_1 \lor x=c_2 \lor \ldots \lor x=c_n)$,
  wobei $c_1, c_2, \ldots c_n$ alle Entitäten der Domäne D sind.

- Annahme der eindeutigen Namen ("unique name assumption"): Individuen mit verschiedenen Namen sind verschieden.

  Dem entsprechen Terme der Form
  $\neg (c_1 = c_2)$,
  $\neg (c_1 = c_3)$,
  ...
  $\neg (c_{n-1} = c_n)$

- Annahme der *abgeschlossenen Welt* ("closed world assumption"): es sind nur die Fakten gültig, die explizit in der Datenbank abgespeichert sind.

  Dem entsprechen Terme der Form

$$
\begin{aligned}
(\textbf{All } x_1 : D_1; x_2 : D_2; \ldots x_n : D_n \mid \\
&P(x_1,x_2,\ldots,x_n) \rightarrow \\
&\quad x_1 = a_{11} \land x_2 = a_{12} \land \ldots \land x_n = a_{1n} \lor \\
&\quad \ldots \\
&\quad x_1 = a_{r1} \land x_2 = a_{r2} \land \ldots \land x_n = a_{rn})\ ,
\end{aligned}
$$

  wobei P eine Relation über den Domänen $D_1,D_2,\ldots,D_n$ ist, die genau die Tupel
  $[a_{11}, a_{12}, \ldots, a_{1n}],\ldots\ [a_{r1}, a_{r2}, \ldots, a_{rn}]$ enthält.

Ein Zustand einer Datenbank (der also durch die Mengen der Domänen und die Relationen gegeben ist), definiert dann eine "Theorie" (d.h. eine Menge von als gültig angenommenen prädikatenlogischen Termen). Eine Änderung des Datenbank-Zustandes definiert somit automatisch eine Änderung der entsprechenden Theorie.

Für Datenbanken ohne NULLen ist es relativ einfach, zu zeigen, daß beide Ansätze äquivalent sind. Für Datenbanken mit NULLen gibt Reiter in [Reit84] eine Erweiterung an, die auf der zweiwertigen Prädikatenlogik beruht. Als Ziel gibt er an, daß die beweistheoretische Methode (aufgrund ihrer beherrschbaren Theorie) als Prüfstein für effektive Implementierungen zu gelten hat; sie soll (anders als etwa in Prolog) selber keine Implementierung darstellen.

Ein wesentlicher Punkt der Theorie der Datenbanken mit NULLen in [Reit84] ist, daß die Theorie mit NULLen für jede Domäne möglicherweise mehrere NULLen enthalten kann, von denen jeweils nicht bekannt ist, ob sie zueinander gleich sind oder zu bekannten Elementen der Domänen gleich sind. Dieses steht in starkem Kontrast zu dem Ansatz in SQL, nach dem eine Domäne höchstens eine NULL enthalten kann. Diese Einschränkung ist eine Ursache für viele der angegebenen Inkonsistenzen.

9.5.3 Widersprüche in SQL bei NULL-Werten

Die in 9.2.10 angegebene Äquivalenz von IN-Unterabfragen mit dem EXISTS-Operator gilt nicht, wenn die Relationen in der Unterabfrage NULLen enthalten, wie am folgenden Beispiel demonstriert wird:

```
{ Beispiel 1}
SELECT l.lief_nr, l.name, l.ort
FROM   Lieferant l
WHERE  NOT EXISTS
  (SELECT *
   FROM   Sortiment s
   WHERE  s.lief_nr = l.lief_nr
     AND  s.art_nr  = 125)
```

Im Falle der zweiwertigen Logik beschreibt dieses Prädikat eine Menge von Lieferanten, die den Artikel mit der Artikel-Nummer 125 nicht im Sortiment haben.

Diese SQL-Anweisung ist bei Benutzung zweiwertiger Logik äquivalent zu

```
{ Beispiel 2}
SELECT l.lief_nr, l.name, l.ort
FROM   Lieferant l
WHERE  NOT l.lief_nr IN
  (SELECT s.lief_nr
   FROM   Sortiment s
   WHERE  s.art_nr  = 125)
```

Bei Benutzung von NULLen ist diese Anweisung nicht äquivalent zum Beispiel 1; vgl. hierzu [Date90b, S. 348]. Für den Lieferanten mit der Lieferanten-Nummer 10 ist nicht klar, ob er den Artikel 125 im Sortiment hat. Die Unterabfrage ergibt für Lief_nr = 10 für das dritte Tupel den logischen Wert UNKNOWN (wegen NULL = 10), für die anderen Tupel den Wert FALSE. Somit ist das Resultat der Unterabfrage die leere Menge, da zum Resultat einer Abfrage alle die Sätze gehören, für die das Prädikat in der WHERE-Klausel den Wert TRUE ergibt. Somit ergibt der EXISTS-Operator hier den Wert FALSE im Gegensatz zum o.a. prädikatenlogischen Ansatz, der UNKNOWN ergibt. NOT EXISTS würde prädikatenlogisch auch UNKNOWN ergeben, während SQL hier TRUE ergibt, d.h. die Abfrage zu Beispiel 1 ergibt die ersten drei Tupel der Relation Lieferant.

Dagegen soll*) der Term

```
l.lief_nr IN
(SELECT s.lief_nr
FROM   Sortiment s
WHERE  s.art_nr  = 125)
```

äquivalent sein zu

```
l.lief_nr =   25  OR
l.lief_nr =   30  OR
l.lief_nr =  NULL OR
l.lief_nr =   40
```

Das ergibt für lief_nr = 10 den Wert UNKNOWN, im Gegensatz zum EXISTS-Operator.

Diese Probleme in SQL könnten gelöst werden, wenn Mengen nicht im Sinne von [Date86] als n-Mengen, sondern analog zu den vagen Mengen (vgl Absatz 8.2) als L3-Mengen verallgemeinert werden.

9.5.4 Definition (L3-Menge)

Ein Universum ist eine Menge im üblichen Sinne.

Eine L3-Menge M über einem Universum U ist eine Abbildung
M : U ---> L3.

Für jedes Element s des Universums U gibt es also drei Möglichkeiten: es kann Element von M sein (M(s) = 1), es kann außerhalb von M liegen (M(s) = 0) und es kann möglicherweise zu M gehören (M(s) = ½).

---

*) De Facto kommt bei einigen Datenbanksystemen für Lief_nr = 10 fälschlicherweise auch hier FALSE heraus.

Unterabfragen in SQL haben als Ergebnis L3-Mengen. Durch die Einführung von L3-Menge sind damit auch - im Prinzip - die Inkonsistenzen des SQL-Standards zu lösen (z.B: die Äquivalenz der Abfragen Beispiel 1 und Beispiel 2). Ein Problem stellt dann aber die Darstellung der L3-Mengen dar.

Tupelmengen sind grundsätzlich endlich; somit ist es sinnvoll, für L3-Mengen solche Tupelmengen M zuzulassen, in denen {s | M(s)=1} *klein* ist und {s | M (s) = 0} oder {s | M (s) = ½} *klein* ist. "*klein*" hat hier eine ähnliche Bedeutung wie "*endlich*"; es ist jedoch zu berücksichtigen, daß auch die Menge der Elemente von INTEGER "endlich" ist: es gibt (je nach Implementierung) etwa 4 Milliarden mögliche INTEGER-Zahlen; "klein" sind solche Mengen, die durch explizite Aufzählung darstellbar sind.

Es ist zum einen notwendig, daß es in einer L3-Menge mehrere NULLen geben kann. Diese könnten vom Datenbank-Verwaltungs-System beim Einfügen eines Tupels als "laufende Nummer mit einer NULL-Kennung" vergeben werden, so daß in einer Datenbank bei getrennter Vergabe auch immer verschiedene NULLen entstehen. Es müßte durch Änderung der SQL-Syntax weiterhin möglich sein, identische NULLen in verschiedene Tupel gleichzeitig zu vergeben, etwa in der Form

```
INSERT
INTO Lieferant l, Sortiment s
   (l.Lief_nr = s.Lief_nr, s.Art_nr, l.Name, l.ort)
VALUES (NULL, 128, "Wolf", "Kassel")
```

Der Vergleich eines Wertes mit einer NULL ergibt weiterhin grundsätzlich UNKNOWN; der Vergleich zweier NULLen kann UNKNOWN oder TRUE ergeben. Somit sind "verschiedene" NULLen möglicherweise gleich - aber "gleiche" NULLen sind grundsätzlich gleich.

Einen Hinweis, daß ggf. in einer Relation mehrere NULLen auftreten können, ist in [Reit84] enthalten. Dort werden NULLen als Skolem-Konstanten von Existenz-Ausdrücken gefordert.

Dieser Ansatz, mehrere NULLen zuzulassen, würde auch ein Problem von [Date86] lösen: Wenn R(a,b,c) eine Relation mit der funktionalen Abhängigkeit {a} --> b ist und für a NULLen zugelassen sind, gibt es keine Normalisierung in einen verlustfreien Verbund der Projektionen R1(a,b) und R2(a,c). Bei der Benutzung mehrerer NULLen, ist R als verlustfreier Verbund von R1 und R2 darstellbar, da die entsprechenden NULLen in den Projektionen R1 und R2 identisch sind.

Anhang A
Metasprache zur Syntax-Beschreibung

Die hier verwendete Metasprache zur Angabe der Syntax der Konstrukte beruht auf der Backus-Naur-Form. Die Notation wurde zwecks leichterer Beschreibung, und um rekursive Produktionen in iterative überführen zu können, abgewandelt. Diese Definitionssprache ist in [Scow80] beschrieben. Um die Verwendung von Apostrophs zu sparen, ist die aus der Cobol-Notation bekannte Verwendung von Groß- und Kleinbuchstaben zur Unterscheidung der sprachlichen und metasprachlichen Begriffe übernommen worden. Die folgende Tabelle zeigt die Bedeutung der verschiedenen Metasymbole.

Metasymbol	Bedeutung
::=	ist definiert als
;	Ende einer Definition
x | y	x oder y
[x]	kein oder ein Auftreten von x
{ x }	kein, ein oder mehrfaches Auftreten von x
( )	Klammerung
bezeichner	(in Kleinschreibung): ein nichtterminales Symbol
!	Beginn eines Kommentars bis zum Zeilenende

alle anderen Symbole (insbesonder Großbuchstaben) sind Symbole der Sprache.

Falls die formalen Symbole ::=, ;, |, [,], {, }, (,), ! in der Sprache auftreten, sind sie jeweils zu unterstreichen.

Anhang B
Liste der benutzten Symbole

Symbol	Bedeutung	andere Schreibweise	Definition auf Seite
$=$	Vergleich		6
$:=$	Wertzuweisung		6
$::=$	Definition		6
$\equiv$	Äquivalenz von Aussagen		106, 67
$\models$	semantische Folgerung		61, 68, 69, 70
$\vdash$	syntaktische Folgerung		80
Ω	Beweis-Ende		7
$\mathbb{B}$	Wahrheitswerte	BOOLEAN	12
$\mathbb{N}$	natürliche Zahlen	CARDINAL	12
$\mathbb{Z}$	ganze Zahlen	INTEGER	12
$\mathbb{Q}$	rationale Zahlen		12
$\mathbb{R}$	reelle Zahlen	REAL	12
$\wedge$	und	AND	42, 55, 57, 78, 93, 224, 227, 229
$\vee$	oder	OR	42, 55, 57, 78, 93, 224, 227, 229
$\neg$	nicht	NOT	55, 57, 93, 224, 224

Symbol	Bedeutung	andere Schreibweise	Definitionauf Seite
→	impliziert	IMPL, <=	55, 58, 81, 93, 225, 228
↔	äquivalent	EQUIV, =	55, 58, 67, 78
CAND	bedingtes und		177
COR	bedingtes oder		177
λ	Lambda-Operator		24, 167
All	für alle	∀	193, 193
Ex	es gibt	∃	193, 193
Unique	es gibt höchstens ein		200
One	es gibt genau ein	∃!	200

Anhang C
Programm-Beispiele

C.1 Programme zum Testen auf Tautologien

Für den in Kapitel Abschnitt 3.2, Abb. 3., angegebenen Algorithmus zur Feststellung auf Tautologien geben wir hier zwei Implementierungen in Modula-2 an. Die erste ist relativ einfach zu durchschauen, hat aber den Nachteil, daß die zu prüfende Formel Teil des Programms ist und die Erzeugung der Belegungen in Abhängigkeit von der Anzahl der Variablen eine geschachtelte FOR-Schleife ist.

```
MODULE Boole1;
   (* Das Programm testet, ob die angegebene Testfunktion mit   *)
   (* den drei Variablen b1, b2, b3 allgemeingültig ist.        *)
   (* Für verschiedene Testfunktionen muß immer eine erneute    *)
   (* Übersetzung des Programms erfolgen.                       *)

FROM InOut IMPORT WriteString;

VAR b1, b2, b3: BOOLEAN;
    test:       BOOLEAN;

PROCEDURE TestFunktion (b1, b2, b3: BOOLEAN): BOOLEAN;
   BEGIN
   RETURN (b1 AND b2 AND b3) OR (NOT b1 OR NOT b2 OR NOT b3)
   END TestFunktion;

BEGIN
(* Es wird zu Anfang die Variable test auf TRUE gesetzt, da     *)
(* noch kein Gegenbeispiel bekannt ist.                         *)
   test := TRUE;

(* Anschließend wird für alle Belegungen der Variablen die      *)
(* Testfunktion aufgerufen und das Ergebnis mit der Variablen   *)
(* test verknüpft.                                              *)
   FOR b1 := FALSE TO TRUE DO
      FOR b2 := FALSE TO TRUE DO
         FOR b3 := FALSE TO TRUE DO
            test := test AND TestFunktion (b1, b2, b3)
            END (* FOR b3 *)
         END (* FOR b2 *)
      END (* FOR b1 *);
```

```
IF test THEN
   WriteString ('Die Formel ist allgemeingültig')
ELSE
   WriteString ('Die Formel ist nicht allgemeingültig')
   END (* IF *)
END Boole1.
```

Es erfolgt die Ausgabe

"Die Formel ist allgemeingültig",

da für alle Belegungen die Funktion den Wert TRUE hat.

```
PROCEDURE TestFunktion (b1, b2, b3: BOOLEAN): BOOLEAN;
     BEGIN
     RETURN (b1 AND b2 AND b3) OR (NOT b1 AND NOT b2 AND NOT b3)
     END TestFunktion;
```

liefert dagegen die Ausgabe
"Die Formel ist allgemeingültig",
da die Belegung
b1 ---> FALSE
b2 ---> TRUE
b3 ---> TRUE
folgendes Ergebnis liefert:
(b1 AND b2 AND b3) ---> FALSE
(NOT b1 AND NOT b2 AND NOT b3) ---> FALSE
und somit
(b1 AND b2 AND b3) OR
(NOT b1 AND NOT b2 AND NOT b3) ---> FALSE

Das folgende Programm benutzt einen allgemeineren Modul, der für eine beliebige Aussage, die hier als Boolesche Funktion zu übergeben ist, feststellt, ob es sich um eine Tautologie handelt. Dieser Modul und ein intern benötigter Modul "Kombinatorik", der für ein Menge von Variablen, die hier als ARRAY OF BOOLEAN definiert werden, alle Belegungen erzeugt, werden im folgenden dargestellt.

```
MODULE Boole2;
    (* Das Programm testet, ob die angegebenen Testfunktionen    *)
    (* Tautologien darstellen                                    *)
    (* Version unter Benutzung des Moduls BooleTest              *)

FROM InOut     IMPORT WriteString, WriteLn;
FROM BooleTest IMPORT Tautologie;
```

```
VAR belegung3: ARRAY[0..2] OF BOOLEAN;
    belegung4: ARRAY[0..3] OF BOOLEAN;

PROCEDURE Funktion1 (b : ARRAY OF BOOLEAN) : BOOLEAN;
   BEGIN
   RETURN (    b[0] AND    b[1] AND    b[2])
       OR (NOT b[0] OR NOT b[1] OR NOT b[2])
   END Funktion1;

PROCEDURE Funktion2 (b : ARRAY OF BOOLEAN) : BOOLEAN;
   BEGIN
   RETURN (    b[0] AND     b[1] AND     b[2] AND     b[3])
       OR (NOT b[0] AND NOT b[1] AND NOT b[2] AND NOT b[3])
   END Funktion2;

BEGIN
(* Test von Funktion 1 *)
   WriteString ('Funktion 1 ist ');
   IF NOT Tautologie (Funktion1, belegung3) THEN
      WriteString ('nicht ');
      END;
   WriteString ('allgemeingültig');
   WriteLn;

   (* Test von Funktion 2 *)
       WriteString ('Funktion 2 ist ');
       IF NOT Tautologie (Funktion2, belegung4) THEN
          WriteString ('nicht ');
          END;
       WriteString ('allgemeingültig');
       WriteLn;
     END Boole2.


DEFINITION MODULE BooleTest;
   (* Der Modul enthält Prozeduren zum Testen auf                 *)
   (*   - Tautologien,                                            *)
   (*   - Äquivalenzen,                                           *)
   (*   - Ableitbarkeit                                           *)
   (* bezogen auf Boolesche Funktionen                            *)

TYPE BoolescheFunktion = PROCEDURE (ARRAY OF BOOLEAN) : BOOLEAN;

PROCEDURE Tautologie (    ausdruck : BoolescheFunktion;
                      VAR variable : ARRAY OF BOOLEAN) : BOOLEAN;
   (* Das Programm testet, ob die angegebene Boolesche Funktion *)
   (* eine Tautologie ist                                         *)

PROCEDURE Aequivalent (    ausdruck1,
                           ausdruck2: BoolescheFunktion;
                       VAR variable : ARRAY OF BOOLEAN) : BOOLEAN;
   (* Das Programm testet, ob die angegebenen Booleschen        *)
   (* Funktionen äquivalent sind                                  *)
```

```
PROCEDURE Ableitbar (        wissensbasis: ARRAY OF BoolescheFunktion;
                             anfrage     : BoolescheFunktion;
                         VAR variable : ARRAY OF BOOLEAN) : BOOLEAN;
   (* Das Programm testet, ob die Anfrage aus der angegebenen   *)
   (* Wissensbasis ableitbar ist                                *)
END BooleTest.


IMPLEMENTATION MODULE BooleTest;
FROM Kombinatorik IMPORT First, Next;

PROCEDURE Tautologie (      ausdruck : BoolescheFunktion;
                       VAR variable : ARRAY OF BOOLEAN) : BOOLEAN;
   VAR letzter : BOOLEAN;
   BEGIN
   (* Suche Gegenbeispiel *)
      First(variable);
      REPEAT
         IF NOT ausdruck(variable) THEN
            RETURN FALSE
            END;
         Next(variable, letzter)
         UNTIL letzter;

   (* Kein Gegenbeispiel gefunden *)
      RETURN TRUE
   END Tautologie;

PROCEDURE Aequivalent (      ausdruck1,
                             ausdruck2: BoolescheFunktion;
                        VAR variable : ARRAY OF BOOLEAN) : BOOLEAN;
   VAR letzter : BOOLEAN;
   BEGIN
   (* Suche Gegenbeispiel *)
      First(variable);
      REPEAT
         IF ausdruck1(variable) <> ausdruck2(variable) THEN
            RETURN FALSE
            END;
         Next(variable, letzter)
         UNTILetzter;

   (* Kein Gegenbeispiel gefunden *)
      RETURN TRUE
   END Aequivalent;
```

```
PROCEDURE Ableitbar (    wissensbasis: ARRAY OF BoolescheFunktion;
                         anfrage     : BoolescheFunktion;
                     VAR variable : ARRAY OF BOOLEAN) : BOOLEAN;
   VAR index : CARDINAL;
   BEGIN
   (* Suche Gegenbeispiel *)
      First(variable);
      REPEAT
         (* Prüfe wissensbasis *)
            index := 0;
            WHILE (index < HIGH(wissensbasis)) AND
                  (wissensbasis[index](variable)) DO
               INC(index)
               END;
         IF (index = HIGH(wissensbasis)) (* Belegung konsistent *)
               AND NOT anfrage(variable)  THEN
            RETURN FALSE
            END
      UNTIL NOT Next(variable);

      (* Kein Gegenbeispiel gefunden *)
            RETURN TRUE
        END Ableitbar;
    END BooleTest.
```

In dem folgenden Modul wird die Menge der Belegungen nicht durch eine geschachtelte Schleife erzeugt (wie im Programm Boole1), sondern durch systematische kombinatorische Verknüpfungen im Modul Kombinatorik. Im Prinzip können wir eine Belegung als eine Binärzahl auffassen. Die erste Belegung besteht nur aus Nullen; die jeweils nächste Belegung erhalten wir, indem wir alle Einsen nach der letzten Null durch jeweils eine Null ersetzen und die letzte Null durch eine Eins. Die letzte Belegung ist die, die nur Einsen enthält. Man kann sich die Regel am km-Zähler in einem Kfz veranschaulichen, wo allerdings die größte Ziffer 9 ist und nicht 1; so kommt etwa nach der Anzeige

3	5	0	9	9	9

die Anzeige

3	5	1	0	0	0

Dieses Prinzip kann auch anhand der Folge der ersten 16 Binärzahlen nachvollzogen werden:

0000 0001 0010 0011 0100 0101 0110 0111
1000 1001 1010 1011 1100 1101 1110 1111

```
DEFINITION MODULE Kombinatorik;

PROCEDURE First (VAR B : ARRAY OF BOOLEAN);
   (* Setzt alle Variablen auf FALSE *)

  PROCEDURE Next (VAR Belegung : ARRAY OF BOOLEAN;
                    VAR letzte   : BOOLEAN);
       (* Sucht die lexikographisch nächste
    Variablenbelegung.      *)
       (* Falls keine weitere Belegung existiert, wird
    letzte auf  *)
       (* TRUE gesetzt *)
    END Kombinatorik.


IMPLEMENTATION MODULE Kombinatorik;

PROCEDURE First (VAR B : ARRAY OF BOOLEAN);
   VAR i : CARDINAL;
   BEGIN
   FOR i := 0 TO HIGH(B) DO B[i] := FALSE END
   END First;

PROCEDURE Next (VAR Belegung : ARRAY OF BOOLEAN;
                VAR letzte   : BOOLEAN);
   VAR i : CARDINAL;
   BEGIN
   letzte := FALSE; (* falls nichts Gegenteiliges eintritt *)

   (* Setze die letzten TRUE auf FALSE *)
      i := HIGH(Belegung);
      WHILE (i > 0) AND B[i] DO
         B[i] := FALSE;
         DEC(i) (* da es noch weitere Variable gibt *)
         END (* WHILE *);

   IF i > 0 THEN
      B[i] := TRUE
   ELSE
      letzte := TRUE
      END (* IF *)
   END Next;
END Kombinatorik.
```

Im folgenden wird unter der Benutzung des Moduls BooleTest ein Programm vorgestellt, das prüft, ob sich eine vorgegebenen Aussage aus einer gegebenen Menge von Regeln ableiten läßt. Hierzu wird die Wissensbasis "Tiere" als Modul definiert und zwei Anfragen an diese Basis gestellt.

```
MODULE Ableitung;
(*******************************************************************)
(* Programm, das prüft, ob eine Anfrage an die Wissensbasis    *)
(* ableitbar ist.                                                   *)
(*******************************************************************)
FROM InOut     IMPORT WriteString, WriteLn;
FROM Tiere     IMPORT Regel, Belegung,
                      istHai, hatWirbelsaeule,
                      istSchlange, istVogel;
FROM BooleTest IMPORT Ableitbar;

PROCEDURE Frage1 (bel : ARRAY OF BOOLEAN) : BOOLEAN;
(* istHai IMPL hatWirbelsäule *)
   BEGIN
   RETURN bel[istHai] <= bel[hatWirbelsaeule]
   END Frage1;

PROCEDURE Frage2 (bel : ARRAY OF BOOLEAN) : BOOLEAN;
(* NOT (istSchlange AND istVogel) *)
   BEGIN
   RETURN NOT (bel[istSchlange] AND bel[istVogel])
   END Frage2;

BEGIN
(* Frage 1 *)
   WriteString ('Die Frage 1 ist ');
   IF NOT Ableitbar(Regel, Frage1, Belegung) THEN
      WriteString ('nicht ')
      END;
   WriteString ('ableitbar');
   WriteLn;

(* Frage 2 *)
   WriteString ('Die Frage 2 ist ');
   IF NOT Ableitbar(Regel, Frage2, Belegung) THEN
      WriteString ('nicht ')
      END;
   WriteString ('ableitbar')
END Ableitung.

DEFINITION MODULE Tiere;
(*******************************************************************)
(* Wissensbasis für ein Testsystem                                  *)
(*******************************************************************)
FROM BooleTest IMPORT BoolescheFunktion;
```

```
(* Belegung von Kardinalzahlen auf die Variablen *)
CONST
   istWirbeltier  = 0;
   hatWirbelsaeule= 1;
   istFisch       = 2;
   istKriechtier  = 3;
   istWarmblueter = 4;
   istVogel       = 5;
   istSaeugetier  = 6;
   istSchnabeltier= 7;
   istHai         = 8;
   istSchlange    = 9;
   istUhu         =10;
   istAdler       =11;
   istPinguin     =12;
   istTiger       =13;
   istPottwal     =14;
   legtEier       =15;
   kannFliegen    =16;

VAR Belegung : ARRAY [0..16] OF BOOLEAN;
    Regel    : ARRAY [1..18] OF BoolescheFunktion;
END Tiere.

IMPLEMENTATION MODULE Tiere;
PROCEDURE Regel1 (b : ARRAY OF BOOLEAN) : BOOLEAN;
BEGIN RETURN b[istVogel] <= b[istWirbeltier] END Regel1;

PROCEDURE Regel2 (b : ARRAY OF BOOLEAN) : BOOLEAN;
BEGIN RETURN b[istSaeugetier] <= b[istWirbeltier] END Regel2;

PROCEDURE Regel3 (b : ARRAY OF BOOLEAN) : BOOLEAN;
BEGIN RETURN b[istFisch] <= b[istWirbeltier] END Regel3;

PROCEDURE Regel4 (b : ARRAY OF BOOLEAN) : BOOLEAN;
BEGIN
   RETURN b[istWarmblueter] = (b[istVogel] OR b[istSaeugetier])
END Regel4;

PROCEDURE Regel5 (b : ARRAY OF BOOLEAN) : BOOLEAN;
BEGIN RETURN NOT (b[istFisch] AND b[istVogel]) END Regel5;

PROCEDURE Regel6 (b : ARRAY OF BOOLEAN) : BOOLEAN;
BEGIN RETURN NOT (b[istFisch] AND b[istSaeugetier]) END Regel6;

PROCEDURE Regel7 (b : ARRAY OF BOOLEAN) : BOOLEAN;
BEGIN RETURN NOT (b[istVogel] AND b[istSaeugetier]) END Regel7;

PROCEDURE Regel8 (b : ARRAY OF BOOLEAN) : BOOLEAN;
BEGIN RETURN b[istHai] <= b[istFisch] END Regel8;

PROCEDURE Regel9 (b : ARRAY OF BOOLEAN) : BOOLEAN;
BEGIN RETURN b[istSchlange] <= b[istKriechtier] END Regel9;
```

```
PROCEDURE Regel10 (b : ARRAY OF BOOLEAN) : BOOLEAN;
BEGIN RETURN b[istUhu] <= b[istVogel] END Regel10;

PROCEDURE Regel11 (b : ARRAY OF BOOLEAN) : BOOLEAN;
BEGIN RETURN b[istAdler] <= b[istVogel] END Regel11;

PROCEDURE Regel12 (b : ARRAY OF BOOLEAN) : BOOLEAN;
BEGIN RETURN b[istPinguin] <= b[istVogel] END Regel12;

PROCEDURE Regel13 (b : ARRAY OF BOOLEAN) : BOOLEAN;
BEGIN RETURN b[istTiger] <= b[istSaeugetier] END Regel13;

PROCEDURE Regel14 (b : ARRAY OF BOOLEAN) : BOOLEAN;
BEGIN RETURN b[istPottwal] <= b[istSaeugetier] END Regel14;

PROCEDURE Regel15 (b : ARRAY OF BOOLEAN) : BOOLEAN;
BEGIN RETURN b[istWirbeltier] <= b[hatWirbelsaeule] END Regel15;

PROCEDURE Regel16 (b : ARRAY OF BOOLEAN) : BOOLEAN;
BEGIN RETURN b[istVogel] <= b[kannFliegen] END Regel16;

PROCEDURE Regel17 (b : ARRAY OF BOOLEAN) : BOOLEAN;
BEGIN RETURN b[istVogel] <= b[legtEier] END Regel17;

PROCEDURE Regel18 (b : ARRAY OF BOOLEAN) : BOOLEAN;
BEGIN
   RETURN NOT (b[istSaeugetier] AND b[legtEier])
          OR b[istSchnabeltier]
END Regel18;

BEGIN
Regel[ 1] := Regel1;
Regel[ 2] := Regel2;
Regel[ 3] := Regel3;
Regel[ 4] := Regel4;
Regel[ 5] := Regel5;
Regel[ 6] := Regel6;
Regel[ 7] := Regel7;
Regel[ 8] := Regel8;
Regel[ 9] := Regel9;
Regel[10] := Regel10;
Regel[11] := Regel11;
Regel[12] := Regel12;
Regel[13] := Regel13;
Regel[14] := Regel14;
Regel[15] := Regel15;
Regel[16] := Regel16;
Regel[17] := Regel17;
Regel[18] := Regel18;
END Tiere.
```

C.2 Programm zur Ableitung von Horn-Klauseln

```
MODULE Horn;
(* Programm zur Ableitung von Folgerungen aus Horn-Klauseln     *)
FROM InOut
   IMPORT WriteLn, WriteString;
FROM HornBasis
   IMPORT (* TYPE *) Variable, VarMenge, RegelNummern,
          (* VAR  *) Regel, Regeln;

VAR
  Ableitungen : VarMenge;
  TestWert    : BOOLEAN;

PROCEDURE WriteAntwort (test : BOOLEAN);
   (* Gibt eine positive oder negative Antwort aus *)
   BEGIN
   IF test THEN
      WriteString ('So isses')
   ELSE
      WriteString ('Da bin ich Überfragt')
      END (* IF *)
   END WriteAntwort;

PROCEDURE Folgerung (    Voraussetzungen : VarMenge;
                     VAR Ableitungen     : VarMenge);
   (* Ableitung aller Folgerungen aus den Voraussetzungen unter *)
   (* Verwendung der Regeln                                     *)
   VAR nr : RegelNummern;
       neueAbleitungen : VarMenge;
   BEGIN
   (* Am Anfang werden die Voraussetzungen hinzugefuegt *)
      neueAbleitungen := Voraussetzungen;

   (* Jetzt werden zu den schon gefundenen Ableitungen solange  *)
   (* weitere hinzugefügt, bis keine neue Ableitung mehr        *)
   (* gefunden werden kann.                                     *)
      REPEAT
         Ableitungen := neueAbleitungen;
         FOR nr := MIN(RegelNummern) TO MAX(RegelNummern) DO
            IF Regeln[nr].Praemisse <= Ableitungen THEN
               INCL (neueAbleitungen, Regeln[nr].Konklusio)
               END (* IF *)
            END (* FOR *)
         UNTIL neueAbleitungen = Ableitungen (* nichts Neues *)
   END Folgerung;

BEGIN
WriteString ("istHai IMPL istWirbeltier : ");
   Folgerung (VarMenge{istHai}, Ableitungen);
   WriteAntwort (istWirbeltier IN Ableitungen);
   WriteLn;
```

```
WriteString ("istTiger, istSchlange IMPL Widerspruch : ");
   Folgerung (VarMenge{istTiger, istSchlange}, Ableitungen);
   WriteAntwort (Widerspruch IN Ableitungen);
END Horn.

DEFINITION MODULE HornBasis;
(*********************************************************************)
(*  Wissensbasis fuer ein Testsystem                                 *)
(*********************************************************************)
CONST
   AnzahlRegeln = 19;
TYPE
   Variable =
      (Widerspruch,
       istWirbeltier,   istFisch, istKriechtier,
       istWarmblueter,  istVogel, istSaeugetier,
       istSchnabeltier, istHai,   istSchlange,   istUhu, istAdler,
       istPinguin,      istTiger, istPottwal,
       hatWirbelsaeule, legtEier, kannFliegen);
   VarMenge =
      SET OF Variable;
   Regel =
      RECORD
         Praemisse : VarMenge;
         Konklusio : Variable;
         END;
   RegelNummern
      = [1..AnzahlRegeln];
VAR
   Regeln : ARRAY RegelNummern OF Regel;
END HornBasis.

IMPLEMENTATION MODULE HornBasis;

PROCEDURE RegelBau (Nummer : RegelNummern;
                    Praemi : VarMenge;
                    Konklu : Variable);
   (* Hilfsprozedur, die eine Regel aus Praemisse und          *)
   (* Konklusion aufbaut                                        *)
   BEGIN
   WITH Regeln[Nummer] DO
      Praemisse := Praemi;
      Konklusio := Konklu
      END (* WITH *)
   END RegelBau;

   BEGIN
   RegelBau ( 1, VarMenge {istVogel},             istWirbeltier);
   RegelBau ( 2, VarMenge {istSaeugetier},        istWirbeltier);
   RegelBau ( 3, VarMenge {istFisch},             istWirbeltier);
   RegelBau ( 4, VarMenge {istVogel},             istWarmblueter);
```

```
RegelBau (19, VarMenge {istSaeugetier},           istWarmblueter);
RegelBau ( 5, VarMenge {istFisch,istVogel},       Widerspruch);
RegelBau ( 6, VarMenge {istFisch,istSaeugetier},Widerspruch);
RegelBau ( 7, VarMenge {istVogel,istSaeugetier},Widerspruch);
RegelBau ( 8, VarMenge {istHai},                  istFisch);
RegelBau ( 9, VarMenge {istSchlange},             istKriechtier);
RegelBau (10, VarMenge {istUhu},                  istVogel);
RegelBau (11, VarMenge {istAdler},                istVogel);
RegelBau (12, VarMenge {istPinguin},              istVogel);
RegelBau (13, VarMenge {istTiger},                istSaeugetier);
RegelBau (14, VarMenge {istPottwal},              istSaeugetier);
RegelBau (15, VarMenge {istWirbeltier},           hatWirbelsaeule);
RegelBau (16, VarMenge {istVogel},                kannFliegen);
RegelBau (17, VarMenge {istVogel},                legtEier);
RegelBau (18, VarMenge {istSaeugetier,legtEier}, istSchnabeltier);
END HornBasis
```

Back89 Backhouse, Roland C.: Programmkonstruktion und Verifikation; Carl Hanser Verlag und Prentice-Hall International (1989)

Bare84 Barendragt, H. P.: The lambda calculus - its syntax and semantics; North Holland Publishing Company (1984)

Bast82 Bastian, Michael: Datenbanksysteme; Athenaeum Taschenbücher (1982)

Baum68 Baumann, Richard: ALGOL-Manual der ALCOR-Gruppe, Einführung in die algorithmische Formelsprache ALGOL; Oldenbourg Verlag, 3. Auflage (1968)

Beie88 Beierle, Ch., Olthoff, W., Voss, A.: Qualitätssicherung durch Programmverifikation und algebraische Methoden in der Softwareentwicklung *in* Informatik-Spektrum *11* (1988), 292-302

Bell88a Belli, Fevzi: Einführung in die logische Programmierung mit PROLOG (2. Aufl.); BI-Hochschultaschenbücher, Band 630 (1988)

Bell88b Belli, Fevzi: PROLOG-Systeme in der Praxis; BI-Hochschultaschenbücher, Band 637 (1988)

Berg77 Bergmann, E., Noll, H.: Mathematische Logik mit Informatik-Anwendungen; Springer Verlag (1977)

Berl86 Berlioux, P., Bizard, P.: Algorithms: The construction, proof and analysis of programms; John Wiley & Sons Ltd (1986)

Bibe84 Bibel, Wolfgang: Automatische Inferenz; *in* Rett84, S.145-167

Birk70 Birkhoff, G., Lipson, J.D.: Heterogeneous algebras; J. Comb. Th. *8* (1970), 115-133

Boni91 Bonin, Hinrich: Software-Konstruktion mit LISP; de Gruyter Verlag (1991)

Bout90 Boute, R.T: A heretical view on type embedding; Sigplan Notices *25*, No. 1 (1990), 25-28

Brau68 Brauer, W., Indermark, K.: Algorithmen, rekursive Funktionen und formale Sprachen; BI-Hochschulskripten 817 (1968)

Brew88 Brewka, Gerhard: Nichtmonotone Logiken - Ein einführender Überblick; *in* [Chri89]; 188-217

Burr81 Burris, S.: Sankappanavar, H.P.: A Course in universal algebra; Springer Verlag (1981)

Chen76 Chen, Peter Pin Shan: The entity-relationship model toward a unified view of data; *in* ACM Transactions on Database Systems, Vol. 1, No. 1 (March 1976), 9-36

Chri89 Christaller Thomas (Hrsg.): Künstliche Intelligenz - 5. Frühjahrsschule KIFS-87; Springer Verlag - Informatik Fachberichte 202

Chur36 Church, Alonzo: An unsolvable problem of elementary number theory; Amer. J. Math. *58* (1936), 345-363

Cloc81 Clocksin, W.F., Mellish, C.S.: Programming in Prolog; Springer Verlag (1981)

Codd70 Codd, E.F.: A relational model of data for large shared data banks; Comm. ACM *13*,6 (1970), 377-378

Codd72 Codd, E.F.: Relational completeness of database sublanguages; in [Rust72]; 65-98

Codd86 Codd, E.F.: Missing information (applicable and inapplicable) in relational databases; ACM SIGMOD Record *15*, No. 4 (1986)

Codd87 Codd, E.F.: More commentary on missing information in relational databases (applicable and inapplicable); ACM SIGMOD Record *16*, No. 1 (1987)

Cohn65 Cohn, P.M.: Universal algebra; Harper & Row (1965)

Däßl83 Däßler, Klaus: Sommer, Manfred; Pascal, Einführung in die Sprache, Norm-Entwurf 66 256, Erläuterungen; Springer Verlag (1983)

Date86 Date, C.J.: Null Values in database management; in Relational Database: Selected Writings; Addison-Wesley Publishing Company (1986)

Date89 Date, C.J.: A note on the relational calculus; ACM SIGMOD Records *18*, No.4 (1989), 12-16

Date90a Date, C.J.: NOT IS Not "Not"! (Notes on three-valued logic and related matters); *in* Relational database: selected writings; Addison-Wesley Publishing Company (1990)

Date90b Date, C.J.: EXISTS IS Not "Exists"! (Some logical flaws in SQL); *in* Relational database: selected writings; Addison-Wesley Publishing Company (1990)

Dijk75 Dijkstra, E.W.: Guarded commands, nondeterminacy and the formal derivation of programs; Comm. of the ACM 18 (Aug. 1975), 453-457

Eise87 Eisenbach, Susan (ed.): Functional programming: languages, tools and architectures; Ellis Horwood Limited (1987)

Fels78 Felscher, W.; Naive Mengen und abstrakte Zahlen I; BI Wissenschaftsverlag (1978)

Frey68 Frey, Gerhard: Einführung in die philosophischen Grundlagen der Mathematik; Hermann Schroedel Verlag (1968)

Gent35 Gentzen, G.: Untersuchungen über das logische Schließen; Math. Zeitschrift *39* (1935), 176-210, 405-431

Geri67 Gericke, Helmuth: Theorie der Verbände; BI Hochschultaschenbücher 38/38a (1967)

Glas84 Glaser, H., Hankin, C.; Till, D.: Principles of functional programming; Prentice-Hall International (1984)

Göde31 Gödel, Kurt: Über formal unentscheidbare Sätze der Principia Mathematica und verwandter Systeme I; Mh. Math. Phys, *38*, 173-198 (1931)

Grät68 Grätzer, George: Universal algebra; van Nostrand Company (1968)

Gray84 Gray, Peter: Logic, algebra and databases; Ellis Horwood Limited (1984)

Grie81 Gries, David: The science of programming; Springer Verlag (1981)

Gris71 Griswold, R.E., Poage, J.F.; Polonsky, I.P.: The SNOBOL 4 programming language, 2. ed.; Prentice Hall (1971)

Gris90 Griswold, R.E., Griswold, M. T.: The Icon programming language, 2nd. ed.; Prentice Hall (1990)

Gumm81 Gumm, H.-P., Poguntke, W.: Boolesche Algebra; BI-Hochschultaschenbücher Band 604 (1981)

Halm68 Halmos, Paul: Naive Mengenlehre; Vandenhoeck & Rupprecht (1968)

Herm78 Hermes, Hans: Aufzählbarkeit, Entscheidbarkeit, Berechenbarkeit - 3. Aufl.; Springer Verlag (1978)

Hers68 Herschel, Rudolf: Anleitung zum praktischen Gebrauch von ALGOL60; Oldenbourg Verlag (1968)

Hilb67 Hilbert, D., Ackermann, W.: Grundzüge der theoretischen Logik, 5. Aufl.; Springer Verlag (1967)

Hill80 Hill, Ian David: Programming language standardisation; Ellis Horwood Limited (1980)

Hofs85 Hofstadter, Douglas R.: Gödel, Escher, Bach - ein Endlos Geflochtenes Band; Klett Kotta (1985)

Hols86 Holsapple, C.W., Whinston, A.B.: Manager's guide to expert systems using Guru; Dow Jones-Irwin (1986)

Hugh78 Hughes, P., Brecht, G.: Die Scheinwelt des Paradoxons; Vieweg Verlag (1978)

Jens75 Jensen, K., Wirth, N.: Pascal: user manual and report; Springer Verlag (1975)

Kähl84 Kähler, Wolf-Michael: Einführung in die Programmiersprache Cobol; Vieweg Verlag (1984)

Kähl89 Kähler, Wolf-Michael: dBASE III PLUS: Anleitung für die Arbeit mit einem relationalen Datenbanksystem auf dem PC; Vieweg-Verlag (1989)

Kale76 Kaletsch, D.: Programmierung mit PL/I; Teubner Studienskripten (1976)

Kern83 Kernighan, B.W., Ritchie, D.M.: Programmieren in C mit dem C reference manual; Hanser Verlag (1983)

Kowa79 Kowalski, Robert: Logic for Problem Solving; Elsevier Science Publishing Company (1979)

Krög87 Kröger, Fred: Temporal logic of program; Springer Verlag (1987)

Krop69 Kropp, Gerhard: Geschichte der Mathematik: Probleme und Gestalten; Quelle & Meyer (1969)

Künz91 Künzel, W., Cornelius, H.: Die Ars Generalis Ultima des Raymundus Lullus - 5. Auflage; Edition Olivia Künzel (1991) - ISBN 3-928378-00-7

Lans89 Lans, Rick F. van der: The SQL standard; Prentice Hall (1989)

Lind77 Lindsey, C.H.: van der Meulen, S.G.: Informal introduction to ALGOL68; North Holland (1977)

Lock81 Lockemann, P.C., Mayr H.C.: Rechnerunterstützte Informationssysteme; Springer Verlag (1981)

Lock87 Lockemann, P.C., Schmidt, J.W.: Datenbank-Handbuch; Springer Verlag (1987)

Lohm74 Lohmann, Günter: Weser - Wasser - Industrie: Ist's Gegensatz, ist's Harmonie?; *in* Bremen heute, 16. Jg., Herbst '74; Verlag J. H. Schmalfeld

Lugo76 Lugowski, Herbert: Grundzüge der Universellen Algebra; Teubner-Texte zur Mathematik (1976)

Maki89 Makinson, David: General Theory of Comulative Inference; in [Rein89], 1-18

Malc71 Mal'cev, A.I.: The metamathematics of algebraic systems - collected papers: 1936-1967; Springer Verlag (1971)

Mamd81 Mamdani, E.H.: Fuzzy reasoning and its applications; Academic Press (1981).

Matt76 Matthiessen, Günter: Theorie der heterogenen Algebren (Dissertation); Universität Bremen, Mathematik - Arbeitspapiere Nr. 3 (1976).

Matt78 Matthiessen, Günter: A heterogeneous algebraic approach to some problems in automata theory, many valued logic and other topics; *in* Contributions to General Algebra, Proceedings of the Klagenfurt Conference, May 25-28, 1978; Verlag Johannes Heyn, Klagenfurt (1979), 193-211.

Mayr87 Mayr, H.C., Dittrich, K.R.; Lockemann, P.C.: Datenbankentwurf; *in* Lock87; 481-557

Mell74 Mell, W.-D., Preus, P., Sandner, P.: Einführung in die Programmiersprache PL/1; BI-Hochschultaschenbücher 785 (1974)

Müll67 Müller, K.H., Streker, I.; FORTRAN IV; BI-Hochschulskripten (1967)

Nego85 Negoita, Constantin Virgil: Expert Systems and Fuzzy Systems; The Benjamin/Cummings Publ. Company (1985)

Niem87 Niemann, H., Bunke, H.: Künstliche Intelligenz in Bild- und Sprachanalyse; Teubner Verlag (1987)

Novi59 Novikov, P. S.: Grundzüge der mathematischen Logik; Vieweg Verlag (1973)

Rein89 Reinfrank, M., de Kleer, J., Ginsberg, M.L., Sandewall, E. (Hrsg.): Non-Monotonic reasoning - 2nd International Workshop Grassau, FRG, June 1988, Proceedings; Springer Verlag (1989)

Reit84 Reiter, Raymond: Towards a Logical Reconstruction of Relational Database Theory; *in* On conceptual modelling; Springer Verlag (1984)

Rett84 Retti, Johannes: Artificial Intelligence - Eine Einführung; Teubner Verlag (1984)

Robi63 Robinson, J.A.: Theorem proving on the computer; Journal of the ACM *10* (1963), 163-174

Rust72 Rustin, Randall (Hrsg.): Data base systems; Prentice Hall (1972)

Schl83 Schlageter, G., Stucky, W.: Datenbanksysteme Konzepte und Modelle; Teubner Verlag, 2. Auflage (1983)

Schm80 Schmidt, J.W.: Mall, M.: Pascal/R report; Universität Hamburg, Fachbereich Informatik - Bericht Nr. 66 (1980)

Schö87 Schöning, Uwe: Logik für Informatiker; BI-Taschenbuch (1987)

Schu76 Schulz, Arno: Höhere PL/1-Programmierung; de Gruyter Lehrbuch (1976)

Scow80 Scowen, Roger S.: Metalanguages; in [Hill80], 139-156

Sing88 Singer, Friedemann: Programmieren mit COBOL - COBOL 85; Teubner Verlag (1988)

Sino68 Sinowjew, A.A.: Über mehrwertige Logik - Ein Abriß; Friedrich Vieweg u. Sohn (1968)

Smet88 Smets, P., Mamdani, E.H., Dubois,D., Prade, Henri: Non-standard logics for automated reasoning; Academic Press (1988)

Smul78 Smullyan Raymond: What is the name of this book?; Prentice Hall (1978)

Ston76 Stonebraker, M. e.a.: The design and implementation of INGRES; ACM Trans. Database Syst. 1:3 (1976), 189-222

Stoy86 Stoyan, H., Görz, G.: LISP: eine Einführung in die Programmierung; Springer Verlag, 2. Auflage (1986)

Tour84 Touretzky, David S.: LISP, A gentle introduction to symbolic computation; Harper & Row (1984)

Turn84 Turner, Raymond: Logics for artificial intelligence; John Wiley and Sons (1984)

Ullm83 Ullman, J.D.: Principles of database systems. 2nd. ed.; Computer Science Press (1982)

Vett86 Vetter, Max: Aufbau betrieblicher Informationssysteme mittels konzeptioneller Datenmodellierung, 3. Auflage; Teubner Verlag (1986)

Wern78 Werner, Heinrich: Einführung in die allgemeine Algebra; BI-Hochschultaschenbücher Band 120 (1978)

Wijn77 Wijngaarden, A. van e.a.: Revised Report on the algorithmic language Algol68; Springer Verlag (1977)

Wirt77 Wirth, Niklaus: Compiler-Bau; Teubner Verlag (1977)

Wirt85 Wirth, Niklaus: Programming in MODULA-2 - Third Edition; Springer Verlag (1985)

Zade68 Zadeh, L.A.: Fuzzy sets; *in* Information and Control *8* (1965)

Zehn85 Zehnder, Carl August: Informationssysteme und Datenbanken; Teubner Verlag, 3. Auflage (1985)

Zimm88 Zimmermann, H.J.; Fuzzy set theory - and its applications; Kluver-Nijhoff (1988)

Index

FSC
www.fsc.org
MIX
Papier | Fördert gute Waldnutzung
FSC® C083411

Zeitfracht Medien GmbH
Ferdinand-Jühlke-Straße 7
99095 Erfurt, Deutschland
produktsicherheit@kolibri360.de